OFICINAS EM DINÂMICA DE GRUPO NA ÁREA DA SAÚDE

Maria Lúcia M. Afonso (Organizadora)

Flávia Lemos Abade, Deborah Akerman,
Carolina Marra, Simões Coelho,
Kelma Soares Medrado, Juliane Rosa Paulino,
Sara Deolinda Cardoso Pimenta

OFICINAS EM DINÂMICA DE GRUPO NA ÁREA DA SAÚDE

Maria Lúcia M. Afonso (Organizadora)

Flávia Lemos Abade, Deborah Akerman,
Carolina Marra, Simões Coelho,
Kelma Soares Medrado, Juliane Rosa Paulino,
Sara Deolinda Cardoso Pimenta

Artesã

Oficinas em dinâmica de grupo na área da saúde
2ª Edição - 1ª reimpressão agosto 2024

Diretor
Alcebino Santana

Direção de Arte
Tiago Rabello

Coordenação Editorial
Karol Oliveira

Revisão
Renata Vieira Nunes

Diagramação
Sheila e Renato - R&S Editorações

Imagem de Capa
Danças e Batalhas - *acrílico sobre tela, Rachel Scott*

Dados Internacionais de Catalogação na Publicação (CIP)
Angélica Ilacqua CRB-8/7057

A fonso, Maria Lúcia M.
Oficinas em dinâmica de grupo na área da saúde organizado por
Maria Lúcia M. A fonso.2. ed. - Belo H orizonte:A rtesã Editora,
2019.
390 p.

ISBN 978-85-7074-019-9

1. D inâmica de grupo2. (Intervenção) Psicologia3. Psicologiada saúde
I. A fonso, Maria Lúcia M.

13-0822 CDD -302.14

Índices para catálogo sistemático:
1. Dinâmica de grupo : Oficinas : Intervenções psicossocial

IMPRESSO NO BRASIL
Printed in Brazil

ARTESÃ EDITORA LTDA.
Site: www.artesaeditora.com.br
E-mail: contato@artesaeditora.com.br
Belo Horizonte/MG

SUMÁRIO

APRESENTAÇÃO

Longe dos olhos, perto do coração: uma experiência de educação à distância na formação do profissional de saúde

Maria Lúcia M. AFONSO
Flávia Lemos ABADE
Deborah AKERMAN
Carolina Marra Simões COELHO
Kelma Soares MEDRADO
Juliane Rosa PAULINO
Sara Deolinda Cardoso PIMENTA

Apresentamos, aqui, o curso de "Oficinas em dinâmica de grupo na área da saúde". Trata-se de material produzido para ser utilizado no ensino, tanto em salas de aulas "reais", no contato direto entre professores e alunos, quanto em "salas virtuais", através de programas de educação à distância. Com o cuidado de manter linguagem e formato didáticos, o material engloba textos para fundamentação teórica, tarefas, bibliografias e técnicas de grupo. Para melhor apresentá-lo, vamos relatar como foi organizada, conduzida e avaliada a experiência da qual se originou esse livro.

A proposta do "Curso de Oficinas em dinâmica de grupo na área da saúde"

De 1998 a 2003, no Laboratório Grupo da UFMG, desenvolvemos trabalhos de pesquisa e extensão com grupos, nomeadamente "Oficinas", buscando fundamentação e desenvolvimento teórico-metodológico, para aplicação em áreas como saúde, educação e políticas sociais. A partir desse trabalho, a professora Maria Lúcia M. Afonso foi convidada a desenvolver, com bolsa do CNPq, no início de 2002, um curso de educação à distância sobre grupos na saúde, para capacitar equipes de saúde do Ipsemg-Família, programa de atenção básica do IPSEMG, instituição que atende o funcionalismo público em Minas Gerais. A iniciativa pioneira do Ipsemg contou com o apoio do CNPq, em pesquisa coordenada pelo Dr. Roberto José Bittencourt[1]. Visando estender os benefícios dessa capacitação aos seus alunos, na UFMG, e com a concordância do IPSEMG, a professora adaptou e reorganizou o material para a sua oferta como disciplina optativa no curso de psicologia, mas podendo também receber alunos de outros cursos da saúde[2].

Assim, no primeiro semestre de 2002, realizamos essa experiência de educação à distância, via internet, no curso de Psicologia da UFMG, através da oferta de uma disciplina optativa que versava sobre fundamentos e métodos para a construção, condução e avaliação de "oficinas" em dinâmica de grupo na área da saúde, ou seja, trabalhos com grupos de pacientes, especialmente no âmbito da educação para a saúde, prevenção e atenção básica.

A experiência foi registrada e acompanhada em todas as suas etapas visando contribuir para a capacitação dos profissionais que trabalham com grupos e, ainda, para a sua formação acadêmica e profissional. Embora tenha sido realizada no curso de psicologia, acreditamos que apresentou um teor interdisciplinar, e que muito pode acrescentar à formação profissional nas diversas áreas da saúde. Entretanto, é importante esclarecer que nossa proposta não deve ser tomada como metodologia isolada – e nem como "receita" única para a atenção básica – mas, sim, como modalidade de atendimento, a ser inserida em um programa, ali se articulando com outras ações e dentro de uma ética da saúde.

Inclusive, a especificação do que seja nossa proposta de "Oficinas em dinâmica de grupo na área da saúde" será feita ao longo do curso, ficando mais clara através dos textos e na seqüência de sua abordagem.

---

[1] Ver, neste livro, o artigo de Heloísa Maria Fonseca de Oliveira.

[2] Os textos finais do curso para o IPSEMG-Família foram adaptados às necessidades específicas de treinamento daquela instituição. A rica experiência da pesquisa do IPSEMG-Família incluiu outros materiais, inclusive, tal como ficha de saúde e outros cursos e consta de seu relatório final para o CNPq.

Por ora, diremos apenas que nossa proposta tem fundamentação teórica em 3 dimensões articuladas: uma dimensão psicossocial, uma dimensão clínica e uma dimensão educativa. Busca articular essas dimensões na compreensão da realidade de saúde e do ser humano como biopsicossocial. A Oficina coloca-se como: "um trabalho estruturado com grupos, independentemente do número de encontros, sendo focalizado em torno de uma questão central que o grupo se propõe a elaborar, em um contexto social".

A questão que se busca elaborar é sempre tomada de forma contextualizada, em número variável de encontros, permitindo flexibilidade na proposta. A elaboração que se busca engloba as formas de pensar, sentir e agir, uma vez que os problemas de saúde têm relação com valores, emoções e práticas cotidianas. Estruturada de maneira a incluir momentos de sensibilização, de informação e de elaboração, a Oficina trabalha com a associação da informação com a experiência de cada participante. Busca combinar a dimensão terapêutica (sem ser terapia) e a dimensão educativa (sem ser aula). Utiliza-se de técnicas de animação, mobilização e comunicação em grupo. O lúdico desempenha papel importante no trabalho. Porém, não aparece de forma gratuita ou isolada da reflexão e sim de maneira contextualizada e associada às questões de saúde trabalhadas.

Dentro dessa visão, o grupo não é sempre um todo harmônico e nem se pauta sempre pelo consenso. Pelo contrário, é um movimento dialético que trabalha com as diferenças no sentido de construir a troca e a tolerância. É um método essencialmente dialógico e participativo, visando a elaboração das questões de saúde. Isso é o que queremos mostrar ao longo desse "curso".

A disciplina: ementa, programa e funcionamento

A proposta de um "curso à distância" no mesmo espaço onde alunos e professores convivem diariamente era inusitada. Mas, ao mesmo tempo, oferecia oportunidade maior de acompanhamento e avaliação do que se a distância fosse "real". Por isso, o Departamento de Psicologia, o Colegiado de Curso e os próprios alunos deixaram-se convencer a aceitar a proposta, dando também crédito para nossa experiência docente de mais de 20 anos e para nosso trabalho de pesquisa com grupos.

Na grade curricular do curso de Psicologia da UFMG existe uma disciplina cuja ementa permite a variação de conteúdos, para reciclagem e apresentação de novos aportes, sob o nome de "Teorias e técnicas psicológicas contemporâneas: (segue o nome do conteúdo ofertado)". Assim, a nossa disciplina foi incluída na oferta do 1o semestre do curso de Psicologia, com carga horária de 45 horas, na modalidade de "optativa", dentro da ementa e da designação final de: "Teorias e técnicas psicológicas contemporâneas: Oficinas em dinâmica de grupo na área da saúde".

O programa da disciplina se dividiu em 9 itens, que foram: Grupos – conceito, elementos e processo; Tipos de grupos na saúde; Fundamentos teóricos do trabalho com grupos; Como construir um projeto de oficinas; A utilização de técnicas de dinamização de grupo; Como conduzir uma oficina; Como avaliar uma oficina; A equipe interdisciplinar; e A ética do trabalho com oficinas. Na organização do curso, cada item do programa foi abordado por um texto original, escrito pela professora Maria Lúcia M. Afonso, a partir da metodologia de "Oficinas em dinâmica de grupo", e reproduzidos neste livro.

Os textos eram disponibilizados na *homepage* para acesso dos alunos. Cada texto era acompanhado da indicação de uma tarefa que os alunos deveriam fazer individualmente e/ou em grupo, mandando-a para a sua "tutora", pela *homepage*. A turma da graduação foi dividida em 5 subgrupos de 20 alunos, em média, cada qual sendo acompanhado por uma tutora que comentava, por escrito, cada tarefa de seus alunos e enviava seus comentários pela *homepage*. Quando necessário, havia comunicação por e-mail.

A disciplina contava com 30 horas virtuais e 15 horas presenciais. Dentro da carga didática "virtual", os alunos deveriam: entrar na internet (no lugar e hora de sua preferência), ler e/ou copiar os textos a serem estudados, responder às tarefas de cada texto e enviá-las para tutoras.

Na carga didática presencial, os alunos deveriam comparecer a 5 aulas de 3 horas cada, em que também compareciam a professora e as tutoras, para organização, acompanhamento e avaliação da disciplina. Instruções para o uso da *homepage*, bem como um cronograma, foram entregues, e explicados, aos alunos, especificando as datas limites de entrega para as tarefas, as datas limites para recebimento dos comentários bem como as datas das aulas presenciais.

É preciso, agora, explicar quem eram as "tutoras". Paralelamente à oferta da disciplina na graduação, foi oferecida, pela mesma professora, no mestrado em Psicologia (UFMG), uma disciplina intitulada "Tópicos especiais em psicologia social C: Educação à distância na formação do profissional em psicologia", com carga horária de 45 horas.

As cinco alunas matriculadas na disciplina da pós-graduação atuaram como "tutoras" da disciplina oferecida na graduação. Foram elas: Carolina Marra Simões Coelho, Deborah Akerman, Flávia Lemos Abade, Juliane Rosa Paulino e Sara Deolinda Cardoso Pimenta. Para tal, além de estudar uma bibliografia específica sobre grupos, reuniam-se semanalmente com a professora, para supervisão do trabalho, discussão de tópicos e resolução de problemas. Assim, o trabalho integrou alunos e disciplinas de graduação e pós-graduação, em um projeto de ensino desenvolvido no Laboratório Grupo, UFMG.

A *homepage* apresentava, entre outros recursos, bibliografia comentada sobre teoria, experiências e técnicas de grupo. Uma monitora da graduação, Kelma Soares Medrado, se encarregou dos aspectos técnicos, como registro e senha dos alunos, colocação de textos na *homepage* e organização de e-mails.

Avaliação dos alunos e da disciplina

Ao final do semestre, um questionário de avaliação sobre a disciplina foi respondido, voluntariamente, por 62 alunos[3]. A tabela 1 mostra esses resultados.

Tabela 1 - Avaliação através de questionário da disciplina

AVALIAÇÃO DO CURSO, POR ITENS, EM GERAL E AUTO-AVALIAÇÃO					
	Ótimo	Bom	Regular	Ruim	Péssimo
Qualidade da Homepage	39,7	53,4	6,9	--	--
Facilidade do acesso à homepage	36,2	43,1	17,2	1,7	--
Textos do curso	70,7	27,6	1,7	--	--
Tarefas dos textos	25,9	65,5	8,6	--	--
Comentários recebidos (das tutoras)	69,0	22,4	5,2	--	--
Interação com tutoras	51,7	37,9	10,3	--	--
Interação com professora	31,0	53,4	13,8	1,7	--
Cronograma de atividades	39,7	53,4	6,9	--	--
Equilíbrio entre aulas virtuais e presenciais	25,9	37,9	27,6	6,9	1,7
Forma de avaliação adotada	58,6	32,8	8,6	--	--
Auto-avaliação	34,5	56,9	6,9	1,7	--
Avaliação geral do curso	53,4	43,1	3,4	--	--

Os itens avaliados foram relativos à qualidade: da *homepage*, dos textos utilizados, das tarefas pedidas, dos comentários das tutoras, da relação com as tutoras, da relação com a professora, do cronograma, da forma de avaliação do aluno, do equilíbrio entre a carga horária presencial e a virtual, avaliação do aluno sobre seu próprio desempenho e sobre o curso como um todo. No último encontro presencial, os alunos foram também solicitados a fazer uma avaliação qualitativa da disciplina, desenvolvida em discussão nos subgrupos. Os resultados foram anotados e servem de esclarecimento dos dados obtidos nos itens do questionário. Comentando os dados, consideramos a soma das respostas "ótimo" ou "bom" como indicador positivo e a soma de "razoável", "ruim" e "péssimo" como indicador negativo.

[3] Para organização do Banco de Dados e sistematização das tabelas, contamos com a colaboração de Raquel Raso e Rodrigo Matta Machado, alunos de graduação em psicologia da UFMG.

Em relação à qualidade da *homepage*, 93,1% alunos considerou-a boa (53,4%), ou ótima (39,7%). A facilidade de acesso, entretanto, já mostrou certa dificuldade. Foi boa (43,1%), ou ótima (36,2%), para 79,3% dos alunos, mas 18,9% a consideraram apenas "regular" ou "ruim". De fato, na universidade brasileira, nem todos os alunos têm acesso fácil a computadores, o que foi reiterado na avaliação qualitativa.

Em relação ao material didático utilizado, a avaliação foi bastante positiva. Um total de 98,3% de alunos considerou a qualidade dos textos boa (27,6%) ou "ótima" (70,7%).

Na avaliação qualitativa, os alunos disseram ter gostado da escrita e do estilo dos textos, acharam adequado o número de textos para um semestre e razoáveis os prazos para leitura. Os textos escritos na forma de diálogo foram considerados mais "leves" do que os escritos sob a forma acadêmica convencional. Muitos alunos gostaram disso. Outros disseram... que era um "risco", pois o prazer da leitura faz a teoria ficar "leve" demais e pode atrapalhar a concentração! São contradições do nosso sistema universitário? Deve a teoria ter a forma sempre "pesada"? Optamos por manter os textos dialógicos, pois a maioria gostou deles.

É muito interessante notar que alguns alunos reclamaram que o último texto (sobre a ética do trabalho com grupos na saúde) foi "restrito demais" e que, apesar de terem concordado com as idéias ali apresentadas, gostariam de ter uma discussão ampliada sobre a questão. Esta foi uma crítica que recebemos com prazer, pois mostra o quanto nossos futuros profissionais assumem essa preocupação. Tomamos a decisão de não alterar substancialmente o material do curso, em sua publicação, mas deixamos sugestões aos educadores que vierem a utilizá-lo de incrementar essa parte sobre ética, seja através de novos textos ou de debates em sala.

Alguns alunos também sugeriram que o tema da ética não fosse abordado apenas ao final do curso. No entanto, em nosso entendimento, apesar de essa questão atravessar o curso desde o início, fica também difícil introduzi-la antes de se apresentar à proposta de

"Oficinas". Assim, optamos por deixar o texto sobre ética como "fechamento" do curso, dando sentido ao trabalho como um todo.

As tarefas solicitadas em cada texto foram compreendidas como "boas" (65,5%) ou "ótimas" (25,9%) por um total de 91,4% dos alunos. Essa opinião foi reiterada na avaliação qualitativa: os alunos consideraram adequado o número de tarefas e elogiaram muito o fato de as tarefas seguirem uma linha progressiva de raciocínio, com a produção de um projeto de "Oficina" como ponto central e um trabalho reflexivo antecedendo e seguindo esse projeto. Viram também uma relação possível com outros estágios e trabalhos práticos. Avaliaram muito positivamente o fato de terem mais liberdade para criar a partir da base teórica e o "jogo de cintura" entre teoria e prática.

A primeira tarefa (auto-reflexiva) foi considerada "muito boa" por alguns e "invasiva" por outros. Apontaram que a tarefa do texto sobre avaliação do processo grupal não estava clara (nesse livro, já foi reformulada) e que as que exigiam imaginação eram mais difíceis para quem não tinha tido, ainda, prática com grupos.

A interação com as tutoras foi outro item muito bem avaliado, sendo que 89,6% dos alunos a classificaram como ótima (51,7%) ou boa (37,9%), contra 10,3% que a avaliaram como apenas "regular". Na avaliação qualitativa, foram ressaltadas a dedicação e a delicadeza das tutoras. Os comentários das tarefas feitos pelas tutoras também mereceram a designação "ótima" (69,0%) ou "boa" (22,4%) de um total de 91,4% de alunos. Na avaliação qualitativa, os alunos disseram que os comentários trouxeram oportunidade de aprender mais, estimulavam o diálogo e eram de boa qualidade. O nível de exigência das tutoras em relação às tarefas foi considerado mesmo mais alto do que o de algumas disciplinas em sala de aula... e isto era um ponto positivo.

Já a possibilidade de diálogo entre os alunos foi um ponto controverso, pois pela *homepage* era possível acessar as tarefas uns dos outros. O que inicialmente aparecia como pura troca manteve o seu caráter positivo, porém acrescido do "risco da cópia". Felizmente, pudemos detectar esse risco a tempo, discuti-lo – aberta e respeitosamente – com os alunos e adotar uma comparação (ponderada) entre as tarefas, no grupo de tutoras, diminuindo o problema.

A interação com a professora foi avaliada por 84,4% dos alunos como boa (53,4%) ou ótima (31,0%), contra 13,8% que a consideraram apenas "regular". Na avaliação qualitativa, ficou clara a expectativa dos alunos de terem maior contato com a professora. Esta ficava mais em contato com as tutoras do que diretamente com os alunos da graduação. Eles se ressentiram, solicitando mais presença da professora e mais aulas presenciais (com ela). Acreditamos que a demanda foi provocada também pelo fato de que, compartilhando o mesmo espaço real com a professora, os alunos viam a possibilidade concreta de sua presença, comum em outras disciplinas e atividades acadêmicas. Pensamos que, em um curso virtual, a demanda seria substituída pelas possibilidades existentes.

A funcionalidade do curso também foi bem avaliada. O cronograma recebeu aprovação, dentro das categorias "bom" (53,4%) ou "ótimo" (39,7%) de um total de 93,1% dos alunos. A forma de avaliação adotada foi considerada ótima (58,6%) ou boa (32,8%) por 91,4% dos estudantes.

Na avaliação qualitativa da disciplina, os alunos sugeriram colocar todos os textos de uma só vez na *homepage*. Valorizaram a autonomia do aluno quanto aos horários do curso. Gostaram das tarefas que exigiam reflexão e criatividade. E disseram que seria bom "cobrar" mais a utilização de conceitos... mas reafirmaram a necessidade de alguma flexibilidade nos prazos de entrega.

Consideraram que a avaliação permitiu mais envolvimento e integração com o conteúdo. O nível de exigência foi até maior do que o de outras disciplinas presenciais. Sugeriram que houvesse tarefas em grupo nas aulas presenciais e que a perda de pontos fosse gradual com o tempo de atraso nas tarefas.

O item menos bem avaliado foi justamente o equilíbrio entre as aulas presenciais e virtuais, com um total de 63,8% dos alunos considerando-o bom (37,9%) ou ótimo (25,9%). Já 36,2% o consideraram razoável (27,6%), ruim (6,9%) ou mesmo péssimo

(1,7%). Na avaliação qualitativa ficou bem claro que os alunos esperam que um curso virtual dentro da graduação tenha mais equilíbrio com atividades presenciais, no que concordamos. Os alunos sugeriram mais aulas teóricas e atividades presenciais em grupo. Cobraram também que houvesse alguma atividade prática com alguma supervisão! Entendemos que são demandas mais do que justas para se pensar quando a oferta do curso for feita no mesmo ambiente de ensino que os alunos freqüentam. Já para cursos de educação à distância, há que se discutir condições e possibilidades. Por exemplo, uma aluna que fazia nosso "internato rural" elogiou a possibilidade de cursar a disciplina mesmo estando distante...

Em sua auto-avaliação, 91,4% dos alunos se atribuíram os valores de "ótimo" (34,5%) ou bom (56,9%), contra 8,6% que classificaram sua atuação como "razoável" (6,9%) ou "ruim" (1,7%).

O curso como um todo foi avaliado como ótimo (53,4%) ou bom (43,1%) por 96,5% dos alunos, contra 3,4% que o consideraram apenas "regular". Na avaliação qualitativa, os alunos disseram que reiteraram a sua opinião de que o curso era bem estruturado, "com princípio, meio e fim", mas que deveria equilibrar mais as atividades virtuais e presenciais.

É interessante notar a opinião de uma aluna: "o curso poderia ter sido mais trabalhado como um grupo, as aulas presenciais poderiam ser mais trabalhadas no sentido de serem discutidas as questões do trabalho na saúde e menos de como estava sendo fazer um curso pela internet...". Acreditamos que o nosso zelo pela experiência pedagógica nos fez centrar demais na possibilidade da organização dessa disciplina de forma virtual e que a aluna nos lembrou um ponto valioso...

Outra aluna escreveu: "existem coisas que só um professor pode passar, pela sua experiência, por exemplo". Essa valorização do professor é um ponto importante que, em vez de desencorajar iniciativas de disciplinas virtuais, deve ser contemplada pelo equilíbrio entre as atividades formadoras. Essa mesma aluna acrescenta: "entretanto, tive um grande crescimento pessoal e teórico neste curso" e que "foi muito bom. Nem sempre se percebe uma abertura assim com professores".

Outra aluna, ainda, escreveu: "Gostei muito do curso. Meu desempenho e minha aprendizagem superaram em muito minhas expectativas diante da possibilidade de um curso virtual. Achei muito interessante a estrutura de tutoria: promove uma proximidade maior entre os alunos e os responsáveis pelo curso (...)".

Por fim, como apontamos críticas e sugestões, vamos nos permitir transcrever também um elogio feito por uma outra aluna: "A disponibilidade da professora e das tutoras foi essencial. As mudanças ocorridas durante o curso, influenciadas pelas propostas dos alunos, também foram muito enriquecedoras. Vocês formam uma equipe brilhante! Parabéns!"

A opinião das tutoras e da professora

A experiência foi nova para todas nós. Muitas expectativas positivas foram realizadas, mas a que mais nos surpreendeu foi ver como um curso realizado "à distância" podia nos trazer relacionamento intenso e muito afetuoso. Talvez a novidade e o desafio tenham contribuído para isto. Mas, certamente, também contribuíram a dedicação e a competência das alunas da pós-graduação que atuaram como tutoras. Deixamos, aqui, registrado, o seu depoimento:

> Vivemos uma experiência bem perto do coração, repleta de novidades, ansiedades e empolgação. O medo de não conseguir responder a todas as tarefas e de iniciar uma nova prática (nenhuma de nós nunca tinha participado de uma disciplina à distância na faculdade) foi superado pelo nosso esforço em manter uma postura dialógica e de nos assumirmos como grupo de trabalho, respondendo as questões tanto quanto conversando sobre os obstáculos, ao mesmo tempo

emocionais e pedagógicos, diante da nossa tarefa. A cooperação foi bem maior que a competição. Houve boa comunicação no grupo de alunas da pós-graduação e destas com a turma da graduação. Esperamos que o brilho dos olhos e a alegria de aprender que vivemos através da tela do computador, agora possam ser compartilhados neste livro.

Contribuições para o uso de educação à distância na graduação e/ou em programas de atualização profissional

Não é nossa intenção, aqui, nos estendermos sobre o problema da educação à distância. Entretanto, a partir de nossa experiência, podemos afirmar que entendemos que a educação à distância é um meio legítimo de formação de pessoal, desde que garantidos (1) a boa qualidade de seus materiais e condições de acesso, (2) a boa qualidade da relação entre professores, tutores e alunos, em uma relação interativa, (3) um equilíbrio entre a oferta de formação por meios virtuais e meios presenciais, aí incluindo as práticas supervisionadas.

Vejamos a opinião de nossos alunos, a esse respeito. No mesmo questionário, eles foram perguntados sobre a sua opinião acerca do uso de ensino virtual na graduação em psicologia. As tabelas 2 e 3 mostram os resultados.

Tabela 2 - Avaliação da possibilidade de uso de carga horária virtual na graduação em psicologia

Na sua opinião, qual o percentual de carga horária virtual (educação à distância) que poderia ser usada no curso de psicologia? (N= 62)	
Não deve ser usada	1,7%
Até 25% da carga horária do curso	74,6%
Até 50% da carga horária do curso	16,9%
Até 75% da carga horária do curso	5,1%
Até 100% da carga horária do curso	1,7%
Total de respostas	100%

Tabela 3 - Avaliação do tipo de disciplinas que poderiam conter carga horária virtual, no curso de psicologia

Na sua opinião, que tipo de disciplinas poderia ser oferecido, no curso de psicologia, em tempo integral ou parcial, através da educação à distancia? (N= 62)	
Não respondeu	1,7%
Nenhuma	1,7%
Apenas disciplinas teóricas que exigem conteúdos básicos	28,8%
Qualquer disciplina teórica, mas nenhuma prática ou estágio.	30,5%
Qualquer disciplina, dependendo do percentual de carga horária à distância.	37,3%
Qualquer disciplina independente do percentual de carga horária à distância	0,0%
Total de respostas	100%

Mesmo tendo avaliado bem a nossa experiência, os alunos foram ponderados em sua opinião sobre a educação virtual no curso de psicologia. Apenas 1,7% acha que não se deve usar a educação virtual na graduação. Mas, 74,6% acreditam que isso é possível para uma carga horária de até 25% do total. Para carga horária maior esse percentual já se reduz para 16,9% ou menos.

O cuidado dos alunos fica mais bem expresso na questão seguinte. Um total de 59,3% reserva o uso de ensino virtual apenas para disciplinas teóricas. Um total de 37,3% admite o uso em qualquer disciplina, dependendo da carga horária virtual. Ninguém concordou com o uso do ensino à distância sem consideração para com o caráter da disciplina ou percentual de carga horária virtual.

Concordamos com nossos alunos e acreditamos que essa experiência contribui para a questão, apontando algumas referências para a educação à distância no ensino superior em geral, e na formação do profissional em saúde, em particular. Ao publicar esse livro, esperamos que o seu uso seja pautado por esses mesmos cuidados.

A disciplina e a organização desse livro na forma de um "curso"

Realizada a nossa experiência, partimos para a organização do livro. Dada a boa avaliação obtida, fizemos poucas mudanças em relação ao material original.

O curso tem 3 "módulos": um módulo teórico inicial, um módulo prático, e um módulo de fechamento e reflexão.

No primeiro módulo, contamos os textos de número 1 a 3. O texto 1 resume, de forma introdutória, o conceito de grupo e seus elementos. O texto 2 discute os tipos de grupo utilizados na área da saúde, buscando diferenciar grupos educativos, operativos e terapêuticos. O texto 3 apresenta, na forma de um diálogo, a fundamentação teórica do trabalho com Oficinas.

No segundo módulo, contando os textos 4 a 7, propomos como construir, conduzir e avaliar uma Oficina, bem como utilizar técnicas de dinamização nos grupos.

No terceiro módulo, com os textos 8 e 9, refletimos sobre a equipe interdisciplinar e a ética no trabalho com Oficinas.

Para cada texto, foram selecionadas (com o consentimento dos autores) algumas das melhores tarefas dos alunos, com os respectivos comentários das tutoras. A intenção foi oferecer um material útil, do ponto de vista didático, para professores e alunos, que poderão ver nos exemplos também uma boa discussão das temáticas. A maioria das tarefas foi feita individualmente, na turma da graduação. Porém, mantivemos, em cada texto, a indicação de tarefas em grupo, para uso em cursos de capacitação profissional.

Pedimos especial atenção para os exemplos de "projetos de oficinas", ao final do texto 4, gentilmente cedidos pelos autores para publicação e que poderão servir de inspiração para outros projetos. Esses "projetos" não foram levados à prática, mas foi um exercício de raciocínio e imaginação, exigindo assimilação do conteúdo teórico estudado. Dentre os projetos de Oficina apresentados, contam-se diferentes temáticas e estilos de intervenção.

Também chamamos a atenção para a lista de técnicas de dinamização de grupo acrescentada ao final do texto 5, que trata da utilização de técnicas na Oficina.

Os textos foram mantidos em sua forma original, com um toque da linguagem coloquial vivida ao longo do curso. Entretanto, referências a instituições e pessoas foram retiradas, por cuidado ético.

Com este livro, não temos a pretensão de oferecer uma metodologia isolada, como se fosse uma solução única na área da saúde. Pelo contrário, trata-se de metodologia a ser inserida em um programa de saúde, ali se articulando com outras ações e em uma perspectiva ética. É nessa perspectiva que esperamos estar colocando em mãos dos leitores um material que seja ao mesmo tempo útil e instigante para os profissionais das diversas áreas da saúde que trabalham com grupos.

A proposta de trabalho com grupos do IPSEMG-Família e as Oficinas em dinâmica de grupo

Heloísa Maria Fonseca de Oliveira[1]

A proposta de trabalho com grupos do IPSEMG – Família parte dos pressupostos de que a promoção de saúde e a qualidade de vida dos servidores estaduais merecem nossa atenção e intervenção. A nossa disposição sustenta-se no acolhimento e na escuta das necessidades de saúde de nossa clientela com o propósito de convidá-la, sensibilizá-la e ajudá-la a construir, a assimilar e a apropriar-se de conhecimentos que lhe proporcionem um aprimoramento de sua qualidade de vida.

Visamos, ainda, a qualificação da abordagem das equipes de saúde frente às demandas de seus clientes, como também o desenvolvimento da postura crítica dos profissionais em relação ao próprio trabalho, ao trabalho em e da equipe. É imprescindível que as equipes de saúde, na prática profissional, promovam reflexão crítica dos conteúdos e vivências desenvolvidos no cotidiano dos serviços com a responsabilidade de aperfeiçoamento, utilizando instrumentos e estratégias na promoção da saúde.

Tal proposta implicou na identificação de uma metodologia de intervenção coletiva que possibilitasse praticar, efetivamente, a estratégia da promoção da saúde, que visa informar, conscientizar e assistir aos indivíduos para que assumam responsabilidade e sejam ativos em matéria de saúde e bem-estar.

Estávamos diante de um desafio importante. Iniciamos uma reflexão sobre a metodologia de trabalho com grupos na realida-

[1] Heloísa Maria Fonseca de Oliveira é psicóloga e atuou como Coordenadora de Saúde Mental do Programa do Ipsemg – Família, no período de dezembro de 1999 a dezembro de 2003. Nesse período, acompanhou e supervisionou a implantação da metodologia de Oficinas junto a diversas equipes de saúde do Ipsemg – Família.

de da clientela do Ipsemg – Família, realidade identificada pelas fichas de saúde, demandas espontâneas, campanhas de saúde e visitas domiciliares. Em 2002, com o apoio do CNPq, foi feita uma pesquisa[2] que incluiu a capacitação de equipes do IPSEMG-FAMÍLIA na metodologia de grupos. Escolhemos o trabalho das Oficinas em dinâmica de grupo, como método de intervenção psicossocial, elaborado por Maria Lúcia M. Afonso, por se tratar de um trabalho coletivo, que busca integrar os aspectos clínicos, afetivos e educativos na saúde, com fundamentos teóricos e éticos.

A formação de grupos de trabalho de questões de saúde depende, fundamentalmente, da análise do pedido apresentado. Nesse sentido, percebemos a importância da escuta e da articulação da proposta do grupo, que deve aceitar e se apropriar de sua demanda. Há, na metodologia das Oficinas, um interesse vivo de instaurar um campo de fala e escuta, pois seu trabalho consiste na percepção e reflexão das experiências do grupo em relação ao tema em questão. A prática do grupo recupera para a aprendizagem o caráter social da produção de conhecimento.

A possibilidade da reflexão individual e coletiva vivenciada nas Oficinas permite o intercâmbio de idéias, crenças e práticas sobre a saúde que podem ser articuladas numa síntese grupal enriquecedora para cada um dos participantes. Os conceitos perdem o seu caráter abstrato e tornam-se ricos em conteúdos reais.

Adotada dentro de um programa de saúde que inclui, entre outras estratégias, a ficha de saúde, as visitas domiciliares, a busca ativa, e outras, a técnica das Oficinas alicerça a proposta de aprender a pensar, integrando estruturas afetivas, conceituais e de ação. Isto é, o sentir, o pensar e o fazer. As experiências e os conceitos são ressignificados, reinventados, o que demonstra que o contexto do grupo é um campo apropriado para sensibilizar, repensar e propor idéias e práticas promotoras de saúde e bem-estar.

[2] A pesquisa foi coordenada pelo Dr. Roberto Bittencourt.

No campo grupal, a percepção e a reflexão são motivadas e sustentadas pela comunicação, pelas relações interpessoais e afetivas. A elaboração de conhecimentos implica compromisso de reflexão, compreensão e construção de respostas saudáveis à demanda do grupo. É um acontecimento ético que considera que o atendimento à saúde deve ser elaborado por quem presta o serviço e por quem o recebe.

Que possamos nos aproximar dos poetas que percebem e admitem a fragilidade humana e a transforma em beleza e criação:

> Segue teu destino
> Rega tuas plantas
> Ama tuas rosas
> "Porque o resto é sombra das árvores alheias".
> Fernando Pessoa.

Bibliografia

AFONSO, Maria Lúcia M. *Oficinas em dinâmica de grupo: um método de intervenção psicossocial.* Belo Horizonte: Edições do Campo Social, 2000.

TEXTO 1

Grupos: o que são e como se organizam

O módulo inicial do curso é dedicado a introduzir o conceito de grupo e a expor seus principais elementos. O objetivo é delimitar o tema de estudo, que será aprofundado nos módulos seguintes, tanto em termos de sua fundamentação teórica quanto de procedimentos metodológicos e técnicos envolvidos na utilização do grupo na área da saúde.

Grupos

Nossa vida cotidiana está organizada em grupos: a família, o grupo de amigos, o grupo de trabalho, e outros. Nos grupos, os sujeitos humanos se reconhecem como participantes de uma sociedade, inseridos em uma teia de relações e papéis sociais, por meio dos quais constroem suas vidas. Neste curso, falaremos dos "pequenos grupos", como os grupos de convivência e os de atendimento, e não dos grandes grupos, como a multidão, a classe social ou o conjunto dos moradores de um bairro.

Todos os pequenos grupos dos quais participamos têm, cada qual à sua maneira, ligação com uma instituição, valores e práticas sociais, presentes no grupo, mas que o ultrapassam, como tal. Assim, existem leis, normas, práticas e costumes para a família, o mundo do trabalho, a amizade, a religião, a política, etc. E, no entanto, os grupos também têm história própria e aspectos particulares. Podemos dizer que todos os grupos têm, ao mesmo tempo, um jeito de ser próprio (singularidade) e um pertencimento social pelo qual se fazem similares a outros grupos.

Grupo é um conjunto de pessoas unidas entre si porque se colocam objetivos e/ou ideais em comum e se reconhecem interligadas por esses objetivos e/ou ideais.

Para se enquadrar nessa definição, um "grupo" deve ter "relações face a face", isto é, todos os seus membros se conhecem e se reconhecem unidos no grupo. Por exemplo, pessoas em uma sala de espera de hospital podem até ter o mesmo objetivo, mas não tem objetivo *em comum* e nem se percebem *interligados*. É apenas quando se vêem na condição de agirem juntos para alcançar seu objetivo, por exemplo, quando precisam unir-se para uma reivindicação, que essas pessoas passam a constituir um *grupo*.

Entretanto, mesmo tendo *objetivos* em comum, os participantes mantêm a individualidade. Isso significa que o consenso no grupo é sempre fruto de acordos que vão mudando ao longo do tempo, e também que conflitos e divergências fazem parte da vida do grupo, precisando apenas ser trabalhados para se chegar à construção do consenso. Também é preciso lembrar que um grupo pode ter objetivo claro e *explícito*, bem como outros objetivos *implícitos* e mesmo *inconscientes*. Por exemplo, na escola, um grupo de colegas pode resolver estudar juntos, mas, ao mesmo tempo, desejar aprofundar as interações e amizade entre eles.

É no processo de constituição do grupo que vai se configurar a sua "dinâmica", que alguns autores chamariam mesmo de "dialética". O processo do grupo é justamente o movimento que ele faz ao se constituir como tal. A Dinâmica de Grupo é a disciplina que estuda os processos grupais. Falamos de uma *dinâmica interna* e de uma *dinâmica externa* do grupo. Na dinâmica interna, estudamos características, fases e elementos do processo grupal, ressaltando os fatores que aí interferem – dificultando ou facilitando – esse processo. Na dinâmica externa, estudamos as forças sociais e institucionais que influenciam o processo grupal. Nenhum grupo é resultado apenas de sua dinâmica interna ou de sua dinâmica externa. Existe uma relação entre as dinâmicas interna e externa que pode ter caráter diversificado: atração, rejeição, conflito, espelhamento, complementaridade, entre outros.

Os *métodos* de trabalho com grupos variam de acordo com as características e os objetivos dos grupos. Alguns são bem conhecidos, como: debate, painel, dramatização, reunião, assembléia. Mas, novas metodologias podem surgir para adaptar necessidades atuais em áreas diversas. É o caso do trabalho em equipe e da Oficina, que serão objeto do curso.

Elementos básicos dos grupos

É interessante notar que, nas diversas abordagens teóricas, alguns elementos são constantes, ou, podemos dizer básicos. A interpretação pode variar, mas sua presença no grupo é sempre reconhecida em teorias diversas. Que elementos são esses? Vamos procurar sintetizá-los, de forma didática, em sete itens que poderão ser facilmente reconhecidos e memorizados:

1) Primeiramente, é preciso considerar as razões pelas quais os indivíduos se juntaram em grupo e como esse grupo se relaciona com o seu contexto. Ou seja, que *demanda* deu origem ao grupo e em que *contexto* social e institucional? Esse "nascimento" do grupo marca muito todo o processo;

2) Estreitamente ligada à demanda é a definição dos *objetivos* do grupo. Quais foram as *motivações* e os *desejos* que os membros buscaram realizar via pertencimento a esse grupo, como por exemplo, o desejo de ter segurança, reconhecimento, afeto, novas experiências, comparar suas experiências, pensar seus problemas, resolver questões, entre tantos outros. Nesse sentido, podemos considerar, ainda, se o grupo tem objetivos mais voltados a uma dimensão *educativa* ou mais à dimensão terapêutica ou *clínica*, embora haja sempre alguma co-relação entre essas duas dimensões, como veremos em nosso curso;

3) A demanda e os objetivos estão diretamente ligados à construção de uma *identidade* ou "sentimento de nós" no grupo. Essa

identidade indica também um grau de coesão – ou, ao contrário, de dispersão – no grupo. Quanto maior sua *integração*, mais forte – e rígida – a *identidade*. A coesão e a dispersão em graus extremos levam o grupo, respectivamente, ao autoritarismo interno e à desintegração. Assim, é preciso que o grupo saiba construir, junto à sua identidade, um sistema de trocas com outros grupos sociais e certa tolerância diante de diferenças internas. A identidade grupal está vinculada também à sua atmosfera ou ao *clima*, que diz respeito ao modo de sentir que permeia o grupo como um todo e que caracteriza a sua disposição geral diante dos objetivos a que se propôs. Os coordenadores de preocupam-se em favorecer atmosfera de aceitação mútua, respeitosa e democrática;

4) No processo de sua constituição, o grupo precisa se organizar diante de seus objetivos. A *organização* implica a distribuição de papéis e funções entre os participantes, de forma bastante variável. Mas, principalmente, diz respeito à distribuição de *poder* e relações de *liderança*. Ora, não existem, no grupo, relações de poder sem que existam também formas de *cooperação*, *conflito* e *controle*. Essas relações poderão ser percebidas pela interação e comunicação entre os participantes;

5) Os padrões de *interação*, *comunicação* e *participação* dizem muito sobre a capacidade do grupo de enfrentar suas dificuldades e trabalhar por seus objetivos. Quanto menos centralizadas, e mais abertas e democráticas, melhor fluem a comunicação e a participação. Seguindo esses padrões, vamos nos deparar também com as *dificuldades* de comunicação, às quais os coordenadores dedicam atenção especial, visando sua superação;

6) A relação entre o grupo, como um todo, e os seus membros, também é objeto de atenção dos coordenadores. De fato,

quando se juntam em grupo, os indivíduos manejam um duplo investimento: por um lado, buscam ser reconhecidos pelos companheiros como "iguais", isto é, parceiros de um ideal; e, por outro lado, querem ser reconhecidos como pessoas únicas, que têm suas particularidades diante do ideal do grupo. Esse duplo investimento caracteriza um movimento próprio de todos os grupos que oscilam entre a *grupalização* (a ênfase nos vínculos e nos ideais comuns) e a *individuação* (a ênfase nas diferenças individuais). Ao invés de ser danosa para o grupo, a dinâmica entre grupalização e individuação serve de alimento ao seu crescimento e ao crescimento dos participantes. É pelo constante desafio de estar junto e se manter único que os participantes poderão conhecer melhor suas motivações e suas capacidades no grupo;

7) Finalmente, há que se comentar que o grupo não é um conjunto de características estáticas. Todos seus elementos estão em constante movimento, fortalecendo ou não a produtividade, conduzindo ou dificultando o crescimento. Assim, é fundamental sempre pensar o grupo como *processo*. O processo grupal inclui a série de movimentos para alcançar os seus objetivos, trabalhar suas relações, transformar sua visão de mundo, promover mudanças nos participantes, e tantas outras dimensões envolvidas. Ou seja, nesse processo, duas grandes referências são delineadas: qual é o grau de *autonomia* que o grupo tem e/ou desenvolve? Que *elaboração* alcança diante de seus objetivos e relações?

Além dos elementos mencionados, que dizem respeito mais à *estrutura* do grupo do que à *forma*, podemos considerar algumas características formais ou *descritivas* que vêm a influenciar seu processo e suas relações. Dentre elas, podemos selecionar: o número de participantes ou tamanho do grupo, a rotatividade da participação, a homogeneidade ou heterogeneidade dos participantes e a duração do grupo no tempo. A escolha dessas características na formação de um grupo variará conforme a natureza e o objetivo do grupo.

O *tamanho* influencia no desenvolvimento do tipo de relações dentro do grupo. Grupos menores propiciam maior cumplicidade entre os participantes, mas também menor diversidade de pontos de vista. Muitas vezes, os participantes se apressam a entrar em consenso para defender a mútua satisfação afetiva. Grupos maiores aceitam a diversidade de pontos de vistas e os conflitos com maior presteza. Mas, neles, as trocas emocionais são mais superficiais ou tendem a se limitar aos pequenos grupos.

Ao mesmo tempo, podemos lembrar que: o funcionamento democrático do grupo aumenta a possibilidade de expressão de diferentes pontos de vista, mesmo nos grupos pequenos e que grupos grandes, mas com funcionamento autoritário podem coibir as diferenças internas e enfatizar as trocas emocionais em um padrão mais rígido e repetitivo.

Assim, não se trata de dizer qual o melhor tamanho de grupo, mas de se perguntar, em cada caso, qual tamanho de grupo é melhor para dada proposta de trabalho.

Para trabalhos que envolvem reflexão e criatividade, e em especial quando existe grau maior de integração afetiva no grupo, a literatura da área tem recomendado grupos de 5 a 8 participantes. Grupos até 12 participantes demonstram mais integração e tendência a consenso. Quando uma dimensão educativa é também almejada, ou quando os objetivos do grupo estão limitados a uma intervenção focalizada, esse número pode subir um pouco, digamos, para 15 participantes.

Esses números são como uma *estimativa* de qualidade que servem para dar uma referência aos coordenadores de grupo. Mas, não têm e nem poderiam ter o peso de uma fórmula matemática, pois diversos fatores interferem na produtividade de um grupo.

O grupo pode ser "*fechado*", quando a rotatividade dos participantes é zero ou pequena, ou "*aberto*" quando se admite entrada e saída de novos membros ao longo do processo. Rotatividade alta prejudica a formação de vínculos entre os participantes, mas rotatividade nula pode ser por demais rígida. Quando o grupo trata de questões mais conflitivas ou emocionalmente mobilizadoras, por exemplo, um grupo de pacientes com câncer, é mais difícil lidar com a rotatividade dos participantes. Mas um grupo que tem um caráter mais preventivo e educativo pode até achar interessante acolher novos membros e suportar a saída de outros. Por exemplo, grupos de gestantes com diabetes podem funcionar em estrutura aberta, permitindo a saída e chegada de novos membros dependendo de sua inserção no acompanhamento pré-natal.

Esse raciocínio pode ser empregado para as outras características dos grupos. A *homogeneidade* pode ser produtiva e assim também a *heterogeneidade*, dependendo das possibilidades de sua expressão, comparabilidade e de seu aproveitamento no grupo. Alguns grupos podem se beneficiar mais da homogeneidade, por exemplo, grupos de pacientes onde todos têm o mesmo problema de saúde. Outros se beneficiam da heterogeneidade, assim como os grupos de criatividade em uma sala de aula. Podemos dizer que, examinando as características dos participantes, haverá sempre certo grau ou tipo de homogeneidade e certo grau ou tipo de heterogeneidade.

A *duração* do grupo no tempo, que pode ser pensada tanto em termos de número de encontros quanto de extensão desses encontros ao longo de dado período, é um fator importante para se avaliarem as possibilidades de aprofundamento de trabalho nesse grupo. Também existe grande variação nesse aspecto. Podemos dizer que quanto mais um grupo estende seu trabalho no tempo ou intensifica seus encontros, mais possibilidades terão de aprofundamento em suas reflexões e interações. Assim, um grupo de apoio para pacientes com depressão provavelmente precisará mais tempo do que um grupo de prevenção, educativa, do câncer de mama.

Não precisamos manter uma atitude do tipo "ou oito ou oitenta", isto é, ou o grupo é rápido e meramente educativo ou é do tipo terapêutico e não terá tempo definido para acabar. Mas precisamos, sim, adequar nossa proposta de tempo de funcionamento aos objetivos e tipo de participantes.

Mais uma vez, não existe receita, mas critérios variáveis com a proposta do grupo. Ao formar um grupo na área da saúde, os coordenadores examinam esses critérios, avaliam sua pertinência e propõem dada forma de funcionamento.

Veremos que, para se propor um trabalho com grupos, precisamos de uma teoria ou *modelo de interpretação* dos elementos acima citados bem como de uma *metodologia* de trabalho. Esses tópicos serão abordados em nosso curso, em diferentes módulos.

Bibliografia

AFONSO, Maria Lúcia M. Oficinas em dinâmica de grupo – um método de intervenção psicossocial. Belo Horizonte: Edições do Campo Social, 2002.

Tarefas

Individuais

1. Identifique 2 grupos que têm grande importância em sua vida, buscando compreender essa importância: que relações esses grupos oferecem a você, como você se identifica com eles, como se organizam, que papel você tem neles, etc.
2. Indique as expectativas – positivas e negativas – que você tem sobre o trabalho com grupos na área da saúde. Você acha que será produtivo? Que dúvidas/ressalvas tem a respeito?
3. Com as tarefas 1 e 2 realizadas, faça um pequeno relatório que você mandará pela internet para o seu instrutor e também usará na discussão com sua equipe.

Em grupo

1. Nessa primeira aula, é importante que a equipe de trabalho reserve um tempo para fazer as suas apresentações. Mesmo que vocês já se conheçam, tomem alguns minutos para revisar os nomes e a motivação de cada um para pertencer a essa equipe, o tipo de trabalho que desenvolve, alguns sentimentos e idéias ligados ao trabalho.
2. Apresentem e discutam, na equipe, as tarefas individuais realizadas.
3. Sintetizem, em equipe, comentários, dúvidas e sugestões em um pequeno relatório que deverá ser enviado, como tarefa do grupo, para a tutora.

Exemplos de tarefas do texto 1 e comentários

Tarefa 1 – Ellen Midori Ribeiro dos Santos

Grupo I – Grupo de orientação às gestantes diabéticas

Este grupo faz parte do acompanhamento pré-natal de gestantes com diabetes[1]. A sua realização tem como objetivo geral orientar a gestante diabética, visando diminuir a morbimortalidade materna e fetal.

A gestante, ao iniciar o seu acompanhamento, passa por um exame; no diagnóstico positivo para a afecção em questão é encaminhada para o ambulatório a fim de aprofundar a orientação, pois o diabetes, quando não controlado adequadamente, é responsável por uma gestação de alto risco tanto para a mãe quanto o filho.

Este grupo representa meu primeiro contato com a prática de enfermagem e, assim, é de grande importância em minha vida. Contudo, demanda muita responsabilidade, como tudo o que é relacionado à assistência à saúde do ser humano. O trabalho profissional na área visa melhorar as condições de vida do indivíduo englobando aspectos nos âmbitos físicos e psicossocial.

É coordenado pela enfermeira do ambulatório e minha participação é como bolsista do projeto de extensão da Escola de Enfermagem da UFMG; esse projeto tem vínculo com o ambulatório na coordenação deste grupo. Faz pouco tempo que participo deste trabalho e estou numa fase de busca de embasamento teórico-prático para, no futuro, coordenar sozinha algumas reuniões. Participo das discussões com as gestantes e sou colaboradora no preparo dos encontros.

---

[1] Grupo desenvolvido no Ambulatório Borges da Costa, coordenado pela enfermeira Ivone Maria Martins Salomon e que fazia parte do projeto de extensão universitária "Cuidar... Cuidando-se", coordenado pelos professores Sônia Maria Soares e Maria Edila Abreu Freitas.

Todos trabalham com objetivos em comum e a integração das gestantes é importante para que a reunião tenha bom andamento. É necessário que a gestante se identifique com o tópico em discussão, que nem sempre chama sua atenção de forma positiva, e é neste ponto que o uso de instrumentos, como as técnicas de dinâmicas de grupo é extremamente útil. É importante ressaltar que o grupo tem objetivos voltados tanto para a dimensão educativa quanto clínica, sendo que, na assistência à saúde esses fatores estão intimamente ligados.

Faz parte dos resultados almejados promover condições de aprendizagem e suporte psicológico para as mudanças de hábitos e comportamentos necessários ao controle adequado do diabetes. É nesse aspecto que o tratamento da doença se torna difícil, pois muitas vezes se confronta com hábitos já internalizados por uma vida inteira.

A assistência é realizada em dois momentos:

- Avaliação individual com medição de glicemias pós-prandiais, e consulta médica no caso de níveis muito alterados deste indicador.
- Atividades educacionais através de grupo com utilização de recursos como aulas expositivas, filmes educativos, jogos didáticos, folder explicativo e cartilha educativa.

É um grupo aberto, pois apresenta rotatividade relativamente grande com entrada e saída constante das participantes. E heterogêneo, pois possui gestantes tanto com diagnóstico prévio da doença (e que por isso já convivem com ela há algum tempo) como também gestantes com diagnóstico na gravidez (e que assim não possuem conhecimento da dinâmica do diabetes). Este, na minha percepção, tem sido um dos maiores problemas que atrapalham a integração do grupo nos tópicos de discussão e nas dinâmicas utilizadas. É como conseguir a participação de alunos com graus de conhecimento muito diferentes. E neste trabalho, um dos dois grupos permanecerá desmotivado.

Não é prático, dentro dos insumos do ambulatório, separar os grupos em reuniões diferentes, apesar de ser uma solução prevista. Mas é um ponto que está em planejamento.

Este trabalho é um fator estimulante e ao mesmo tempo amedrontador, pois lidar com pessoas, e seus problemas, de forma positiva, não é tarefa fácil; mas tenho ótimas expectativas quanto a minha participação nesta disciplina e em como utilizar o conhecimento proporcionado por ela e pelas orientadoras neste intuito. Desejo ressaltar também que estou aberta a críticas (e é até um pedido), pois é a partir delas que pretendo aperfeiçoar meu aprendizado ao longo de toda a prática profissional.

Grupo II – Grupo de Trabalhos Acadêmicos dentro do Curso de Enfermagem

É uma concepção completamente diferente do grupo I, já citado. Neste, participo como parte atuante no grupo. Ressalto que, no primeiro, também tenho papel atuante, mas de forma diferente.

Um dos objetivos do curso de Enfermagem é aproximar o acadêmico do trabalho em equipe, que é onde ele estará inserido ao longo de toda a prática da profissão. Assim a forma de avaliação é quase toda fundamentada em trabalhos de grupos, às vezes bem diferentes daquele que, por afinidade, já estava formado desde o primeiro período. E é por isso que este trabalho, apesar de difícil, possui grande importância para mim. Aprender a lidar com formas diferentes de pensamento a respeito de um mesmo objetivo é um aprendizado necessário.

Existe uma grande interação dentro do grupo e todos os indivíduos unidos em objetivos comuns, o que o configura como realmente um grupo de trabalho. A forma de trabalho e o grau de interação que o participante tem, no intuito de alcançar tais objetivos, é o que muda sempre e que é o agente causador de divergências. Mas o resultado final geralmente atende às expectativas do grupo como um todo.

Por outro lado, lidar com diferentes tipos de conhecimento e posturas divergentes proporciona um enriquecimento de aprendizado e neste ponto é um aspecto positivo. Criar laços de amizade e comprometimento social é parte importante da vida de qualquer um e necessário dentro da sociedade individualista que é característica atual.

Comentário – Juliane Rosa Paulino

Prezada Ellen,

É um prazer tê-la conosco! Se entendi bem, você é do Curso de Enfermagem, não é? Fica claro que o seu interesse em relação a esse curso está relacionado ao processo dos grupos com os quais você vem trabalhando atualmente, e que possui um grande anseio em coordenar, você mesma, grupos na área da saúde. Gostei muito da forma como você se "entrega" a alguns questionamentos no processo dos grupos mencionados e como vai "ensaiando" algumas conexões com conceitos apresentados nesse primeiro módulo. Considero que sua experiência na área da saúde pode enriquecer muito esse nosso percurso e facilitar sobremaneira sua articulação entre as teorias/os conceitos sobre grupo com sua prática.

A heterogeneidade presente no grupo de gestantes diabéticas em relação ao grau de conhecimento, conforme mencionado por você, não precisa, em si, ser uma dificuldade para a integração do grupo. É interessante notar como o grupo vai lidar com essa diferença, de que forma as relações entre as participantes irão se estabelecer em torno desta questão do saber (do conhecer/do não-conhecer), e ainda, como algumas intervenções específicas da coordenação podem vir a dinamizar esse ponto no grupo. O grupo também deve ser esse espaço de convivência com o diferente, com o diverso, com o múltiplo. O conflito é inerente à vida dos grupos. Uma maior flexibilidade de papéis entre seus integrantes está relacionada com relações de poder e liderança menos centralizadas, mais abertas e democráticas, com maior cooperação e participação, e, portanto, com maior possibilidade de elaboração de seus objetivos e conflitos.

Concordo com você em que as técnicas de dinâmica de grupo são instrumentos extremamente úteis, mas é mister pensar que os referenciais teóricos e metodológicos utilizados são importantíssimos na intervenção com grupos.

Considero que você pode investir também, quando possível, na reflexão acerca de seu papel em outros grupos de que faz parte. Esse exercício preparatório é imprescindível para aquela situação em que "o coordenador de grupo procura compreender como as suas próprias reações interferem no grupo".

Um grande abraço,

Juliane.

Tarefa 1 – Sueli Rodrigues Burgarelli

Um dos grupos que possuem grande importância em minha vida é a turma do curso de Psicologia. As pessoas ali reunidas possuem a característica de se encontrarem unidas por um objetivo comum: tornar-se psicólogo(a). Nesse sentido, o "nascimento" desse grupo foi marcado pelo encontro de pessoas muito diferentes, mas com ao menos um objetivo em comum. Pode-se dizer então se tratar de um grupo heterogêneo em suas características pessoais. Os objetivos desse grupo são predominantemente educativos, mas em certas situações a dimensão clínica acaba por aparecer, ainda que continuamente desconsiderada pela maioria. Às vezes penso que, no caso de minha turma, a identidade ("sentimento de nós") do grupo encontra-se fragilizada, já que se trata de uma turma um tanto quanto fragmentada, principalmente por perspectivas teóricas. Assim, o clima ou atmosfera, apesar da intensa convivência, é de trocas superficiais e rasas. Esse grupo é organizado de maneira tal que papéis ou funções de liderança são diluídos. As relações de poder são visíveis, mas praticamente restritas aos "fragmentos" (subgrupos) do grupo. Percebo muitas dificuldades de comunicação, e poucos esforços no sentido de superá-las. A dinâmica entre grupalização e individuação é percebida como privilegiando a primeira. O processo do grupo, no geral, é considerado lento, às vezes "agarrado", embora sem conflitos explícitos. Este grupo oferece a mim possibilidades de trocas ricas, apesar das dificuldades de trocas mais profundas. A diversidade de perspectivas me atrai. Não tenho dificuldades específicas com nenhum dos membros, e consigo "circular" de maneira a tentar estar sempre aberta ao que o outro me traz. Identifico-me, sobretudo, com as pessoas que possuem elevado compromisso com a Psicologia e com o humano em geral. Mas admito que, embora pudesse ser diferente, mantenho um papel ofuscado, de pouco movimento no sentido de trabalhar a coesão do grupo.

Outro grupo do qual participo, também muito importante, é um grupo que vem trabalhando psicologia comunitária em duas favelas de BH. O nascimento desse grupo foi (e continua sendo) marcado pelo profundo interesse das pessoas em trabalhar e apreender a riqueza da psicologia comunitária e das comunidades enfocadas. Trata-se de grupo com forte vínculo institucional com a UFMG. Os objetivos, além de serem voltados para a dimensão educativa, apresentam claramente dimensões também clínicas. A construção da identidade é percebida como um processo, e caminha no sentido de um grupo de pessoas reunidas, com vontade de trabalhar, alinhada com um sentimento de "bem-comum". O clima predominante (e objeto de constante preocupação da facilitação) é de aceitação mútua, respeitosa e verdadeiramente democrática. O grupo é organizado de maneira a que a "ocupação" de papéis e funções de liderança seja constantemente incentivada, no sentido não do exercício de poder, mas da facilitação de níveis cada vez mais elevados de cooperação. Os padrões de interação, comunicação e participação são considerados abertos e democráticos; as dificuldades de comunicação, quando aparecem, são trabalhadas, no sentido de sua superação e de aprendizagem com o processo. A dinâmica entre grupalização e individuação é relativamente equilibrada, com leve preponderância da primeira. Mas é importante salientar que os movimentos de individuação são incentivados na medida em que contribuem para o crescimento pessoal e do grupo. Trata-se de um grupo grande, com cerca de 50 participantes divididos em subgrupos. Está sempre aberto à participação de novas pessoas. Este grupo tem me oferecido oportunidades de trocas muito ricas e profundas com pessoas fantásticas, com as quais me identifico em muitos aspectos. Com o grupo em geral minha identificação passa pelo enorme "calor humano" e responsabilidade para com a vida. Meu papel tem se revestido cada vez mais de características de liderança, que sempre implicam responsabilidades. Mas é exatamente nesse sentido que meu desejo me impele. 3 –

Minhas expectativas sobre possibilidades de trabalhos com grupos na área de saúde são basicamente restritas ao âmbito da saúde mental. A curto prazo, pretendo participar do estágio especial oferecido pelo Centro Mineiro de Toxicomania, onde, conforme as informações de que disponho, faz-se necessário o trabalho com grupos (oficinas) com usuários do serviço. A longo prazo, tenho profundo interesse em trabalhar com grupos (mais clínicos que educativos), por exemplo, nos serviços substitutivos ao aparato manicomial que hoje constituem a rede de atenção à saúde mental em BH. As expectativas positivas para esse tipo de trabalho são enormes. Acredito na diversidade e riqueza desse tipo de trabalho, inclusive com a "população" pela qual particularmente tenho interesse (os portadores de sofrimento psíquico). Enfatizo aqui a fantástica possibilidade de compartilhamento de experiências que um trabalho em grupo oferece, assim como oportunidades de verdadeiras (re)elaborações. A ressalva que tenho com relação ao trabalho com grupos é a possibilidade de exercício deliberado de poder por parte dos chamados "coordenadores", uma vez que, da maneira como entendo, esse trabalho se caracteriza mais pela facilitação de processos grupais construtivos que pela imposição de saberes. Mas tal ressalva é facilmente superada com o verdadeiro envolvimento e certa dose de humildade e abertura por parte de quem se propõe a exercer uma atividade dessa natureza. Nesse sentido, sinto-me tranqüila e com excelentes expectativas para o curso.

Comentário – Juliane Rosa Paulino

Prezada Sueli,

Fiquei muito feliz com sua reflexão acerca dos grupos que possuem atualmente grande importância em sua vida: você foi muito clara quanto às relações que oferecem a você, como se identifica com eles, como se organizam, e sobre os papéis diferenciados que você tem em cada um. Enfim, você colocou o conceito e os principais elementos de grupo para funcionar, relacionando-os muito bem à sua experiência.

Vale a pena lembrar, em relação a seus comentários sobre a turma do curso de Psicologia, que Kurt Lewin menciona: que o que faz de um grupo um todo dinâmico é o reconhecimento da interdependência de destinos de seus membros, e não somente o "ter um objetivo comum", OK?

Atuo também, como você, na área de Psicologia Comunitária em Vilas e Favelas da Região Oeste de Belo Horizonte, e tenho grande interesse pelo trabalho que está sendo desenvolvido por esse grupo da UFMG, citado em sua exposição. Sempre que possível traga sua experiência nesse grupo para enriquecer nosso curso.

Suas expectativas em relação ao trabalho com grupos na área de saúde deixam transparecer a preocupação com a perspectiva ética desse trabalho, tema que iremos desenvolver em módulos subseqüentes.

Manifesto aqui minha admiração por sua maturidade no processo acadêmico, demonstrada nas proposições que você se faz em relação ao trabalho com grupos.

Um abraço,

Juliane.

Tarefa 1 – Cristiano Santos Rodrigues

Atualmente, os dois grupos com os quais me identifico são os constituídos pelas pessoas que fizeram o estágio Internato Rural comigo e o dos meus amigos de faculdade.

A princípio, o grupo do Internato Rural se constituiu a partir da demanda da prefeitura de Morada Nova, que estabeleceu um convênio com a universidade para realização do estágio.

O objetivo da prefeitura, ao estabelecer o contrato, era contribuir para que a população tivesse melhor atendimento na área de saúde. Desta forma, há, na cidade, estagiários de psicologia, medicina e odontologia.

Nós, como estagiários, compartilhávamos o objetivo da prefeitura, mas também desejávamos aprender mais sobre nossas respectivas profissões.

Como o trabalho realizado na cidade, pelos estagiários, é um trabalho interdisciplinar, era necessário que nós nos organizássemos como grupo para que o trabalho fluísse. Outro aspecto que contribuía para que desenvolvêssemos um sentimento de grupo era o fato de residirmos na mesma casa.

Nesse grupo, havia muita cooperação e democracia entre os membros. Sempre era possível contar com o outro, quer fosse para ajudar no desenvolvimento do trabalho, quer em questões pessoais. A questão da liderança também era bem trabalhada, pois os papéis circulavam dentro do grupo, sendo que em alguns momentos alguém encarnava a figura do líder, outro do bode-expiatório, mas depois havia troca com relação a esses papéis.

O sentimento de identificação entre os membros foi surgindo gradativamente. O que, a princípio, era apenas um grupo de pessoas interessadas em fazer estágio, acabou se tornando um grupo de amigos, que compartilhavam suas angústias, ansiedades, mas que também aprendiam entre si.

Embora se trate de grupo bastante heterogêneo, com pessoas de diferentes cursos, classes sociais e também de diferentes orientações religiosas, conseguimos estabelecer um ambiente de respeito à diversidade. Embora cada um de nós seja muito distinto do outro, ao nos agruparmos temos tal identificação que começamos a ter uma espécie de linguagem própria, muitas vezes inacessível para quem está perto de nós, o que causa, inclusive certo fechamento do nosso grupo com relação aos demais.

Hoje, após o término do estágio, continuamos a nos encontrar com regularidade e nossa identificação como grupo permanece forte, pois várias vezes nos referimos uns aos outros como se fôssemos da mesma família, ou, ao falar da casa em que ficamos para fazer o estágio, dizemos que era "nossa casa". Esse grupo tem sido pra mim fonte de profundos aprendizados e acho que tenho contribuído para que os outros membros também estejam aprendendo.

O segundo é o meu grupo de amigos da faculdade; dele fazem parte algumas pessoas do curso de psicologia, outras do curso de letras e ainda pessoas da filosofia.

Nosso grupo se formou a partir da afinidade entre essas pessoas de diferentes cursos e que se encontravam, ora na cantina, ora em uma "calourada". O principal objetivo é estar junto, nos divertirmos e também dividir com os outros nossos momentos felizes e/ou tristes.

Nesse grupo, sempre há possibilidade de a liderança trocar de mãos, pois há muita flexibilidade, na medida em que não está preso a uma instituição e, portanto, não deve seguir as regras dela. Somos nós que estipulamos as regras e elas são feitas de forma democrática, levando em consideração o desejo da maioria dos membros.

Esse grupo está de certa forma relacionado à UFMG, pois é o lugar onde no encontramos com mais freqüência, onde combinamos nossos programas, fazemos pequenas reuniões, etc. Trata-se de um grupo heterogêneo e bastante aberto, na medida em que novas pessoas são sempre bem-vindas, desde que compartilhem conosco determinados objetivos.

A comunicação às vezes é falha, já que há um grande número de pessoas e muitas vezes não estamos todos juntos discutindo as mesmas coisas.

Eu às vezes assumo o papel de líder, noutras de bode-expiatório, ou mesmo de mediador, quando surgem dificuldades de convivência, problemas de comunicação, etc.

Minha expectativa com relação ao curso e à possibilidade de aplicar os conhecimentos no dia-a-dia do trabalho com grupos na área de saúde é muito grande.

Como já tive uma pequena experiência trabalhando com grupos operativos em PSF, no Internato Rural, sei o quanto o trabalho da psicologia é importante na promoção da saúde, principalmente trabalhando as questões afetivas que estão, inúmeras vezes, relacionadas à doença do paciente e que os demais profissionais que o acompanham não conseguem lidar adequadamente com essa dimensão da vida do paciente.

Também acredito que conhecendo melhor uma metodologia para trabalhar com grupos na área da saúde, poderemos oferecer um serviço mais adequado à realidade brasileira, na medida em que os psicólogos poderão se inserir nos sistemas de atendimento à saúde, notadamente os de caráter público, e lidar com o paciente em seu contexto sociocultural, levando em conta o modo de vida das pessoas e trabalhando com o conhecimento que elas trazem, não desmerecendo elementos que podem vir a ser propiciadores de mudanças significativas em suas vidas.

Comentário: Deborah Akerman

Cristiano,

Ficou muito boa sua reflexão sobre relações, processos e organização nos grupos citados. Essa experiência do Internato Rural, onde houve uma vivência grupal muito intensa deve ter sido muito significativa. Vejo que ela o ajudará a compreender os conceitos teóricos do curso.

Penso que o curso poderá atender à sua expectativa, pois pretende apresentar uma metodologia de trabalho com grupos que mobilize os participantes de maneira integral, ou seja, através de reflexão, afeto e ação, como veremos no próximo módulo no conceito de "oficina".

Espero que goste.

Abraço,

Deborah.

Tarefa 1 – Aldo Ivan Pereira Paiva

Os dois grupos que têm maior influência e que eu considero mais importantes no momento em minha vida são o grupo familiar (pais e irmãos) e o grupo da faculdade (amigos, colegas e professores).

O nascimento desses dois grupos se deu de forma bem diferente. O meu grupo familiar já existia mesmo antes do meu nascimento; ele surgiu da demanda afetiva e sociocultural de meus pais de compartilharem uma vida, juntos, e constituir uma família. Já o grupo da faculdade surgiu de uma demanda minha de querer estudar e me formar em psicologia, sendo, portanto, uma escolha minha participar desse grupo, ao contrário do grupo familiar. O objetivo dos integrantes da minha família e o que os mantém unidos, na minha perspectiva, seria a busca de afeto e segurança, e o objetivo básico do grupo da faculdade seria o estudo, a aquisição de conhecimento e a formação profissional.

Minha identificação com o grupo familiar é bem mais forte do que com o grupo da faculdade, pois há coesão maior entre os seus integrantes, mesmo que se encontrem distantes uns dos outros. Além disso, o grupo familiar mantém laços afetivos muito fortes e está unido também por leis socioculturais muito fortes, o que o torna extremamente importante. A identificação com o grupo da faculdade ocorre no sentido de compartilhar o mesmo objetivo, que é o de se formar em psicologia, e também de compartilhar o mesmo espaço de estudo, submetido às mesmas leis e condições para alcançar este objetivo final.

A organização do grupo familiar, assim como a do grupo da faculdade, obedece a uma hierarquia. Na minha família, os papéis de poder e liderança são divididos pelos meus pais, e eu e meus irmãos podemos aceitar ou contestar esse poder, o que pode gerar cooperação ou conflitos nesse grupo, dependendo da reação de cada um. No grupo da faculdade, quem detém o poder são os professores, diretores e coordenadores, que seguem por sua vez as leis da Universidade, e nós alunos podemos aceitar ou discordar, mas não podemos fugir dessa hierarquia.

A interação, a participação e a comunicação estão bem mais presentes no meu grupo familiar do que na faculdade, pois um dos objetivos do grupo familiar é continuar unido, e o grau de identificação entre os integrantes é muito grande, seguindo um movimento de grupalização. Já no grupo da faculdade, a interação é bem menos presente, se dá num nível de coleguismo, uma vez que para se fazer parte desse grupo não é fundamental a participação e a interação entre as pessoas, e sendo um grupo finito, não demanda compromisso entre as pessoas como ocorre com a família. A tendência entre as pessoas no grupo da faculdade é a individuação.

Sinto que o meu papel no meu grupo familiar é muito mais importante que no grupo da faculdade, pois os laços afetivos que unem a minha família são muito mais fortes do que os que unem o grupo da faculdade. Em minha família eu me sinto muito amado e valorizado; da mesma forma, amo e me importo com os integrantes da minha família. Esse é um grupo do qual não se escolhe fazer parte, e ele acaba se tornando sua referência no mundo, portanto suas características são bem peculiares e na maioria das vezes é o grupo mais importante na vida das pessoas.

A área da saúde tem se revelado para mim um campo muito rico para a prática da psicologia clínica. Minhas expectativas com o trabalho com grupos na área da saúde são as melhores possíveis, pois a prática da clínica psicológica me atrai muito, e o trabalho com grupos é uma forma eficaz e com alcance maior que o tratamento individual.

Diante da realidade precária do sistema de saúde do nosso país esse é um método de intervenção mais barato e acessível à população.

Com o trabalho de intervenção em dinâmica de grupo é possível contribuir muito para a área da saúde, no sentido de promover a saúde mental, auxiliar na saúde física e na prevenção de doenças.

Uma implicação negativa desse tipo de intervenção seria a impossibilidade de atenção individual ao enfermo, o que talvez em certos casos fosse o mais indicado.

Comentário: Carolina Marra Simões Coelho

Aldo,

Sua reflexão sobre seus grupos de referência está excelente. O modo como você comparou os dois grupos ao longo do texto deixou ainda mais clara sua relação com cada um deles.

Acho importante pensarmos sobre o porquê de trabalharmos com grupo. A questão de ser mais acessível para a população poderia ser um dos motivos, mas o que torna o grupo um espaço privilegiado para a mudança social nos levaria à discussão da ética no trabalho com grupos, o que é fundamental. O que você acha?

Até semana que vem. Um abraço,

Carol

Tarefa 1 – Marise Marota de Souza

O primeiro grupo em que eu havia pensado, por ter grande influência sobre mim, foi minha família. Porém, ao ler o texto percebi que por não mais morar na mesma cidade faltaria o elemento *interação* face a face dos pequenos grupos. Resolvi falar, então, de outro grupo: a "república".

Somos em número de 3, e posso dizer que nos damos bem. Na maior parte do tempo, levamos vidas, digamos, separadas, cada qual com suas atividades e afazeres. Mas, em alguns momentos, precisamos nos unir em torno de objetivos comuns. Entendi que nesse momento somos um grupo. Por exemplo, quando vamos fazer compras, ou comer, pagar as contas, ou até mesmo no planejamento de um passeio. Refleti em como são esses momentos e percebi algumas coisas interessantes:

- Nem sempre é fácil chegar a um consenso, apesar de o grupo ser pequeno. Desde a confecção da própria lista de compras até à marca de um produto.
- Quando deixamos as coisas "rolarem" soltas, algo dá errado. Alguém acaba precisando se tornar líder cuidando das tarefas

de maior responsabilidade, como: pagar contas, conversar com o síndico, convocar para a faxina, para o que está faltando, etc. E muitas vezes as coisas se complicam pela disputa do poder, gerando insatisfação ou inveja.

- À medida que fomos nos conhecendo apareceu o desejo de termos uma *identidade*. É claro que nossas características individuais estavam também presentes na definição de quem era quem. Ficou evidente nosso desejo de *integração*.
- A cooperação tem estado presente a maior parte do tempo, o que nos tem mantido unidas.
- A comunicação é em parte eficiente. Sempre procuramos dar os recados e as informações necessárias, mas é evidente o medo de *comunicar* o que não está bem ou o que desagrada. Isso faz com que surjam subgrupos. Tenho percebido que estamos perdemos a grande oportunidade de crescimento pessoal em enfrentar as dificuldades.
- Os papéis no nosso grupo muitas vezes são rotativos (não sei se está certo dizer isso). Em vários momentos, por eu ser a mais velha, sou vista (ou eu mesma me coloco) como mais responsável, mas esse papel não é fixo porque em outros momentos outras o assumem.

Esse grupo tem grande importância para mim, pois é um dos grupos onde passo maior tempo e dispenso maior energia, devido à forte proximidade e que diz respeito tanto à individualidade quanto a meu desejo de pertencer a um grupo. Refletir sobre essas coisas não é tão fácil, pois estou profundamente envolvida num *processo* dinâmico, que é o grupo.

O outro grupo seria o de trabalho, ou, para ser mais exata, de estágio. Nele há um líder que é o supervisor que além de nos orientar-nos “cobra” um trabalho previamente definido. Ou seja, meu papel já está, de certa forma, definido. Considero-o um grupo mais *educativo*. Tenho aprendido em especial quando trocamos experiências. Ouvir o trabalho dos outros estagiários é muito rico.

Em alguns momentos achei que as coisas não estavam boas com meu trabalho e fiquei feliz em saber que os outros também dividiam as mesmas dificuldades que eu. Surgiu um sentimento de pertencimento maior.

Um fato tem me chamado mais a atenção. Estamos ligados a uma instituição e ao ler o texto identifiquei a *dinâmica externa* do nosso grupo. Muitas vezes não temos autonomia sobre nossas decisões, o que gera mal-estar. Ou, então, planejamos alcançar nossos objetivos e no meio do trabalho nos deparamos com dificuldades estruturais, que vão além da nossa capacidade de resolução. É bem verdade que temos crescido muito como grupo, aprendendo com essa dinâmica.

Classifico o grupo como *homogêneo*. Isso por guardarmos características semelhantes: somos estudantes da mesma faculdade. Mas ao mesmo tempo ele é *heterogêneo*, quando observamos a maneira de cada um trabalhar, a linha de pensamento, etc, o que também tem enriquecido o trabalho.

No exato momento, minhas expectativas são mais positivas. Estou bastante investida nesse trabalho e acho que será muito produtivo. Já fiz outra disciplina que enfatizava os grupos, porém não tão voltada para a área da saúde ou com uma visão tão prática como essa. Interesso-me muito por grupos nessa área e sei que ainda no Brasil (não sei se em outros países) a noção de oficinas com grupos está mais identificada com a alta demanda de atendimento em setores públicos, favorecendo o trabalho com número maior de pessoas, do que com fatores terapêuticos propriamente ditos. A visão seria mais ou menos essa: "como não se pode atender um a um, fazem-se grupos".

A única expectativa negativa que colocaria tem mais a ver com a dificuldade de acesso à internet. Achei que seria mais fácil, porém só posso acessar na Fafich, e, aí...! Os computadores sempre estão cheios, são lentos demais ou não conseguem fazer a leitura dos textos, como aconteceu no início da semana passada. Acusava memória insuficiente. Existem 4 computadores que são melhores e já vi que terei que "madrugar" para marcá-los. Com o tempo, espero entrar no esquema.

No mais, estou muito satisfeita. Realmente, como prometeu a Lúcia, os textos têm linguagem fácil, objetiva e bastante agradável. Espero que continue.

Comentário – Sara Deolinda Cardoso Pimenta

Marise,

A sua tarefa está excelente. Você foi capaz de refletir sobre grupos de grande importância para você, utilizando-se dos conceitos apresentados no texto, de maneira muito clara. Além disso, é capaz de reconhecer os limites da sua reflexão devido a seu envolvimento nos grupos. Sem dúvida há limites, mas também um grande potencial, que você sabe expressar muito bem.

Quanto ao trabalho com grupos na área de saúde, apesar das possíveis utilizações para atendimento à demanda, devemos nos ater à sua importância. E esse é o nosso compromisso.

Finalmente, em relação às dificuldades operacionais, você demonstra, através do seu esforço, dedicação e entusiasmo, como lidar com elas. Que você possa tirar o melhor proveito desse curso.

Abraço,

Sara.

Tarefa 1 – Cristiene Vieira Fernandes

A partir dos textos propostos e das questões sugeridas para a reflexão, compreendi que a tarefa desse primeiro módulo poderia ser um depoimento pessoal de vivências nos grupos aos quais pertencemos. Analisando a estrutura e nossos comportamentos dentro dos grupos que indicaremos poderemos rever nossas posições a partir de discussões teóricas.

Os grupos que indicarei para análise são o grupo de teatro do qual faço parte e um grupo terapêutico que coordeno. Apesar de os dois grupos se referirem a meu contexto profissional, a relação que tenho com eles é distinta. Por isso, tratarei dos dois separadamente. Em relação ao primeiro (teatro), tenho uma relação muito forte de amizade com os outros membros, que ultrapassa os objetivos profissionais. O objetivo do grupo é explícito, se destina à produção e encenação de peças teatrais, mas o grupo também tem objetivos implícitos, pois como disse, os laços de amizade se aprofundam cada vez mais e a aproximação dos participantes se dá com o objetivo de alcançar esses dois pontos dos objetivos.

O grupo se forma com uma demanda de cada futuro integrante de se manter em atividade profissional. Esse grupo não está ligado diretamente a uma instituição que o controla, podemos dizer então, que há certa autonomia nas atividades e em sua existência. Faço parte do grupo há oito anos, o que mostra que não é apenas um grupo educativo e nem clínico: há coesão e dispersão na medida certa mantendo sempre unidos seus membros sem perder de vista os objetivos do trabalho e as ligações afetivas. Assim, a identidade se preserva de forma firme, mas sem rigidez, o que imprime mobilidade ao grupo com tolerância às diferenças.

Acredito que minha identificação com esse grupo foi mudando de acordo com minha permanência. Como a rotatividade é praticamente nula, os laços afetivos vão se estreitando. Com respeito à organização, acredito que encaixa bem com a abordagem teórica desenvolvida nos textos, pois há uma liderança, o que não impede o surgimento de alguns conflitos, principalmente quanto à distribuição de poderes entre os participantes.

Por ser um grupo que conheço a fundo percebo que há vários aspectos a serem analisados, o que acredito que terei oportunidade de fazer ao longo do curso.

Passando agora para o grupo terapêutico: ele funciona em uma instituição que visa o tratamento de toxicômanos e é formado por pacientes da clínica. Na verdade, o grupo trabalha em ritmo de oficinas, com tarefas que surgem durante o tempo da sessão grupal. O que utilizo para encaminhar e pontuar os relatos dos participantes é a literatura. Os pacientes escrevem durante as oficinas, o tema trabalhado em cada encontro é livre e os pacientes podem escrever e falar o que lhes vier à cabeça. A demanda e o contexto pelo qual o grupo se formou se traduzem no objetivo de não usar drogas e mais tarde conseguir com o grupo analisar as questões que fizeram com que cada paciente buscasse a droga como recurso para a resolução de conflitos psíquicos. O grupo é clínico, pois são trabalhadas questões mobilizadoras, emocionais e conflitivas. Tem alta rotatividade, o que atrapalha a tentativa de aprofundar os temas que levam o grupo a entrar em contato com lembranças mais escondidas. Como a rotatividade é alta, o tamanho é bem variado, mas nunca ultrapassando 15 integrantes.

Meu papel é de analista, não em termos de uma psicanálise tradicional, mas como um terceiro na relação dos pacientes com a droga, que está ali para escutá-los e poder pontuar suas falas. Após ler os textos, compreendi que alguns passos na organização do grupo, no esclarecimento da demanda do grupo e de cada paciente ainda merecem atenção, mas com o avanço do curso acredito que posso obter mais conhecimento para identificar e modificar os erros no processo.

Quanto à outra questão proposta para reflexão, acredito muito no trabalho de grupo no campo da saúde. Trabalho em um hospital que mantém alguns grupos e percebo o quanto é necessário abrir um espaço como este para que os pacientes possam trabalhar as angústias que permeiam o ambiente hospitalar. Minhas dúvidas a respeito do grupo são na verdade sobre como montar um grupo novo dentro do contexto da saúde e quais são as melhores maneiras de se trabalhar as diversas questões.

Comentário – Flávia Lemos Abade

Prezada Cristiene,

Sua reflexão sobre a tarefa foi muito interessante. Pensar sobre a prática e articulá-la à teoria é um desafio. Gostaria de ressaltar que a alta rotatividade do grupo terapêutico o caracteriza como grupo aberto, que tem processo e dinâmica diferentes de um grupo fechado (como você mesma deve perceber). Ao longo do curso, você identificará não só seus erros como também seus acertos, além de novas compreensões sobre esses e outros grupos.

Nesse primeiro momento estamos definindo o que é grupo, seus elementos e tipos de grupo e você demonstrou ter clareza sobre isso. Esse é o primeiro passo do trabalho. Depois é necessário pensar no objetivo do grupo e, a partir disso, escolher uma metodologia. Esse é o tema do próximo módulo.

Um abraço,

Flávia.

Tarefa 1 – Alessandra Gonçalves Parreiras

Inseridos em um contexto social desde o nascimento, os grupos nos servem como meios que nos proporcionam, sobretudo, o desenvolvimento e o aprendizado social. É por meio deles que nos constituímos como ser social. A diversidade de grupos aos quais pertencemos, muitas vezes, pode ser até de difícil enumeração, ainda mais quando se releva o grau de importância vital. Geralmente quando se faz uma proposição dessas, as pessoas tendem a levar em consideração o aspecto afetivo que as envolvem no pertencimento do grupo. As questões referentes ao grau de aprendizagem, ou ao divertimento são aspectos complementares que contribuem na eleição do grupo mais significativo para o sujeito.

Apesar da especificidade de cada grupo a que pertencemos, existem elementos que são comuns a todos. A necessidade ou o desejo de se atingir certos objetivos, comuns entre alguns indivíduos, é a base que fundamenta a formação de um grupo, e o consolida quando esses indivíduos se reconhecem interligados por eles. Esse reconhecimento desenvolve o sentimento de pertencimento ao grupo contribuindo para a formação de uma identidade grupal. A identidade do grupo, no entanto, não deve atuar em detrimento da individualidade do sujeito. Uma dinâmica entre a grupalização e a individualização favorece tanto o crescimento do grupo como um todo quanto dos sujeitos nele implicados. Como fatores essenciais à dinâmica do grupo a interação, a comunicação e a participação sustentam e movimentam o grupo, fortalecendo ou não, a produtividade e o crescimento grupal. Por isso, uma postura democrática faz-se necessária, pois ela impele à auto-regulação do grupo implicada na distribuição de papéis e funções, que envolve também as relações de poder e liderança.

Todos esses aspectos podem ser observados, por exemplo, em dois grupos de relevância significativa para minha pessoa: o grupo familiar e o acadêmico. Com uma constituição essencialmente afetiva, o grupo familiar, a princípio, não é uma opção do sujeito, que nele é inserido biologicamente. Mas, posteriormente, dá-se a esse sujeito a opção de escolha em compor um grupo familiar num sentido mais social e menos biológico.

Numa perspectiva bastante pessoal, a família se constitui em um grupo por compartilhar desejos comuns de proteção, segurança, afeto, reconhecimento, apoio, incentivo, aprendizagem e outros tantos que propiciam a identificação e o sentimento de pertencimento. É um ambiente organizado, onde o pai, a mãe e os filhos ocupam papéis e funções estabelecidas, e, muitas vezes, bastante variáveis; uma vez que há situações em que, por exemplo, a filha pode assumir o papel do pai ou da mãe ou vice-versa: a questão da aprendizagem exemplifica o fato. Imersos em um contexto social e cultural característico, a distribuição de poder se dá de maneira hierárquica de pai para filho, mas possui uma certa flexibilidade que implica a cooperação, o conflito e o controle. Sobretudo, é a abertura democrática, através da interação, comunicação e participação, que possibilita o evoluir, o crescimento de todo o grupo, tanto numa perspectiva totalitária quanto individual. O processo grupal se faz, então, num constante movimento que visa "alcançar seus objetivos, trabalhar as suas relações, transformar a visão de mundo, promover mudanças nos participantes e tantas outras dimensões envolvidas"[2].

---

[2] AFONSO, Maria Lúcia M. *Elementos básicos dos grupos*. http://www.educativa.org.br/

De forma similar, o grupo acadêmico apresenta muitas das características presentes no grupo familiar, mas devido à singularidade de cada constituição grupal, ele diverge em vários outros aspectos. Assim, o grupo acadêmico se constitui por compartilhar, entre seus membros, os mesmos desejos de aprendizagem, crescimento profissional, troca de experiências, reconhecimento, apoio e muitos outros desejos potencialmente explícitos ou implícitos. Essa cumplicidade de interesses, de certa forma, contribui para o sentimento de pertencimento. O grupo acadêmico também possui uma organização que implica certa distribuição de papéis, funções e poder. Geralmente esses aspectos comportam uma flexibilidade muito grande. A liderança do grupo freqüentemente é assumida por membros diferentes, dada a situação vigente. A cooperação, o conflito e um pouco de controle são essenciais para o amadurecimento do grupo. Assim também, a heterogeneidade e a postura democrática se fazem produtivas. Mas a interação, a comunicação e a participação de todos os membros do grupo é que proporcionam o crescimento e justificam sua condição produtiva.

A perspectiva expressa no grupo acadêmico se estende, a meu ver, à equipe de trabalho da disciplina em pauta. Com os mesmos objetivos citados, sua especificidade se dá na busca do conhecimento de uma metodologia (oficinas em dinâmica de grupo) aplicada a uma área peculiar (área da saúde) que a mim desperta grande interesse.

Sendo bastante atrativo o tema de estudo e o programa proposto, há uma certa propensão a haver uma identificação, assim que o trabalho com grupos for se tornando conhecido. Isso também favorece o surgimento de um clima condizente a uma atmosfera de aceitação mútua, respeitosa e democrática (uma vez que a identificação propicia a abertura às diferenças ao solicitar a participação dos membros). Cria-se, então um ambiente favorável que pede uma organização maleável na questão dos papéis e funções a serem assumidos. Ainda na etapa inicial do curso, torna-se difícil falar da comunicação entre os membros da equipe, mesmo porque a equipe ainda não foi apresentada. Mesmo assim, já se pôde constatar alguma disposição para debater sobre o tema do curso, trocar experiências e aprendizado de forma coletiva. De qualquer forma, a expectativa se concentra numa produção rica e que acrescenta muito mais conhecimentos do que inicialmente se deseja. Como uma metodologia talvez inovadora no campo da saúde, as oficinas em dinâmica de grupo, a meu ver, são um meio de se atingir as necessidades atuais da área de saúde (visto a elevada demanda psicológica). Abordando de forma coletiva, aspectos emergentes do grupo em uma dimensão terapêutica e mesmo educativa, elas se fazem potencialmente eficazes quando se ressalta a importância de uma coordenação hábil e atenta aos problemas decorrentes do processo grupal.

Comentário – Flávia Lemos Abade

Prezada Alessandra,

Você organizou bem seu texto: fez uma síntese da teoria e, em seguida, relacionou-a com seus grupos mais significativos. Achei legal você ter chamado atenção para a flexibilidade de papéis e de funcionamento do grupo. Essa flexibilidade é importante (num grupo rígido não haveria crescimento, mudança, transformação) e possível, como você mesma escreveu, por meio da interação, comunicação e participação. É dessa forma que negociamos propostas, dissolvemos conflitos, etc. Lewin considera o grupo um campo de forças, isto é, um conjunto de relações em constante movimento.

Gostaria que você escrevesse depois sobre a sua equipe no curso. Quem são? Seus colegas de sala, da turma 3 ou todos que estão fazendo a disciplina? Ou nenhum deles?

Que bom que suas expectativas são positivas quanto ao trabalho com oficinas na área da saúde. Espero que possamos aproveitar bem esse espaço.

Um abraço,

Flávia.

TEXTO 2

Metodologias de trabalho com grupos e sua utilização na área da saúde

Maria Lúcia M. Afonso
Adriane Ramiro Azevedo Coutinho

Os grupos podem se organizar de diferentes formas para alcançar seus diferentes objetivos. A forma como um grupo se organiza já representa um passo em direção aos seus objetivos. Nesse curso, tomamos uma metodologia (a Oficina em dinâmica de grupo) como modelo de atuação, por considerar que é um modelo que contém, em embrião, vários outros.

Nesse módulo, vamos examinar os tipos de grupos mais utilizados na área da saúde, buscando sistematizar uma contribuição nessa área. Porém, para evitar que esse tratamento seja feito de maneira fragmentada – simplesmente listando uma "tipologia" de grupos – vamos iniciar por caracterizá-los em relação a seus elementos, isto é, em relação à *estrutura*, tal como aprendemos no texto 1. Então poderemos entender melhor suas diferenças e potencialidades.

Grupos que têm por objetivo apenas conhecer (e/ou pesquisar) crenças, idéias e sentimentos de seus participantes.

Nesse caso, o trabalho se destina a coletar informações, por exemplo, para uma pesquisa ou para um futuro programa de saúde. O grupo provavelmente foi criado por uma demanda externa a ele. Não existe o objetivo assumido de mudança de idéias, crenças e sentimentos e muito menos de se trabalharem as relações entre os participantes.

O grupo recebe um tema para discussão e a coordenação trabalha com um roteiro de perguntas, que ajuda a orientar a discussão. Podem ser usadas técnicas de dinamização, como a "tempestade cerebral", frases inacabadas que os participantes completam, organização de turnos de falas entre as pessoas, organização de um quadro de idéias convergentes e divergentes a respeito do tema, letras de música ou trechos de crônicas. Mas a ênfase não é na dimensão educativa nem na dimensão clínica e sim na de pesquisa.

Usualmente, existe um co-pesquisador que se encarrega de tomar notas sistemáticas sobre a discussão. Esse tipo de grupo, que pode ser tomado como uma entrevista em grupo, também é chamada de "grupo focal" e é muito utilizado em pesquisas na área da saúde, especialmente em problemáticas que são influenciadas pelos aspectos sociais e culturais da população atendida.

O grupo focal é usualmente feito com um número entre 5 e 12 membros e dura de 1 a 3 sessões. A estrutura desses encontros é totalmente organizada pelo pesquisador ou coordenador. A autonomia do grupo é bastante reduzida e a elaboração que alcança é circunstancial.

Grupos que têm por objetivo conhecer crenças, idéias e sentimentos de seus participantes visando à reflexão, adaptação e/ou mudança, e estimulando novas aprendizagens, para o enfrentamento de dada problemática

A utilização desses grupos na área da saúde já se liga à necessidade de esclarecer e trabalhar aspectos de uma questão de saúde/doença, especialmente quando a problemática é influenciada por fatores sociais, culturais e psíquicos, exigindo a mudança de mentalidade e a reorganização do cotidiano da população atendida. Não se limita a conhecer as crenças, mas intenciona a sua transformação para a mudança da realidade de saúde/doença dessa população. Portanto, precisa incrementar os aspectos educativos e reflexivos do grupo, melhorando a comunicação e a aprendizagem dentro dele.

Nessa categoria, podemos apontar os chamados "grupos socioeducativos" e "grupos psicoeducativos". A diferença dos nomes se refere à ênfase dada aos aspectos socioculturais ou psíquicos que interferem na condição de saúde/doença enfocada. Além disso, enquanto os grupos socioeducativos objetivam aumentar o nível de reflexão e conscientização dos participantes sobre dada questão, os grupos psicoeducativos visam, também, a que os participantes reflitam sobre sua experiência, a partir do processo de conscientização.

Esses grupos têm um foco de trabalho, uma questão previamente definida, que será o objeto da sua reflexão. Funcionam bem com até 20 participantes e tendem a ser formados com maior homogeneização das características desses participantes em torno do foco do trabalho. Podem funcionar com número pequeno de sessões (como em um grupo de prevenção de câncer de mama, que trabalhe por um período de 2 horas) ou número maior (como no caso de famílias de pacientes em saúde mental, que demandem acompanhamento constante). Podem, ainda, ser permanentemente abertos, sem definição de número de sessões, e com certa rotatividade dos participantes (como no caso de um grupo de gestantes com diabetes), mas mantendo o seu foco de reflexão.

Um grupo de familiares de pacientes em saúde mental pode funcionar em um registro socioeducativo, por meio de esclarecimento de dúvidas, questionamento de mitos e crenças, informação sobre as doenças e conscientização da importância de várias ações. Se, além disso, os familiares procederem à compreensão de sua própria experiência como famílias de pacientes, estarão levando a reflexão adiante e integrando suas experiências emocionais e pessoais ao grupo. As diferenças são importantes, mas não existe fronteira rígida entre elas, pois se trata de maior implicação pessoal dos participantes com o tema.

Tanto o grupo socioeducativo quanto o psicoeducativo partem do pressuposto de que o aspecto educativo do grupo é fundamental. As novas informações, o questionamento de mitos e preconceitos, a possibilidade de tirar dúvidas representam elementos importantes na mudança das representações que as pessoas fazem das problemáticas de saúde/doença.

Nesse enfoque, o coordenador tem um papel importante, que se aproxima bastante do papel de um educador. É o profissional de saúde como educador. Como recursos educativos, são preparados materiais que respeitem a linguagem e o nível educacional dos educandos, tais como jogos educativos, técnicas lúdicas e recursos audiovisuais, visando a aumentar a compreensibilidade da informação bem como a motivação do grupo.

Estes grupos constituem uma opção de trabalho importante e muito útil, às vezes a única possível, quando o tempo de intervenção é curto e as condições limitadas. Entretanto, o coordenador (o profissional de saúde como educador) ainda é a figura que centraliza o conhecimento e este ainda se dá "de cima para baixo", com os participantes ocupando papel mais passivo do que ativo, embora não tão passivo quanto em uma aula comum. A "estrutura" do grupo socioeducativo ou psicoeducativo é organizada, em grande parte, com antecedência pelo educador, e a autonomia do grupo é relativa.

Assim, pode ser difícil alcançar aquelas mudanças que exigem mais comprometimento dos participantes com sua condição de saúde/doença e papel mais ativo no seu autocuidado. Uma nova compreensão dos problemas de saúde/doença pode ser lograda sem que mudanças sejam realizadas na prática cotidiana.

Grupos que têm por objetivo conhecer crenças, idéias e sentimentos de seus membros visando à reflexão e mudança, estimulando novas aprendizagens em sua realidade, como realidade compartilhada no contexto sociocultural, bem como estimulando a operatividade, autonomia e mobilização dos participantes

Nesses *grupos operativos* há que se incentivar a comunicação entre os pares, a criatividade e autonomia do grupo e dos participantes, mais comprometimento pessoal e interpessoal no enfrentamento de dada problemática, especialmente quando influenciada por fatores sociais, culturais e psíquicos, exigindo a mudança não apenas de mentalidades, mas também das práticas e das relações que os participantes desenvolvem em seu cotidiano.

O grupo operativo também tem um "foco", mas esse é sem dúvida mais amplo do que os grupos até agora mencionados. Isto porque, permitindo maior autonomia dos participantes, abre a reflexão em torno de seu foco: possibilita o exame de temas correlacionados, aceita o aprofundamento de aspectos que o grupo julga mais importantes, etc.

O grupo operativo introduz um grau de exigência maior do que as modalidades citadas no que diz respeito ao envolvimento do grupo, à participação dos membros, à inter-relação entre fatores subjetivos e objetivos, à dinamização de sua comunicação e cooperação e sua autonomia. O grupo visa não apenas a compreender suas condições de saúde/doença, mas também dar respostas criativas a suas necessidades, em seu cotidiano e seu contexto. Nesse sentido, desempenha um relevante papel educativo ante seus membros. A aprendizagem é mais do que a aquisição de uma nova informação e não se restringe ao aspecto cognitivo. Envolve a elaboração de significados, sentimentos e relações.

Nesse grupo, o papel do profissional de saúde é cada vez mais o de co-pensador e co-operador, de dinamizador das relações, de mediador da informação e da reflexão, do que de um educador que detém o conhecimento. Isto não quer dizer que o coordenador não possa levar informações para o grupo, dirimir dúvidas ou esclarecer mitos. Pode e deve. Mas isto precisa sempre ser feito como parte de um processo reflexivo, em que o grupo pode opinar e comparar com a própria experiência, sugerir, buscar e criar em grupo.

Assim, no grupo operativo, busca-se uma visão diferenciada do que seja a aprendizagem, relacionando-a com a possibilidade de elaboração da experiência, em grupo e no contexto. A "estrutura" do grupo operativo busca equilibrar o envolvimento do grupo com a tarefa combinada e sua criatividade na realização da tarefa e da reflexão a partir desta.

Não é recomendável que um grupo operativo tenha número grande de participantes (maior do que 12), ou que se constitua com alta rotatividade dos membros (muitas saídas e entradas atrapalharão a operatividade e independência), embora a flexibilidade seja desejável e venha a ser regulada pelo próprio grupo. Por outro lado, o grupo operativo se beneficia de certo grau de heterogeneidade, pois tem o objetivo de trabalhar com as diferenças e com a criatividade a partir delas.

A duração do grupo operativo também pode ser muito variável. Mas, é preciso ponderar que, quanto menor o tempo em comum, menores as possibilidades de integração e produtividade do grupo como um todo participativo. Também é interessante ponderar que, quanto maior o tempo compartilhado, mais profundas as exigências e os questionamentos. Assim, um grupo operativo que persiste em seu trabalho em comum pode, com o tempo, reivindicar tornar-se um grupo de terapia, uma associação, ou... algum grupo com vínculos duradouros. Para o trabalho com grupos operativos no contexto do serviço de saúde, sugerimos a duração aproximada de 7 a 15 encontros.

Grupos que trabalham sobre os conflitos psíquicos de seus membros, considerando crenças, idéias e sentimentos, conscientes e inconscientes, visando à reflexão e mudança, estimulando a elaboração de problemas psíquicos, emocionais e relacionais, buscando promover a mudança da problemática psíquica e/ou da própria estrutura psíquica de seus membros e ajudá-los a construir formas de lidar com angústias e conflitos psíquicos e relacionais

Esse tipo de grupo poderia ser chamado de *terapia*, em suas diversas modalidades teóricas e metodológicas. Diferencia-se dos grupos anteriores por dar muito mais ênfase aos aspectos psíquicos e relacionais do que aos educativos, e por se interessar em abordar em profundidade questões – e estruturas – psíquicas de seus membros.

Os grupos de terapia podem, eventualmente, ter um "foco", quando tratam de um problema específico e, nesse caso, são chamados de *terapia breve*. Na maior parte das vezes não delimitam o foco, deixando a estrutura de cada sessão em aberto, isto é, procurando deixar emergir o material a ser trabalhado conforme o desejo do grupo e dos participantes e conforme a importância relativa para eles, sem preocupação com o "foco". Sua "estrutura" então é a mais aberta possível, seu grau de autonomia é amplo, e exige que o coordenador acompanhe o grupo na definição de seus temas e procedimentos. A função educativa do coordenador fica bastante reduzida e seu papel como terapeuta precisa ser ampliado e enfatizado.

Os grupos de terapia costumam ter em torno de 5 a 6 participantes, baixa rotatividade de membros, e duração extremamente variável, dependendo do desejo do grupo. A heterogeneidade dos membros costuma ser vista como riqueza e raramente é delimitada pelo foco.

Finalmente, vamos esclarecer que existem muitos grupos com nomes diferenciados, tais como: de *apoio*, de *sensibilização*, de *criatividade*, de *reflexão*, *multifamílias*, etc.

Esses nomes indicam muito mais "funções" que "estruturas". Assim, os grupos podem funcionar em modalidades diversas e com objetivos diversos. Mas, dependendo de sua estrutura, podem ser pensados como "focal", "socioeducativos", "psicoeducativos", "operativos" ou de "terapia".

* * *

Nossa exposição sobre os tipos de grupos, em vez de privilegiar suas funções, intencionou classificá-los de maneira flexível conforme a estrutura, isto é, conforme objetivos, dimensão educativa ou clínica, relação com o coordenador, autonomia do grupo, etc.

É importante enfatizar que as fronteiras entre esses grupos não são rígidas, pois se referem tanto a elementos quanto a processos. Acreditamos, porém, que essa conceituação é útil para orientar o profissional da saúde a tomar decisões sobre que tipo de grupo trabalhar, em diferentes contextos, e como avaliar esses grupos.

Nesse curso, estaremos falando de Oficinas e da Equipe de trabalho. Vamos apresentar a fundamentação teórica e a metodologia para construir, conduzir e avaliar uma Oficina na área da saúde. Vamos também refletir e orientar sobre o funcionamento da Equipe de trabalho. Mas os alunos devem estar se perguntando: em que modalidade de grupos pode incluir a Oficina e a Equipe de trabalho?

Em primeiro lugar, lembremos que buscamos:

Uma metodologia que favoreça a utilização de grupos na área da saúde com finalidade educativa e participativa, visando ao autocuidado e à elaboração de questões de saúde e doença, com foco e contexto definidos.

A Equipe de trabalho será facilmente compreendida como Grupo Operativo. Já com a Oficina, ao primeiro olhar, as fronteiras são menos nítidas.

Certamente, a Oficina não se situa como "grupo focal" e nem como "grupo de terapia". É possível preparar uma Oficina como se fosse um grupo socioeducativo ou psicoeducativo, bastando, para isso, manter seus objetivos em torno de um foco e enfatizar a dimensão pedagógica. Entretanto, sua melhor definição é a de *grupo operativo*, cuja fundamentação teórica é essencial para a construção da metodologia da *oficina*. Além disso, a Oficina, mesmo sem se constituir em grupo de terapia, recebe contribuições teóricas e metodológicas das teorias do processo terapêutico em grupo.

Nesse curso, ao escolher a *oficina* como modelo do nosso trabalho, assumimos que ela orienta uma intervenção mais avançada, que contém em si princípios básicos que também atuam em intervenções de menor alcance. Ou seja, quem souber fazer uma Oficina saberá fazer um grupo psicoeducativo, socioeducativo ou focal.

Entretanto, convém acrescentar que nosso entusiasmo pelo trabalho com grupos não nos impede de dizer que eles não são "remédio para toda e qualquer mazela". E, sim, que são um instrumento importante de atuação que, equilibrado com outras formas de atendimento julgadas necessárias, podem elevar em muito a qualidade da atenção à saúde.

A proposta de Oficina

Vamos colocar aqui, rapidamente, para retomá-la em outro módulo, a síntese de nossa proposta de *oficina*. Nela reconhecemos a identificação com o *grupo operativo*, mas também as possibilidades de sua adaptação para as modalidades mais educativas de grupo na área da saúde:

A *Oficina em dinâmica de grupo* é um trabalho estruturado, independentemente do número de encontros, focalizado em torno de uma questão central que o grupo se propõe a elaborar, em um contexto social. A elaboração que se busca na Oficina não se restringe à reflexão racional, mas envolve os sujeitos de maneira integral, formas de pensar, sentir e agir.

A Oficina pode ser útil nas áreas de saúde, educação e ações comunitárias. Usa informação e reflexão, mas se distingue de um projeto apenas pedagógico, porque trabalha também com os significados afetivos e as vivências relacionadas com o tema discutido. E, embora busque a elaboração da experiência, a Oficina também se diferencia de um grupo de terapia, uma vez que se limita a um foco e não pretende a análise psíquica profunda de seus participantes. Definimos a Oficina como uma prática de intervenção psicossocial, seja em contexto pedagógico, clínico, comunitário ou de política social.

Nesse curso, trabalharemos a equipe de trabalho também como uma modalidade do grupo operativo, baseando-nos no fato de que a equipe precisará desenvolver alto grau de criatividade e autonomia no contexto. Esse assunto será abordado em módulo posterior.

Bibliografia

AFONSO, Maria Lúcia M. *Oficinas em dinâmica de grupo – um método de intervenção psicossocial.* Belo Horizonte: Edições do Campo Social, 2002.

Tarefas

Individuais

1. Se você já teve a experiência de conduzir um grupo de pacientes, procure sistematizar quais foram as características desse grupo de acordo com o conteúdo do texto. Avalie a importância dessas características no processo vivido por esse grupo.
2. Se você ainda não teve a experiência de conduzir um grupo de pacientes, imagine dois distintos grupos de pacientes e indique a forma preferencial para trabalhar com eles, de acordo com o conteúdo do texto. Justifique.
3. Faça um relatório de até 2 páginas com os exercícios propostos. Esse relatório servirá de base para a sua tarefa em equipe e deverá ser mandado para as tutoras.

Em grupo

1. ComeceM a reunião da equipe compartilhando suas primeiras impressões sobre nosso curso e suas expectativas. Deixem que todos falem um pouco sobre isso.
2. Compartilhem e conversem sobre as tarefas individuais realizadas. Façam uma lista de características que vocês consideram importantes para compor um grupo de pacientes, avaliem e discutam. Que adaptações seriam necessárias e aceitáveis para fazer um grupo de pacientes no contexto em que vocês trabalham?
3. Façam, em equipe, um relatório de até 2 páginas sobre as tarefas realizadas em comum e mandem esse relatório para a sua tutora.

Exemplos de tarefas do texto 2 e comentários

Tarefa 2 – Ellen Midori Ribeiro dos Santos

Grupo de orientação a gestantes diabéticas

Este grupo representa uma parte da terapêutica proposta para o grupo de gestantes que possuem o diabetes e que são pacientes do ambulatório[1].

Assim é característica do grupo a necessidade de trabalhar fatores pertinentes ao processo saúde-doença (diabetes) com uma associação aprofundada nas implicações existentes na gestação, tanto para a mãe quanto para o filho.

Um fator importante é que a eficácia da proposta só é conseguida se ocorre mudança na mentalidade e no cotidiano das participantes.

O processo de trabalho em saúde tem como característica peculiar que o objeto de trabalho é humano e não uma "coisa", algo passivo, e, portanto que o 'usuário' faz parte (requer-se participação ativa) do processo, sendo co-partícipe e às vezes co-responsável pelo êxito ou malogro da ação terapêutica.

O grupo é trabalhado com ênfase na ação educativa procurando incitar a reflexão e conscientização da gestante para a importância do autocuidado. Procura-se estabelecer entre as participantes uma troca de experiências, boas ou ruins, e também aulas sobre a dinâmica do diabetes.

Como foi exemplificado no texto dado, o grupo é permanentemente aberto e o número de sessões não é estabelecido, existindo

[1] Grupo desenvolvido no Ambulatório Borges da Costa, coordenado pela enfermeira Ivone Maria Martins Salomon e que fazia parte do projeto de extensão universitária "Cuidar... Cuidando-se", coordenado pelos professores Sônia Maria Soares e Maria Edila Abreu Freitas.

rotatividade de gestantes, mas, como foi dito, mantém-se o foco de reflexão dentro dos diversos temas trabalhados.

Enfatizo que não conduzo o grupo, apenas participo das discussões, às vezes levantando elementos relevantes, e preparo o ambiente para a realização da sessão. Entretanto, acredito que posso caracterizar o grupo dentro da tipologia estrutural apresentada.

A enfermeira tem papel clínico, nos procedimentos de assistência individual, e também papel educador na medida em que coordena o tema escolhido para o dia, através dos métodos já discutidos na tarefa do módulo I. Também é o que centraliza os conhecimentos que são necessários para a manutenção adequada do grupo.

A autonomia do grupo se dá na abertura – necessária – de dúvidas e debates pelas gestantes dentro ou fora do tema. E este é escolhido pelas próprias participantes na sessão anterior como uma forma de conseguir maior adesão e integração do grupo.

É importante ressaltar um ponto levantado, que fala da dificuldade de alcançar as mudanças almejadas, por exigirem um comprometimento individual que independe do grupo no processo saúde-doença. Assim pode-se conseguir uma compreensão dos problemas sem que necessariamente estas sejam incorporadas em ações na prática cotidiana.

Percebe-se que as vivências passadas pelo grupo são de extrema importância para a vida da gestante. A maioria desconhece as complicações advindas de um autocuidado inadequado ou insuficiente. Muitas relatam experiências anteriores negativas e que melhoraram depois que começaram a fazer parte do grupo. Fica claro que a maioria delas aumentou os cuidados por perceberem que um descuido afetará seu filho em gestação.

As características do grupo que são importantes para o processo vivido por este são: o trabalho de um fator que é comum dentro do grupo e ainda obscuro para a maioria; abertura para troca de experiências que proporcionam um apoio emocional importante; o processo educativo que propõe métodos que proporcionam uma melhoria na qualidade de vida.

- Com o que me foi dado, não consegui caracterizar o grupo como *socioeducativo* ou *psicoeducativo*. O enfoque educacional é claro, assim como todas as características apontadas no texto, mas a diferenciação não me foi possível. No entanto acredito que possui fatores que dizem respeito aos dois tipos de grupo.

Existem tanto aspectos socioculturais quanto psíquicos, que podem influenciar o andamento da doença e que são discutidos. Trabalha-se a reflexão e a conscientização dos participantes estendendo também a uma reflexão individual.

- Não sabia se devia relatar características fazendo uma associação com outros tipos de grupos e não somente àquele no qual estava inserida. Se necessário, posso esclarecer e mandar novamente.

Um abraço,
Ellen.

Comentário: Juliane Rosa Paulino

Prezada Ellen,

Você correlacionou muito bem as características do grupo com o qual trabalha – grupo de orientação a gestantes diabéticas – e a metodologia proposta nesse segundo módulo do curso.

Quanto à sua dúvida, considero que esse grupo de gestantes diabéticas pode ser mais bem qualificado como grupo psicoeducativo, pois nessa metodologia de trabalho há ênfase em relação à integração das experiências emocionais e pessoais do grupo – ênfase nos aspectos psíquicos. É como você menciona no seu relato: "... vivências passadas pelo grupo..." / "... abertura para troca de experiências que proporcionam um apoio emocional importante..." / "Muitas relatam experiências anteriores negativas e que melhoraram depois que começaram a fazer parte do grupo." Viu?... A resposta está lá mesmo... No seu relato... No grupo com o qual trabalha.

Estou pesquisando acerca de bibliografia específica para o seu trabalho, OK?

Um grande abraço,

Juliane.

Tarefa 2 – Sueli Rodrigues Burgarelli

1. Grupo freqüentadores de uma instituição que atende dependentes de drogas. Seria um grupo composto por jovens e adolescentes usuários dos serviços oferecidos pela instituição (dentre eles o trabalho em grupo). Esses jovens e adolescentes teriam a característica comum de se constituírem como dependentes do uso de *crack*. Considerando os tipos de grupos listados no texto, caracterizados com relação a estrutura e finalidade, e articulando isso com as características do grupo aqui imaginado, indicaria a segunda forma descrita como preferencial para trabalhar com essas pessoas. Ou seja, optaria pela constituição de um grupo que teria por objetivo conhecer crenças, idéias e sentimentos de seus participantes, visando à reflexão, adaptação e/ou mudança, e estimulando novas aprendizagens, para o enfrentamento da problemática do uso/abuso de *crack*, associada aos problemas sociais/familiares/psíquicos oriundos dessa situação. Por ser problemática profundamente influenciada por fatores sociais, culturais e psíquicos, exigindo transformação na mentalidade, assim como reorganização do cotidiano das pessoas atingidas, essa forma de trabalho com os grupos parece ser a mais indicada, uma vez que tal trabalho não se limita a conhecer as crenças dos participantes; intenciona, também, a transformação de tais crenças a fim de transformar a realidade dos envolvidos. Nessa perspectiva, os aspectos educativos e reflexivos do grupo devem ser bem trabalhados, a fim de otimizar a comunicação e a aprendizagem. O grupo se reuniria 1 vez por semana,

durante 4 semanas, e contaria com até 20 participantes (dependendo da demanda local). O foco do trabalho seria definido a partir da consideração de um aspecto muito comum na problemática dessas pessoas: implicações do uso/abuso de *crack* nas famílias dos usuários. O grupo seria permanentemente aberto, com flexibilidade no que se refere à rotatividade dos participantes. Seriam garantidos mecanismos de inclusão dos novos participantes, no sentido de colocá-los a par das discussões já ocorridas. Mas é importante salientar que o foco da reflexão seria mantido. Com relação à "subdivisão" dessa modalidade de trabalho com grupos em *grupos socioeducativos* e *grupos psicoeducativos*, seria possível trabalhar com flexibilidade também nesse particular. Ou seja, seria possível abordar ambos os aspectos no trabalho com o grupo, em encontros diferentes. Assim, tanto os aspectos socioculturais quanto os psíquicos, igualmente importantes para a problemática em questão, seriam trabalhados. Mas, considerando-se que a opção pelo consumo de substâncias psicoativas, em última instância, se remete ao "dependente", seria possível enfatizar o trabalho psicoeducativo, visando a que os participantes possam refletir sobre sua experiência, a partir do processo de conscientização. O aspecto educativo do grupo seria caracterizado pela disponibilização de informações concernentes à problemática do uso/abuso do *crack*; mitos e preconceitos poderiam ser questionados, no sentido de desconstruir fantasias e representações sociais a respeito do tema; além disso, haveria espaço para a discussão e esclarecimento de dúvidas. Todos esses são elementos importantes para a mudança das representações que as pessoas alimentam sobre a problemática. Seriam utilizados recursos educativos, sempre respeitando a linguagem e o nível educacional dos participantes. Tais recursos teriam por finalidade aumentar a compreensibilidade das informações e também a motivação do grupo.

2. Grupo de portadores de sofrimento psíquico freqüentadores de Centros de Convivência. O grupo seria composto por portadores de sofrimento psíquico, com história marcada por internações em hospitais psiquiátricos, em fase de desinstitucionalização, atendidos pela rede de saúde mental de Belo Horizonte (especificamente pelos Centros de Convivência). Essas pessoas seriam caracterizadas pela história psiquiátrica e pelo processo de desinstitucionalização propiciado pela articulação da rede de serviços de saúde mental alternativa ao hospital psiquiátrico. Os Centros de Convivência se inserem nesta rede como local de possibilidade de retomada dos vínculos sociais dos pacientes com história manicomial. A sugestão, aqui, seria o trabalho com *grupos operativos*, com objetivo de conhecer crenças, idéias e sentimentos dos portadores de sofrimento psíquico, visando à reflexão e mudança, estimulando novas aprendizagens dentro de sua realidade (como realidade compartilhada no contexto sociocultural), bem como estimulando sua operatividade, autonomia e mobilização. Nesse sentido, a comunicação entre os participantes seria incentivada, assim como a criatividade e autonomia dos integrantes e do grupo como um todo. O maior comprometimento pessoal e interpessoal também poderia ser incentivado, no sentido do enfrentamento da problemática concernente ao processo de reinserção social de tais pacientes. Este seria justamente o foco do grupo, em torno do qual a reflexão seria desenvolvida, obviamente com flexibilidade para o exame de temas correlacionados e para o aprofundamento de determinadas questões, respeitando sempre o desejo do grupo. Por visar não apenas à compreensão da condição dos participantes, mas também elaborar respostas criativas a suas necessidades, a aprendizagem nesta modalidade de trabalho envolve também a elaboração de significados, sentimentos e relações. Nesse sentido, o Grupo Operativo introduz maior grau de exigência no que se refere ao envolvimento do grupo, à participação de seus integrantes, à interrelação entre fatores subjetivos e objetivos, à dinamização de sua

comunicação e cooperação e à autonomia. Considerando-se a situação em que os portadores de sofrimento psíquico freqüentadores de Centros de Convivência se encontram, é possível dizer que um trabalho com grupo operativo seria extremamente benéfico, na medida em que possibilita o compartilhamento de experiências, assim como a elaboração de novas formas de ser e pensar sua reinserção social. A criação em grupo é facilitada. O grupo constituído com essa estrutura e finalidade não contaria com mais de 12 participantes. Além disso, a alta rotatividade de membros não seria valorizada, muito embora a flexibilidade tenha lugar e seja regulada pelo próprio grupo. Estes aspectos seriam considerados no sentido de não prejudicar a formação do vínculo do grupo, muito importante nesse tipo de trabalho. A sugestão de duração do trabalho seria em torno de 10 encontros, uma vez que pouco tempo compartilhado prejudica a integração e a produtividade como um todo participativo; da mesma forma, é importante considerar que um grupo com extensa duração apresenta exigências e questionamentos mais profundos. Sendo complicado lidar com ambas as situações (grupos de curta ou longa duração) no contexto do serviço de saúde (principalmente na Saúde Mental), a opção seria por um trabalho que tivesse a duração suficiente para trabalhar o tema proposto, sem cair na superficialidade nem tampouco aprofundar demais os vínculos, a ponto de prejudicar o encerramento dos trabalhos. Mas é importante salientar que, ainda que terminados os 10 encontros, caso alguma questão fique pendente, seria possível dilatar um pouco esse prazo, no intuito de realmente fechar o trabalho com o grupo.

Comentário – Juliane Rosa Paulino

Prezada Sueli,

A clareza de sua proposta e a grande capacidade de articulação entre teoria e prática têm sido suas marcas nesse nosso curso. Apesar de ainda não possuir experiência na condução de grupos de pacientes, suas referências acerca de trabalhos desenvolvidos em Belo Horizonte com os grupos escolhidos por você, são muito atuais e bem contextualizadas.

Os grupos e as metodologias de trabalho foram muito bem explicitados e justificados, através dos respectivos correlacionamentos dos elementos estruturais e formal-descritivos em cada grupo.

Parabéns! Um abraço,

Juliane.

Tarefa 2 – Ana Paula Teixeira Goulart

Uma das experiências que eu tive na condução de um grupo de pacientes aconteceu quando da participação no estágio curricular Internato Rural. Nesse caso, o trabalho era formulado a partir da intenção de que os participantes pudessem conhecer e refletir sobre os diferentes aspectos que perpassavam a forma como lidavam com a saúde/doença. Dessa forma, caracterizo o grupo como psicoeducativo, mas ressalto que os já tênues limites entre as concepções de cada grupo ficaram, na prática, ainda mais plásticos. Isso porque vejo claramente atuações em que o grupo se caracterizou muito mais como focal, ficando apenas no levantamento de dados e não implicando os sujeitos uma reflexão de vida e possível transformação, e outros momentos em que a atuação do social se sobrepôs ao psíquico, de forma que se configuraria mais como um grupo socioeducativo.

Atuei em grupos de hipertensos, diabéticos, gestantes, entre outros. Nesses, os participantes se reuniam uma vez por mês, durante mais ou menos duas horas, e o foco era o tratamento e acompanhamento das condições de saúde frente à doença. O grupo era relativamente aberto, de acordo com a presença/ausência dos membros naquela sessão.

A cada encontro a ênfase era sobre o aspecto educativo e a atuação psicológica atuava ora como facilitador dessa transmissão de dados importantes no acompanhamento do tratamento do doente, ora como mobilizador do grupo frente às reflexões periféricas que poderíamos tirar disso e como incentivador de mudanças no comportamento diário das pessoas em busca de uma melhor qualidade de vida.

A atuação da coordenação era maior do que no grupo operativo, ficando a cargo do coordenador a condução do processo. No caso em questão, a condução era realizada de forma interdisciplinar, entre estagiárias de psicologia e de medicina e algumas vezes também com a participação de enfermeiras. Com isso, as funções tinham que ser bem demarcadas, para que não houvesse confusão dos papéis e representações que o público tinha dos coordenadores e para que a atuação conjunta fosse harmoniosa e não houvesse atropelos. As atividades eram planejadas conjuntamente e eram demarcadas as atuações de cada coordenador. Geralmente, trabalhávamos com alguma técnica de aquecimento e mobilização, inicialmente, a cargo da estagiária de psicologia e depois passávamos para uma palestra interativa, ou atividade educativa conjunta entre psicologia, medicina e enfermagem.

Quanto à posição dos sujeitos nesse tipo de abordagem realmente vemos certa passividade nos membros do grupo, uma vez que a transmissão do conhecimento e da informação era, sobretudo, vinda de cima para baixo, ficando os coordenadores como peça fundamental do trabalho em detrimento de participantes dependentes e passivos. Isso era sempre refletido, por nós, coordenadores, como um aspecto negativo do trabalho e que pouco ajudava no intuito de mobilizá-los no contexto de vida diário. Dessa forma, sempre intencionávamos permitir mais autonomia e participação dos membros do grupo. Buscávamos em Paulo Freire as idéias de *palavra circulante* e *círculo de cultura*, procurando realizar atividades em que os sujeitos pudessem se colocar e ser valorizados por seus conhecimentos.

Em relação às mudanças alcançadas, víamos que eram pequenas, pelo contato fragmentado pelo tempo (uma vez por mês), pela opção de abordagem e também pela própria dificuldade trazida pela doença. Contudo vale lembrar que as expectativas de mudança devem ser medidas pela atuação dos sujeitos e não pela ansiedade do coordenador. Aí, podemos localizar algumas mudanças que demonstram o alcance dessa atuação.

Comentário – Deborah Akerman

Ana Paula,

Comento as suas tarefas de uma só vez para que possamos ir acompanhando o ritmo do curso dentro dos prazos definidos. A interlocução comigo tem como objetivo sustentar a relação com a teoria que estamos vendo no curso. Por se tratar de um curso via internet, ou seja, à distância, esses espaços de reflexão entre uma tarefa e outra, apesar de não estabelecerem linearidade entre elas, servem como pontos de construção de entendimentos dos conceitos que estamos tratando.

Sobre os grupos na área da saúde, concordo que o trabalho pode mesmo abarcar uma demanda grande, mas não deve ser utilizado apenas por isto. Acredito que o trabalho com grupos é uma metodologia extremamente adequada para tratar as questões que afetam de forma semelhante sujeitos acometidos por problemas de saúde. Entretanto, concordo com você na importância que deve ser dada à formação em serviço dos profissionais. É necessário também que possam ter espaço para refletir sobre o trabalho nos grupos e que constituam de forma operativa esse trabalho. Mais à frente, teremos um módulo que tratará desse assunto. Sua experiência demonstra essa necessidade de supervisão. Os coordenadores de grupo devem ter planejamento do trabalho e definir qual modalidade é mais adequada àquele grupo e qual é o foco. Esse planejamento inicial não é inflexível e também o coordenador não pode controlar o grupo a ponto de impedir que processos importantes apareçam. Mas em virtude do tempo de que dispõe e das características do grupo, ele deve eleger a modalidade de trabalho e organizar os encontros de acordo com a escolha, acolhendo as questões do grupo, integrando as dimensões clinicas e educativas, privilegiando uma ou outra. Está posto que um trabalho com grupo pode se transformar, criando demanda para outra forma de trabalho, e isso requererá muitas vezes um novo contrato com o grupo. Pode também acontecer de um profissional assumir um lugar mais educativo, ou temático deixando outro trabalhar os processos da tarefa interna do grupo. É importante também, mesmo na modalidade socioeducativa, que o grupo possa escolher junto com o coordenador os temas a serem trabalhados.

Espero que possamos ampliar nossa interlocução ao longo das próximas tarefas, uma a uma.

Um abraço,

Deborah.

Tarefa 2 – Fernanda de Oliveira Cruz

O trabalho com grupos é diversificado, e alcançar os objetivos do grupo é uma tarefa que pode ser realizada de diferentes formas. Entre as diferentes metodologias de trabalho com grupos encontra-se a Oficina. A Oficina independe do número de encontros: tanto se pode fazer uma oficina em um encontro como em um ano, por exemplo. Ela se diferencia tanto do grupo pedagógico quanto do terapêutico, porque se vale de informações e reflexões, mas também focaliza questões afetivas e emotivas, sem pretender uma análise psíquica mais aprofundada daqueles que integram o grupo.

Um grupo com o qual pensei trabalhar é o de fumantes que desejam (ou necessitam) parar de fumar, visto que nunca trabalhei com grupos, mas convivo com fumantes e acredito que a intervenção psicossocial possibilitaria uma mudança nos hábitos dessas pessoas, além, é claro, das inúmeras pessoas que precisam largar o cigarro, por questões até mesmo de agravamento da saúde, mas que não conseguem fazê-lo.

A necessidade de parar de fumar seria a demanda desse grupo: estaria dividida entre os que querem livremente parar de fumar, e aqueles cujo vício do cigarro é fator agravante na saúde e que se vêem obrigados a parar de fumar. A identificação dessa demanda está ligada à pré-análise do grupo, que permitirá uma coleta de dados que possibilite o trabalho; neste caso, os motivos que levaram as pessoas a integrarem o grupo, como se sentem em relação a isso, se acreditam ou não que tal trabalho irá auxiliá-las realmente a parar de fumar, e diversos outros temas-geradores que irão emergir do levantamento de dados.

Os temas-geradores ajudarão no trabalho porque surgem do próprio grupo, de suas vivências, conflitos e desejos, e por isto têm um caráter de mobilização do grupo. Pensei nos temas que poderiam surgir nesse grupo, e imaginei:

- a questão do próprio vício: como começou a fumar, quantidade de cigarros fumados por dia;
- os danos causados pelo cigarro: como afeta a saúde do fumante e dos fumantes passivos que com ele convivem;
- a questão da necessidade de parar de fumar: como isso é visto por cada um, se necessidade ou obrigação;
- se o cigarro afeta ou não as relações sociais, quais as influências na maneira como se comportam no dia-a-dia, se há ou não reclamações a respeito do cigarro por parte das pessoas mais próximas, ou se a presença de fumantes torna mais difícil parar de fumar;
- a questão da ansiedade, já que o cigarro propicia sensação de alívio quase imediato diante de situações estressantes, e qual seria a alternativa para lidar com a ansiedade;
- se já havia tentado parar de fumar: como, por que acha que não conseguiu; se conseguiu por um tempo, porque voltou.

Outro aspecto importante seria o enquadre, isto é, a quantidade de participantes, suas características, o local no qual o grupo se reuniria, em qual contexto o grupo está inserido, os recursos disponíveis, o número de encontros disponíveis para a oficina. Esses dados são importantes porque, juntamente com os outros dados mencionados, permitem a elaboração de planejamento flexível da oficina: mesmo que o que foi planejado não aconteça, que a oficina tome rumo diferente, o planejamento se faz necessário, e é importante que seja flexível, dado o aspecto dinâmico do trabalho com os grupos; pode acontecer algo que não estava previsto e que altere todo o processo ocorrido até então, e essa mudança não pode ser ignorada, mas antes pensada e questionada pelo grupo.

No decorrer do processo grupal, há a ocorrência de três fases, que não estão totalmente diferenciadas, mas que são necessárias à dinâmica:

- uma fase de formação do grupo, ou seja, de que as pessoas se identifiquem umas às outras e ao grupo que integram, no caso o vínculo se estabeleceria devido à necessidade de parar de fumar;
- surgimento de diferenças entre os integrantes do grupo – embora sejam todos fumantes, há diferentes motivos que os levaram a integrar o grupo, e têm necessidade de que suas diferenças sejam reconhecidas, isso influencia como o grupo se posicionará frente à tarefa de parar de fumar: interação, comunicação, aceitação, autonomia, etc;
- a fase de final é necessária para que as pessoas se preparem e elaborem o fim, e avaliem a dinâmica do grupo, seus aspectos positivos e negativos, se conseguiram ou não realizar a tarefa que se propuseram, a relação do grupo com o contexto no qual está inserido e o impacto mútuo; no caso, os fumantes refletiriam: se conseguiram conscientizar-se dos malefícios do vício, se conseguiram parar ou não de fumar, qual o impacto disto sobre si mesmo e sobre os outros, etc, elaborando também o fato de o grupo estar se finalizando e seus sentimentos frente a isso.

Pode ser que algumas pessoas abandonariam de vez o hábito de fumar, ou que o conseguissem por um período curto de tempo, ou mesmo que não conseguissem, mas seria importante que o coordenador se posicionasse como facilitador da autonomia, não só do grupo, mas de cada um, de modo que tudo aquilo que foi vivenciado pelo grupo seja aproveitado de forma a permitir uma nova postura frente ao vício e a si mesmo – mais conscientes dos malefícios do fumo, do que os leva a perpetuar este hábito, do que pode ser feito para ser mudado, enfim, mais conscientes de si.

Comentário – Flávia Lemos Abade

Olá Fernanda,

Você montou uma oficina! (Acho que teremos essa tarefa em outro módulo)

Parabéns pelo trabalho!

Um abraço,

Flávia.

TEXTO 3

O trabalho com grupos na saúde: um diálogo teórico

Maria Lúcia M. Afonso

Neste módulo, vamos conversar sobre as contribuições que a teoria sobre grupos pode trazer para o trabalho com grupo na área da saúde. Ao fazê-lo, vamos apresentar, simultaneamente, fundamentos teóricos e sugestões de práticas. Nosso objetivo é levar os alunos a compreenderem as idéias básicas que fundamentam o trabalho com grupos, abrindo a possibilidade de futuro aprofundamento. E, mais ainda, oferecer ao aluno um instrumento para sua criatividade, ampliando seu potencial e contribuindo para seu desenvolvimento como profissional e como pessoa.

Para tornar o texto mais agradável, vamos construí-lo na forma de diálogo, no qual um profissional (P), que deseja elaborar um projeto de trabalho com grupos, conversa com um consultor (C), para pedir-lhe orientação e expressar suas dúvidas. Essa conversa foi dividida em tópicos, visando acompanhar melhor o fluxo das idéias.

É muito importante lembrar aos leitores que a fundamentação teórica da Oficina não se apóia isoladamente em um ou outro dos autores aqui citados, e sim na *articulação* de suas idéias, em uma proposta de intervenção psicossocial que abrange três dimensões: (a) a dimensão psicossocial, em que introduzimos as idéias de Lewin e da psicossociologia, (b) a dimensão psicodinâmica, em que encontramos Freud, Bion, Foulkes e Pichón-Rivière (este, com a sua teoria do Grupo Operativo), e (c) a dimensão educativa, em que nos baseamos na pedagogia da autonomia, de Paulo Freire.

Um diálogo sobre grupos

Profissional (P) – Bom dia. Sou um profissional que, com um grupo de colegas, gostaria de iniciar um projeto de grupo. Nossa proposta é a de criar grupos na área da saúde.

Consultor (C) – O projeto de vocês é muito interessante, vamos ver em que posso contribuir para ele.

P – É bom poder conversar um pouco com você. Nosso grupo está muito animado para trabalhar por nossos objetivos. Porém, também temos muitas dúvidas. Aliás, a primeira dúvida é justamente sobre a pertinência de trabalhar em grupo. Será que trabalhando individualmente não teríamos melhores frutos? O que você acha?

C – É claro que a decisão cabe a vocês. Mas, penso que o melhor instrumento para se trabalhar uma nova idéia em saúde e educação é, justamente, o *grupo*. Aliás, o grupo como instrumento de mudanças é uma idéia clássica. O autor que mais a enfatizou foi Kurt Lewin, um judeu nascido na Europa que, fugindo ao nazismo, foi para os Estados Unidos em 1933, ali criando a teoria dos pequenos grupos, muito influente na psicologia social.

Para Lewin, o grupo é um "campo de forças", um "espaço vital", cuja dinâmica resulta da interação de seus membros dentro de um contexto. Por isso, é o campo apropriado para a mudança de idéias, atitudes e práticas. O grupo não é a soma de indivíduos, e nem é o resultado apenas das psicologias individuais, mas, sim, um conjunto de relações, em constante movimento. As mudanças sociais precisam estar enraizadas nas relações de grupo, que estão na base da sociedade. Por exemplo, os grupos que procuram desenvolver projetos em saúde vão sentir as influências, tanto negativas quanto positivas, de seu contexto. Porém, vão contribuir também para criar modelos nesse contexto. A mudança que os pequenos grupos trazem têm impacto na cultura e é por isso que dizemos que os grupos têm papel multiplicador no contexto social.

P – Isto é muito interessante. Mas, sabemos que cada indivíduo tem suas idéias e temos medo que o grupo vá "nivelar por baixo", acabar com a criatividade das pessoas...

C – Pense, exatamente, o contrário. Lewin mostrou que a mudança cultural – e seu projeto de desenvolvimento profissional pode ser considerado "mudança cultural" – envolve fatores objetivos e subjetivos. Os pequenos grupos são o instrumento ideal para se trabalhar com essa mistura, uma vez que, neles, além do processo reflexivo, existem também os laços afetivos que acolhem e apóiam os indivíduos em seu processo de busca e transformação. Não são apenas as estruturas sociais que precisam mudar, mas também a consciência das pessoas que vivem nessa situação social e a maneira que elas têm de agir e se relacionar nessa situação.

P – Falando assim, parece até fácil... Porém, sabemos que não é nada fácil. Minha experiência é que, no grupo, existem desintegração e rivalidade, tanto quanto integração e solidariedade. Já passei por experiências frustrantes, nesse sentido. Entretanto, agora, que temos um novo projeto e novas esperanças, eu queria que você sugerisse o que podemos fazer para fortalecer a integração do nosso grupo.

C – É claro que a mudança cultural pode também levantar muitas dificuldades e resistências, atitudes de conformismo lado a lado aos desejos de transformação. Esse é justamente o "*x*" da questão. Todos os grupos sociais funcionam como "campos de força" onde existem forças de integração e de dispersão. Nenhum grupo terá apenas a união e, aliás, se tiver, corre até o risco de ser muito autoritário, isto é, de não admitir nenhuma diferença de opinião ou desejos. Então, a primeira coisa que sugiro é que vocês não cultivem a ilusão de que o grupo viverá completamente sem conflitos e sem competitividade. Onde quer que existam diferenças e individualidades, sempre haverá algum confronto de pontos de vista e de interesses. Assim, o mais importante não é eliminar diferenças ou negar sua importância, mas conseguir trabalhar com elas. Apenas criando um funcionamento democrático e dialógico, o grupo conseguirá criar um modelo democrático para seu contexto e, daí, vir a influenciá-lo em um sentido transformador.

P – Interessante! Então é natural que os grupos tenham conflitos internos desde que eles não ultrapassem as forças de cooperação... Estou entendendo! A questão é tentar um equilíbrio dinâmico dessas forças... Será isto?

C – Isso mesmo. O processo do grupo resulta da inter-relação entre a dinâmica externa e a dinâmica interna. Quando vocês propõem um projeto de desenvolvimento profissional, precisam considerar esses dois lados da questão. A dinâmica externa compreende as relações que o grupo mantém com seu contexto – outros grupos, pressões institucionais, e tudo o mais. Já a dinâmica interna diz respeito às relações internas ao grupo, sua forma de organização, a comunicação entre os membros, e outros aspectos.

P – Mas, cá para nós, essa tal de democracia interna é difícil. Afinal, há dois milênios, pelo menos, desde a Grécia antiga, o ser humano busca essa tal de democracia. Então, você quer dizer que o pequeno grupo tem um modelo democrático?

C – Não vou dizer que seja perfeito, mas é isso mesmo. O pequeno grupo busca compreender como pode ser construído um modelo democrático de relacionamento e decisões. Para isso, algumas questões foram analisadas com maior detalhamento. Vou dar um exemplo: Todos os grupos têm normas que regulam as relações. Essas normas podem ser explícitas ou implícitas e muitas vezes o grupo não tem consciência delas. Quando trabalhamos com grupos, devemos ajudá-los a compreender e refletir sobre seu processo de formação e de transformação das normas, favorecendo escolhas mais conscientes e clima de diálogo, em que seja possível rever as normas, os valores que as embasam e os possíveis conflitos que introduzem nas relações entre os participantes. Então, a liderança democrática não é aquela que escolhe pelo grupo o que é melhor para ele, mas a que escolhe com o grupo o que ele acha ser melhor e ainda facilita a reflexão sobre essas escolhas, inclusive permitindo um processo de mudança.

P – É... É preciso ter "jogo de cintura", não é?

C – É, sem "jogo de cintura" a gente não ganha jogo de futebol, não dança o samba e nem faz grupo! Mas esse jogo de cintura não é um mistério. Para construir um funcionamento democrático, o grupo precisa rever seus estilos de liderança e de comunicação. O segredo está nesse equilíbrio. Quer saber como?

P – Claro que sim! Quem sabe podemos tirar daí algumas boas idéias para o nosso grupo?

A liderança e a comunicação no grupo democrático

C – De acordo com Lewin, a liderança no grupo toma três formas básicas: autoritária, *laissez-faire* ou democrática. E as redes de comunicação também se organizam de três formas básicas: centralizadoras, dispersas e descentralizadas. É importante entender que essas formas básicas se correlacionam.

- A liderança autoritária é aquela que – de forma sedutora, protetora ou ditatorial – escolhe e resolve tudo pelo grupo, sem dar margem à participação. Quando um grupo tem uma liderança autoritária, é provável que tenha também uma rede de comunicação altamente centralizada em torno da figura do líder.
- A liderança do tipo *laissez-faire* (a expressão é francesa e se traduz por "deixar acontecer") é omissa. Não quer mandar (muitas vezes para evitar ser autoritário) e nem tomar iniciativas, o que resulta em um tipo "largadão" que os mais ingênuos podem confundir com o líder democrático... Até que uma crise no grupo mostre a necessidade de liderança efetiva. Usualmente, o grupo com líder *laissez-faire* está às voltas com uma rede de comunicação do tipo disperso: a informação circula de maneira confusa e muitas vezes errática, ou pode ser disputada "sorrateiramente" por subgrupos que desejem o poder.
- A liderança do tipo democrático deve estar em contato estreito com o grupo, ajudando a compreender e a formular os objetivos, mobilizando e dinamizando o grupo. É diferente do autoritário e do *laissez-faire*, porque busca acompanhar o desejo do grupo ao mesmo tempo problematizando-o, instigando-o e ajudando-o a se organizar. Procura não fazer pelo grupo aquilo que o grupo pode fazer por si mesmo. Respeita a autonomia e incentiva a independência. Usualmente, esse tipo de liderança se apóia em uma rede de comunicação em que a palavra flui com mais liberdade, há mais participação, e a reflexão circula no grupo, ou seja, uma rede em círculo.

P – Ah, então tudo depende da personalidade do líder?

C – NÃÃÃO! Na verdade, o funcionamento democrático do grupo vai depender da inter-relação entre três fatores: a figura do líder, a organização do grupo e as pressões do contexto. É interessante notar que quando uma liderança busca funcionar de maneira democrática em um grupo que não consegue ter uma estrutura de comunicação dialógica, surgem muitos conflitos. Assim, o funcionamento democrático não é algo que dependa só da figura do líder, mas depende também do amadurecimento do grupo e, portanto, é preciso crescer em ambas as direções. Além disso, o contexto em que o grupo se encontra é importante para ajudar a sustentar um projeto democrático. O grupo pode resistir a um contexto autoritário, mas não pode fazer de conta que ele não existe.

P – Agora, entendi: o líder democrático busca mobilizar as forças democráticas do grupo! E a nossa equipe deve buscar uma forma democrática de atuar, para que a participação de todos seja possível e todos tenham oportunidades de crescer e interagir.

C – Sim. Os processos de decisão nos grupos sempre levantam muitas questões sobre diferentes pontos de vista, crenças e desejos dos participantes. Portanto, é preciso percorrer um caminho, fazer um trabalho de mediação, de sistematização e apreciação das diferenças, de reflexão, de criação de alternativas e de escolhas em um consenso, ainda que provisório. O papel do coordenador é ajudar o grupo a percorrer esse caminho. É claro que há situações em que o conflito é mais difícil, em especial quando existem, no grupo, diferenças grandes de poder entre os participantes.

P – Acho que o meu grupo vai gostar dessa história de funcionamento democrático... Mas, agora que você respondeu a uma pergunta, levantou-me nova dúvida. Será que esse funcionamento democrático não depende também do objetivo a ser realizado? Por exemplo, não é mais difícil ser democrático ensinando como cuidar de hipertensão do que ser democrático combinando uma festa?

C – Ah, ah, ah. (risos). Você está indo mais rápido do que eu. É verdade. A natureza da tarefa também influencia a atuação dos grupos, afinal, levanta muitas variáveis em torno da competência, papéis e finalidades do grupo! Não é mesmo? Pois bem: Vamos pensar no trabalho com grupos na saúde. O cuidado com a saúde será chamado de "tarefa externa" do grupo. Podemos imaginar que, para bem realizá-la, o grupo deverá se qualificar: se informar, refletir, entre outras coisas. E, com perdão do trocadilho, esse objetivo é bem "objetivo" e é colocado de forma racional e consciente.

Entretanto, ao buscar realizar essa tarefa externa, os componentes vão se deparar com dificuldades variadas, o que é normal em qualquer grupo. Existem dificuldades de relacionamento, insegurança, ansiedade, frustração, lapsos de comunicação... Pois bem, o grupo só conseguirá prosseguir em seus objetivos se for capaz de lidar com essa vida subjetiva, relacional e emocional. É a isto que chamamos "trabalhar a tarefa interna". Ah, claro, os termos "tarefa externa" e "tarefa interna" vêm da teoria dos grupos operativos, de Pichón-Rivière, um psicanalista argentino. Ele afirmava que é na medida em que elabora suas dificuldades que o grupo vai se tornando um "grupo de trabalho". Isso implica tanto o desenvolvimento de cada participante como o do grupo como um todo. Como você pode ver, é um caminho relevante para os grupos na saúde.

P – Eu já ouvi falar desse tal "grupo operativo", mas pensava que era sinônimo de "grupo de trabalho", isto é, que qualquer grupo de trabalho fosse automaticamente grupo operativo. Será que nosso grupo de desenvolvimento profissional vai ser como um "grupo operativo?".

C – Para ser "operativo", de acordo com Pichón-Rivière, não basta que o grupo se coloque um objetivo ou que funcione como um grupo de trabalho. É preciso que equilibre as tarefas externa e interna, isto é, objetivos e relações internas. Para tal, precisa ser *dinâmico* – permitindo-se o fluir da interação e da comunicação para fomentar o pensamento e a criatividade; *reflexivo* – uma parte da tarefa é a reflexão sobre o próprio processo grupal, particularmente quando se trata de compreender os fatores que obstruem a tarefa; e *democrático quanto à tarefa* – o grupo origina suas próprias ações e pensamentos, em um princípio de autonomia. E, então, é isso que vocês querem?

P – Parece um pouco com aquele autor, o Kurt Lewin...

C – É... O Pichón-Rivière se baseou, em parte, no Lewin, mas procurou ir além, estudando outros fatores no grupo, em especial a questão emocional e inconsciente. E, aí? É isso que vocês desejam para seu grupo?

P – Ih, agora, você me colocou entre a cruz e a espada... Será que nós vamos dar conta disso? Nossa equipe não é composta apenas por psicólogos.

C – Tudo bem! O grupo operativo não é necessariamente grupo de terapia. E levar em conta as emoções, em um trabalho de grupo, não quer dizer que se vá fazer terapia de grupo! Afinal, a pedagogia contemporânea está aberta ao diálogo com outras disciplinas, como a psicanálise, a antropologia, a psicologia, a psicologia social...

P – OK. Acho interessante pensar no assunto. Então, fale mais sobre esse grupo operativo.

A abordagem do grupo operativo: combinando fatores objetivos e subjetivos no processo do grupo

C – Vou começar por um ponto muito básico. Você já percebeu que, no começo de um grupo, é tudo uma maravilha, os propósitos são ótimos, e tudo o mais. Na hora da prática... A coisa fica um pouco mais difícil! Tem gente que "dá pra trás", tem gente que implica, ou que quer ir depressa demais... Já reparou?

P – Como não? Já vivemos alguns problemas desse tipo em nossos grupos.

C – Pois é. Enquanto nossos objetivos são apenas teóricos, nós nos identificamos com eles no plano da idealização. São como ideais aos quais nos propomos chegar. Quando começamos a trabalhar por eles, entretanto, surgem dois medos básicos. O primeiro é o medo de mudar, ou seja, de perder o que já se conquistou e, principalmente, de perder nossa identidade, deixar de ser quem somos. O segundo medo é o de ser atacado por estar produzindo alguma coisa diferente e que leva à mudança. Esses medos nem sempre são conscientes, mas geram resistências, dificuldades de comunicação e de aprendizagem.

P – Interessante. Eu nunca tinha pensado dessa maneira. E o que fazer diante desse problema?

C – No grupo operativo, o coordenador deve ajudar a diminuir esses medos básicos. Isso se dá não apenas pela conscientização, mas também pelo fortalecimento do contrato do grupo, dos vínculos entre os participantes, dos seus objetivos e de sua identidade. O coordenador busca construir com o grupo aquilo que Pichón-Rivière chamou de ECRO, isto é, um Esquema Conceitual, Referencial e Operativo.

Explicando melhor, é preciso que o grupo venha a explicitar e compreender melhor representações, crenças, valores, atitudes, práticas. Enfim, suas formas de pensar, sentir e agir, comparando e entendendo suas diferenças e semelhanças. À medida que fortalece o ECRO, o grupo pode enfrentar seus medos, e vice-versa.

Mas isso não quer dizer que todos tenham que ter exatamente os mesmos pensamentos, sem lugar para as diferenças, e sim que é necessário ter um ponto de encontro, em que as próprias diferenças possam ser reconhecidas e conversadas.

P – Faz sentido! Mas isso não depende muito de indivíduo para indivíduo?

C – Existem diferenças individuais, sim. Mas elas não impedem que o grupo tenha seus acordos. Temos uma relação dialética entre os desejos e crenças de cada um e aquilo que o grupo, como um todo, abraça e deseja. Essa relação dialética inclui as diferenças, mas as diferenças nem sempre são ameaçadoras. Algumas são conflituosas, outras são prazerosas, outras são complementares, outras mostram uma riqueza de possibilidades, etc, etc, etc... No grupo operativo, procuramos a integração de duas dimensões: (1) a verticalidade, que se refere à história de cada participante, e que o leva a uma reatualização emocional no grupo e a um processo transferencial, e (2) a horizontalidade, que se refere ao "campo grupal", consciente e inconsciente, que vai sendo modificado pela ação e interação dos membros.

P – Calma, calma, calma! Eu entendi a primeira parte, aquela que fala da relação do indivíduo e do grupo. Mas não entendi nada dessa história de "reatualização emocional" e de "transferência" e de "campo grupal consciente e inconsciente". Explique melhor.

C – Que nada, isso não é um bicho-de-sete-cabeças. Aposto como você vai entender rapidinho. Claro que, depois, pode estudar mais a respeito. Mas, agora, vamos tomar um pequeno exemplo de um dos nossos grupos de alfabetização de adultos. Sempre pedimos aos participantes que escolham uma palavra com a qual iniciar o processo de aprendizagem. Essa palavra é livre, mas deve ter a ver com a história de vida de cada um. Assim, quando escolhe sua palavra, o aluno explica por que e conta um pouco de sua vida para o grupo. Certa vez, uma senhora de meia-idade, a dona Maria, escolheu a palavra "mamãe" e nos contou que, quando garotinha, faltava muito à escola para poder ficar em casa cuidando da mãe que era fisicamente agredida pelo marido. A palavra "mamãe" não era neutra, estava carregada de emoção, uma emoção que a aluna trazia para o grupo e para seu processo de aprendizagem. Não era apenas uma memória, desprovida de carga emocional no aqui e agora daquela mulher. Pelo contrário, a escolha denotava que "mamãe" era uma palavra que tornava atual uma história de vida, ou seja, reatualizava as emoções vividas, trazendo-as para o contexto do grupo.

P – Que legal! Mas onde fica a tal da transferência?

C – Aí é que está. Quando aquela mulher escolheu a palavra "mamãe", estava escolhendo uma palavra para se comunicar conosco, para nos contar quem ela era. Estava nos dizendo: "Vejam a minha história e me respondam às perguntas que eu mesma tenho sobre ela. Expliquem-me quem sou". De certa forma, ela trouxe de volta, para o grupo e para nós, os conflitos vividos e os desejos que tem. E ela faz isso não apenas para rememorar, mas para buscar respostas, com o grupo, através das relações no grupo. Na medida em que o grupo acolhe sua história e a ajuda a pensar nela, dona Maria vai conseguindo elaborar seus conflitos. E, assim foi. Durante muitos encontros, ela trabalhou com a palavra "mamãe" e com várias outras que foi associando a essa primeira. Fez fichas de leitura, colagens, frases, desenhos. Ao fazer isso, falou da relação com a mãe, com o pai, com a família, conosco e consigo mesma. Você nem vai acreditar, mas houve momentos em que até chamou a coordenadora do grupo de "mamãe"!

P – Nossa! Que enrascada! E o que a coordenadora fez?

C – Ela não censurou e nem incentivou. Apenas refletiu com dona Maria que trabalhar com a palavra "mamãe" e com tudo o que ela significava, estava sendo mesmo muito importante para ela. Não estimulou a fantasia, mas também não deixou de abrir espaço para a reflexão. Esse exemplo é óbvio, mas nos grupos estão sempre acontecendo outros exemplos, menos óbvios. Uma vez que não é um grupo de terapia, o mais importante é acolher os sentimentos dos participantes, incentivar a reflexão e a comunicação entre os membros.

P – Ainda não estou muito convencido... Será que não podemos ficar apenas em um nível objetivo e racional, dentro do grupo?

C – Vocês podem escolher fazer isso, mas não será um grupo operativo. Nas teorias de grupo, todos os autores sempre mostram que conflitos e medos são inerentes ao processo grupal. Esses conflitos e medos aparecem de várias maneiras. Podem aparecer na relação entre os participantes, entre cada participante e o grupo, entre cada participante e o coordenador de grupo, entre o grupo como um todo e o coordenador de grupo.

P – Sei não... Eu conheci um grupo que teve muitos problemas de relacionamento interno. Então, o grupo parou completamente de desenvolver seus objetivos para falar de suas relações. E foi muito frustrante, porque eles não conseguiam evoluir, parece que ficavam dando voltas sobre o mesmo ponto.

C – Mas eu não disse que, no grupo operativo, deve-se parar de trabalhar pelos objetivos e ficar *apenas* conversando sobre as relações. Eu disse que é preciso trabalhar esses níveis de forma *integrada*. Abrir espaço para as duas coisas, de forma que o avanço em uma sirva de apoio ao avanço na outra.

P – Bom, eu não sou bobo de achar que as pessoas vão reconhecer a existência de conflitos de forma fácil. Se pudessem falar deles abertamente, então já teriam dado o primeiro passo para resolvê-los. Como posso identificar esses conflitos no meu grupo?

C – Um psicanalista inglês, Bion, estudou as defesas que os grupos podem adotar quando se vêem angustiados ante um problema. São defesas que pode acontecer a qualquer hora, indo e voltando no processo do grupo. Na medida em que o grupo vai elaborando essas defesas, vai conhecendo mais sobre si mesmo e pode se transformar. Mas nunca está totalmente livre de escorregões, como qualquer ser humano... O processo do grupo pode ter um *progresso*, como na vida, e pode trazer muitas alegrias. Mas não tem um fim, como aprendemos que os contos de fadas têm um fim.

P – Ih, você está divagando. Você não ia falar das defesas?

C – Desculpe, eu me empolguei, filosofando sobre o grupo. As 3 formas de defesa são:

- *Dependência*: o grupo busca proteção no líder, defesa contra sua própria angústia através da atitude de dependência. Fica, ao mesmo tempo, dócil e passivo, agindo apenas sob comando. Para trabalhar a dependência, a coordenação deve mostrar que o grupo é capaz de tomar suas próprias atitudes. Deve evitar centralizar as decisões e soluções. Pode orientar e instigar a produtividade, apontar para o grupo alguns de seus medos e abrir oportunidades de repensá-los e enfrentá-los. Pode e deve falar de sentimentos, sempre em atitude de respeito e acolhimento. Mas deve recusar a dependência do grupo e incentivar sua autonomia.

- *Ataque e fuga*: o grupo alterna movimentos de fuga e agressão, em relação ao coordenador ou aos seus próprios problemas. Nesse caso, alterna atitudes de aceitação e negação de sua condição, de obediência e agressividade (ou omissão), ora aceitando passivamente ora confrontando e escapando das soluções propostas.

A coordenação pode observar que, não raramente, dificuldades repetitivas do grupo, como agressividade, preguiça, sono, disputas, competitividade, dispersão, ironias, conversas paralelas, entre outras, são expressão da defesa de "ataque e fuga". É importante o coordenador perceber que essas reações não são meras coincidências, mas também que não são um ataque à sua pessoa. Esse ataque (ou a bajulação) é sempre mais direcionado ao "lugar" do coordenador do que à sua pessoa. Assim, com paciência, mas de forma definida, a coordenação pode cobrar do grupo a responsabilidade pelo processo, pedir que crie suas regras, que escutem uns aos outros com respeito, que participem, etc. Também pode "devolver" questões para reflexão, lançar ao grupo – como um todo – as questões que um indivíduo traz, sugerir atividades que possam mediar conflitos ou criar alternativas, etc.

- *Pareamento*: o grupo reconhece sua condição, mas não consegue realizar seus propósitos, sente-se frustrado e culpado, sempre adiando as atitudes que poderiam criar alternativas para os problemas. O grupo deposita a sua esperança em "algo", ou "alguém" que virá resolver a dificuldade. Muitas vezes, espera que a coordenação seja essa "figura salvadora".

A coordenação recusará o papel de "salvador" do grupo, recusará ser aquele a quem o grupo tudo deve por ser "tão compreensivo e bom". Essa atitude sedutora muitas vezes está estrategicamente colocada para "lisonjear" o coordenador e escamotear o medo que o grupo tem de ser responsável por si mesmo. Agradeça pelo carinho, mas devolva ao grupo a responsabilidade pelo seu próprio agir, o que pode ser feito de maneira carinhosa e/ou bem humorada.

P – E essas defesas aparecem a qualquer hora?

C – Como eu disse, podem aparecer a qualquer hora. Mas isso não quer dizer que não possamos falar de fases do processo grupal, embora a experiência de cada grupo seja única. Podemos assumir quatro momentos: (1) a formação inicial, com seus medos e desejos; (2) o aparecimento de conflitos provocados pelas diferenças de interesses e pontos de vista; (3) o processo de normatização que visa a regular esses conflitos e estabelecer acordos, em torno de objetivos comuns; e (4) o luto – sentimento de perda – pelo fim do grupo. Em cada um desses momentos, a coordenação tem o importante papel de ajudar o grupo a entender seu processo, facilitar sua elaboração e a passagem para outro momento. Quando se trata do fim do grupo, é preciso facilitar a avaliação de perdas e ganhos, a compreensão do sentimento de perda e sistematizar o que valeu a pena na experiência vivida.

Um grupo de profissionais, por exemplo, pode passar por um processo em que os participantes ainda não se conhecem. Existe, a princípio, uma idealização do grupo, muita esperança e, às vezes, certa euforia. Mas, no próprio processo de formação de vínculos, mesclado aos sentimentos de identificação e apoio, poderão ser observados alguns fenômenos como inveja, competição e disputa. Logo, para enfrentar sua tarefa, o grupo terá de abrir mão de alguns interesses particulares e fortalecer os interesses comuns. Conseguindo se articular e prosseguir na tarefa, formará vínculos mais estreitos e haverá maior investimento afetivo entre os participantes. Perder tudo isso não será agradável. Ao final, o grupo pode mostrar-se pesaroso: seja de maneira elaborada, isto é, conseguindo fazer um balanço de seus ganhos e crescimento, seja de maneira confusa, isto é, com sentimentos de frustração, abandono e raiva. O coordenador vai ajudar o grupo, nesse momento, a elaborar seus sentimentos para avaliar o seu crescimento, conseguir "dizer até logo" e levar consigo os frutos de seu trabalho.

P – Como não ficar perdido no meio de tudo isso? Afinal, voltamos àquela questão: nem todos de nossa equipe são psicólogos!

C – Bom, há coisas que um profissional sensível às relações interpessoais, seja psicólogo ou outro profissional da saúde, pode perceber. Então, vamos conversar mais um pouquinho sobre o papel do coordenador no grupo.

O papel do coordenador

C – Como eu ia dizendo, existem várias situações que nos fazem perceber que o grupo está enfrentando dificuldades. Você mesmo, com sua experiência, pode me dar alguns exemplos, não é mesmo?

P – Posso, sim. Uma das situações mais difíceis que já enfrentei foi com um grupo que só ficava calado. Eu perguntava, brincava, incentivava, ficava sério e... Nada. O grupo, lá, "caladão". Lembro-me de que fiquei angustiado sem saber que rumo tomar.

C – Pois é, o silêncio no grupo, assim como muitos outros fenômenos, pode ter significados variados. A primeira coisa que um coordenador deve fazer é se perguntar: que *significado* isso tem no grupo? Essa é uma pergunta fundamental e você vai agir de acordo com a resposta que encontra. Por exemplo, podem existir momentos de silêncio que são de compartilhamento, de calma. Aí, você deixa o grupo viver essa calma. Há outros momentos, em que o silêncio é como um silenciamento: existe uma dificuldade tão grande de conversar que ninguém consegue abrir a boca. Nesse momento, o coordenador pode esperar um pouco para ver se o próprio grupo se organiza ou propor uma estratégia de conversa que facilite a comunicação. Por exemplo, uma rodada de opiniões sobre uma questão importante para o grupo, dando um tempo para cada um falar e sistematizando sempre as opiniões do grupo.

P – Então, mais uma vez, não há uma receita pronta. É preciso adaptar a teoria às situações que vamos vivendo no grupo. É engraçado, ao mesmo tempo em que isso nos provoca certa insegurança também nos dá liberdade e mais satisfação em construir nossa prática. Você acha que um bom coordenador deve estar isento de toda e qualquer ansiedade?

C – Os coordenadores são humanos e ficam também ansiosos com os resultados do grupo. Se você se sentir ansioso, não pense que isto o impedirá de ser um bom coordenador. Com a prática, você aprenderá a separar seu desejo do desejo do grupo e aprenderá a administrar melhor essa ansiedade para não "atropelar" o grupo com ela.

P – Mas não é difícil enxergar tanta coisa acontecendo ao mesmo tempo?

C – Até que não. Eu também poderia dizer que é mais fácil enxergar essas coisas acontecendo ao mesmo tempo do que vê-las de forma muito separada. E, além disso, existem alguns sinais de problemas no funcionamento do grupo que a gente pode reconhecer. O primeiro é o mais claro, são as dificuldades de engrenar o trabalho pelos objetivos que o próprio grupo se propôs. Muitas vezes, quando isso acontece, existem acusações mútuas, que não levam a qualquer caminho. Quando vemos uma discussão muito polarizada entre duas pessoas, desconfiamos um pouco de que exista uma divisão no grupo como um todo. Também quando os participantes começam a chegar sistematicamente atrasados ou a faltar muitas vezes. Quando estão sempre cansados, irritados, irônicos ou dispersos... É comum, nessas situações, pensar que essas são reações individualizadas. Mas, muitas vezes, são expressões de que algo não vai bem na dinâmica interna. Ou, então, o grupo elege um "bode expiatório" que leva a culpa de tudo de ruim que está acontecendo.

P – Bode expiatório? O que é isso?

C – Em rituais religiosos, segundo a história antiga, os fiéis sacrificavam um carneiro ou um bode para expiar os pecados e agradar à divindade. A expressão "bode expiatório" ficou para designar alguém que carrega a culpa por todos e assim ninguém precisa questionar as próprias responsabilidades nas dificuldades vividas pelo grupo. Na verdade, os "pecados", ou "problemas", dificilmente são apenas de uma pessoa, mas sim do grupo como um todo.

P – É importante que todos tenham a possibilidade de se desenvolver, não é?

C – É. O grupo deve desenvolver consciência sobre a maneira de cada membro participar, suas contribuições e particularidades.

É importante evitar que haja cristalização de papéis, isto é, que alguns indivíduos sejam tratados de maneira estereotipada, como "o bonzinho", "o palhaço", "o corajoso", "o emotivo", etc. Apesar das diferenças individuais, muitas características humanas pertencem a todos no grupo. As estereotipias são armadilhas que atrapalham muito, pois travam o relacionamento e o crescimento grupais.

P – E o que o coordenador deve fazer?

C – Ele mostra ao grupo que as dificuldades são coletivas, desencoraja a polarização e incentiva a reflexão de todos nos problemas enfrentados; não aceita entrar no jogo que define alguém como "bode expiatório", tampouco aceita os estereótipos. É sua função fazer o grupo estar sempre refletindo e trabalhando sobre suas relações. Mas, para isso, não adianta adotar um tom professoral e autoritário. É melhor ter aquilo que nós já chamamos de "jogo de cintura" e procurar fazer seus comentários nos momentos em que sente o grupo mais aberto para ouvi-lo. Uma boa coisa, nessa hora, é "jogar verde para colher maduro...".

P – Engraçado, era isso que a minha avó falava, lá no interior de Minas Gerais, quando a família se juntava para comer um franguinho caipira.

C – E não é que a velhinha sabia das coisas? "Jogar verde", nesse caso, significa sugerir, perguntar, associar idéias, dar um exemplo, lembrar um pensamento, essas coisas. "Colher maduro" significaria ajudar a completar essa idéia com o grupo, abrindo o espaço para a reflexão, para o amadurecimento mesmo.

P – Bom. Esse jeito menos diretivo funciona, sim, muitas vezes. Mas, tem horas que não funciona! O que você diz sobre isso?

C – É verdade. No grupo operativo, o coordenador é uma espécie de co-pensador do grupo. Ele pensa junto, facilita os processos de reflexão. Dizemos que sua postura não é diretiva e nem não-diretiva! A postura é cooperativa, proativa. Então, concordo com você: há momentos em que é preciso falar ao grupo com franqueza. Mas, veja bem, franqueza não é rudeza. Procure sempre falar com simplicidade e respeito. Use o humor, mas com limites, evitando o sarcasmo e as ironias. Sobretudo, não fale em tom de "professor-sabe-tudo", como quem não admite discussão ou diferenças de opinião.

P – E se "entrar por um ouvido e sair pelo outro?".

C – Bom. Você, como coordenador de grupo, precisa se perguntar por que isso acontece. Será um conflito de poder no grupo? Será uma dificuldade emocional? Será uma diferença de ponto de vista, ou mesmo falta de identificação ente os membros?

P – Identificação... Você não tinha falado essa palavra. O que ela significa?

C – Diversos autores, como Freud, Bion e Pichón-Rivière, afirmam que a identificação é o núcleo psicológico que forma a identidade grupal. Os participantes elegem um ideal comum e, a partir daí, se reconhecem como "parceiros" e criam, entre si, laços de identificação. Ocorre, também, que as pessoas, uma vez identificadas entre si, busquem novos ideais, apenas para garantir a continuidade do grupo. Porém, toda identificação é carregada de ambivalência. Ao mesmo tempo em que desejamos ser com o outro, desejamos ser o outro, isto é, ocupar seu lugar. Daí que em todo grupo existam também forças de dispersão, conflitos e rivalidades. Esse aspecto da teoria dos grupos é que a torna dialética: o grupo é um fenômeno em que existem de maneira constante forças de coesão e de dispersão, tanto quanto de cooperação e de conflito. O grupo nos acolhe e apóia, ao mesmo tempo em que pressiona para a conformidade. O grupo nos desafia a aprender coisas novas e nos cobra participação. A participação nos grupos nos provoca medo, mas também nos dá muito prazer e realização. Assim é a realidade dialética dos grupos: um constante desafio.

P – Então, é importante incentivar a identificação entre os membros?

C – É muito importante. É claro que não podemos criar uma falsa identificação, isso não serviria para nada, a não ser para aumentar as frustrações no grupo. Mas é possível facilitar a identificação entre os participantes, a partir mesmo das razões de cada um para estar no grupo, que podem ser variadas.

P – Houve uma vez em que fiquei muito desanimado, pois já havia conversado com o grupo sobre alguns problemas, o grupo havia superado esses problemas e estava trabalhando muito bem. Parece que, de uma hora para outra, *sem* mais nem menos, alguns membros começaram a faltar às reuniões, e o grupo ficou prejudicado.

C – Se você me perdoar, novamente, o trocadilho, eu direi que foi *com* mais ou *com* menos. Isto é, foi *mais* do que o grupo estava dando conta de realizar e *menos* do que desejava realizar. É preciso contar que o desenvolvimento não se dá de maneira "certinha", isto é, seguindo uma lógica linear e cumulativa, em que existe um progresso contínuo sem deslizes ou regressão. Pelo contrário, o grupo se desenvolve seguindo uma "espiral dialética": vai e volta em torno dos problemas, em movimento constante de rever, avançar, paralisar, regredir, avançar novamente, e assim por diante. No processo do grupo, existem três momentos: pré-tarefa, tarefa e projeto.

A *pré-tarefa* é o momento em que predominam mecanismos de dissociação, com finalidade de defesa dos sentimentos de culpa e ambivalência, da situação depressiva básica, dificuldades de tolerância, frustração e postergação. Atenção, a pré-tarefa não é simplesmente o momento de preparação para a tarefa, mas de dificuldades diante dela.

A *tarefa* é o momento em que as dificuldades são elaboradas e o grupo alcança mais operatividade e criatividade diante de seus objetivos.

No momento do *projeto*, uma vez alcançado o nível de operatividade, o grupo pode se planejar e avançar na compreensão mesma de suas relações internas.

Para nós, coordenadores, os sinais de que o grupo está se desenvolvendo são a produtividade, flexibilidade, clareza de comunicação e afetividade entre os membros.

P – É interessante, muitas vezes, por não ter essa noção da "espiral dialética", somos tentados a desistir de um grupo, aos primeiros sinais de suas dificuldades, e dizemos: "isso não vai dar em nada". Agora, estou entendendo que é preciso ter certa tolerância à frustração e o desejo de trabalhar as dificuldades para avançar apesar delas, através delas.

C – Cada situação vivida (ou "o existente"), traz para o grupo uma "interpretação": O que é isso? Que impacto tem sobre nós? Como lidar com isto? Ou seja, o grupo vai pensando aquilo que vai vivendo. Essas experiências podem ser gratificantes e produtivas. Mas também podem ser frustrantes e angustiadas. A cada situação vivida, existe uma des-estruturação no grupo, muda-se pelo menos um pouco a maneira de pensar, sentir e agir, em função de dar resposta às novas questões. Surge uma nova situação (o "emergente") que traz uma re-estruturação. Esta é a maneira que os grupos têm de crescer. Alguns grupos enfrentam mais crises que os outros, mas todos em algum momento enfrentam alguma crise. Cada grupo tem a sua história, isto é, a sua forma única de viver um processo do qual a teoria nos fala.

P – Estou gostando dessa teoria. Mas, ainda me sinto um pouco perdido. Como vou trabalhar tudo isso no grupo?

Vetores do processo grupal: conduzindo e avaliando o grupo

C – Para melhor compreender o processo do grupo, Pichón-Rivière conceituou seis vetores do processo grupal. Eles são muito úteis para servir de referência aos coordenadores. São como "funções" que o grupo vive em seu processo.

P – Então, se eu entender os vetores do processo grupal posso ter boas dicas sobre como conduzir um grupo?

C – Não apenas sobre como conduzir, mas, também, como avaliar um grupo.

P – Então, o que você está esperando? Vamos direto ao assunto!

C – Os seis vetores do processo grupal são: *afiliação e pertencimento* (atenção, esse é um par contado como um único vetor), *comunicação*, *cooperação*, *tele*, *aprendizagem* e *pertinência* (não vá confundi-la com o pertencimento, certo?).

- *afiliação e pertencimento* (um par) dizem respeito ao grau de identificação dos membros do grupo entre si e com a tarefa. Enquanto a afiliação indica apenas a aquiescência em pertencer ao grupo, o pertencimento (alguns autores usam o termo "pertença") envolve o sentimento de identificação com o grupo, o sentimento de "nós".

- *cooperação* pressupõe ajuda mútua e se dá pelo desempenho de diferentes papéis e funções. Mas é justamente na tentativa de articular as demandas no grupo que surge a competição. Eu gosto de chamar a cooperação de *co-operar*, isto é, agir em acordo mútuo. A melhor forma de se alcançar, então, a co-operatividade é flexibilizar os papéis no grupo. Co-operar não significa nunca discordar, confrontar, mas, sim, obter certa cumplicidade, um acordo mútuo, que às vezes pode ser questionado, reconstruído e melhorado.

- *comunicação* é um processo que leva em conta as redes de comunicação no grupo, das quais já falamos, lembra-se? Então, a comunicação contém possibilidades e dificuldades. Muitas vezes, o que chamamos de "mal-entendido" no grupo está associado a conflitos diversos, tanto de organização quanto de relacionamento interpessoal. Devemos buscar a comunicação franca, mas não adianta ser romântico quanto à comunicação, achando que ela pode alcançar total transparência. Daí, a necessidade de estar sempre melhorando.

P – É, acho até que deve ser uma questão de princípio, essa, não é? De entender que, no ser humano, o desejo de se comunicar anda lado a lado com a dificuldade e o prazer... Mas, até agora, você só falou de três vetores. E os outros?

C – Vou falar, agora, da *aprendizagem*, da *tele* e da *pertinência*.

- *aprendizagem* não se limita à incorporação de informações e pressupõe o desenvolvimento da capacidade de criar alternativas – por meio dela percebe-se o grau de plasticidade grupal frente aos obstáculos e a criatividade para superar as contradições. É quando conseguimos articular a informação com o que fazemos, pensamos e sentimos que realmente aprendemos. Assim, no grupo, deve haver o esforço de ir além do aspecto meramente cognitivo da informação para compreendê-la no contexto da experiência. Assim, também podemos nomear a experiência e aprender com ela. É um processo de mão dupla. Por isso mesmo, dificuldades emocionais e de relacionamento no grupo podem causar dificuldades de compreensão e decodificação da informação. É importante para os profissionais perceberem essa inter-relação.

- *tele* caracteriza a disposição positiva ou negativa dos membros entre si, a disposição para agir em conjunto. Refere-se às relações no grupo, tais como percebidas e vividas.

- *pertinência* refere-se à produtividade do grupo, à capacidade de centrar-se em seus objetivos, de forma coerente com seus outros processos. A realização de objetivos dentro de um contexto requer pertinência do agir que se afasta tanto do conformismo quanto da ruptura total com o contexto.

P – Então, no grupo operativo, o coordenador ajuda o grupo a dinamizar esses "vetores". Bom, assim fica mais fácil perceber o papel do coordenador. Ele não tem que colocar o grupo em uma "fôrma de bolo" e nem de dar "receita de bolo". Sua função é acompanhar, incentivar, mobilizar, interpretar, facilitar, etc. Nossa! Pensando dessa maneira, a tarefa do coordenador continua de muita responsabilidade, mas não tem mais aquele "mistério".

C – Os melhores coordenadores são os que conseguem ter um relacionamento democrático com o grupo, respeitando o processo e incentivando seu crescimento. Aliás, isso não faz você lembrar de um importante profissional brasileiro, da área da educação, famoso no mundo inteiro?

P – Lógico que sim. Agora, sou eu que vou "dar a lição": é o Paulo Freire. Ele trabalhou com uma concepção de aprendizagem dinâmica em que a motivação do educando e a relação da aprendizagem com a vida sejam fundamentais e em que essa dinâmica seja empreendida pela ação de um sujeito social, na já famosa citação: "ninguém educa ninguém, as pessoas se educam umas às outras, mediatizadas pelo mundo". A aprendizagem envolve uma problematização, na qual o sujeito aprende a questionar o mundo e a si mesmo no mundo, buscando uma nova linguagem e compreensão. Pela educação, um mundo deveria se abrir, em processo "ativo, dialogal, crítico e criticizador".

C – Eu não disse que há muitos pontos de encontro entre a pedagogia e a psicologia social? Veja só, tanto Pichón-Rivière quanto Paulo Freire afirmavam que existe unidade entre aprender e ensinar dentro do grupo, quer no grupo operativo quer nos famosos círculos de cultura, em que começou a pedagogia da autonomia, como hoje é chamada.

P – Então, eu poderia dizer que existe uma dimensão clínica no educar e que existe uma dimensão educativa no trabalho com o grupo operativo?

C – Pode não só dizer, como também *fazer*. Vamos conversar um pouco mais para entender essa dupla dimensão – clínica e pedagógica – da intervenção com os grupos.

P – Nossa! Tem mais?

C – Existe um ponto fundamental nos grupos da área da saúde: eles têm uma tarefa, um foco. Como dissemos, trabalhamos um pouco com sentimentos, histórias de vida, relacionamentos interpessoais, mas sempre na relação com a tarefa. Naquele exemplo da dona Maria, você pôde ver isso. Ela falou de sua família, mas sempre relacionando a atividades de ler e escrever, sempre dentro do foco do grupo.

P – Explique melhor o que é o foco do grupo.

C – O "foco" de trabalho expressa o tema geral que o grupo deseja elaborar e que tanto pode ser mais amplo, como "educação ambiental" quanto mais restrito, como "reciclagem de lixo". Pode ser amplo, como "educação sexual na adolescência", ou limitado, como "a gravidez na adolescência". Em torno do foco, surgem temas e variações.

O foco constitui, ao mesmo tempo, um limite e uma referência, no sentido de que o grupo sempre retorna a ele, como um analisador geral, um ponto de partida e de chegada.

Usualmente, os grupos que têm objetivos educativos elegem um foco para o seu trabalho. Isso tem vantagens, como acabei de falar. Tem também riscos. Os maiores riscos são a repetitividade, a estereotipia e a superficialidade na abordagem dos temas. Mas os riscos podem ser vencidos por uma boa coordenação e pela organização do grupo.

A existência de um foco não deve ser um "divisor de águas", estabelecendo rigidamente o que se pode e o que não se pode discutir no grupo. É mais a idéia de um funil, onde todos os assuntos trazidos pelo grupo deverão, em algum momento, ser correlacionados ao objetivo principal do grupo, ou "foco". Em vez de dizer "esse tema não pertence ao grupo", devemos sempre nos perguntar "como esse tema se relaciona ao grupo?" Ao invés de fechar, trata-se de abrir as possibilidades para integrá-las à temática em discussão.

P – O "foco" também define o grupo, não é? Você podia falar um pouco mais dos tipos de grupos que podemos realizar na área da saúde! Aliás, acho que esse deveria ter sido o primeiro ponto de nossa conversa. Acho que vamos ter de começar tudo de novo! Que fora, hein?

C – Calma! Esse será justamente o tema de nossa próxima conversa, quando vamos falar do trabalho estruturado com grupos que têm um foco. Vou pedir a você para esperar até lá. Até que não é foi tão "fora", assim, não é? Vamos ficar por dentro!

P – Certo. Vou procurar "administrar minha ansiedade" até lá!

C – Pois é. Hoje, falamos de tantas coisas: do grupo como campo de aprendizagem e elaboração, da liderança e da comunicação, das dificuldades emocionais e inconscientes, do papel do coordenador e do foco do processo grupal. Todos esses pontos podem contribuir para seu grupo de profissionais na saúde. Depois, falaremos de técnicas de grupo e de aspectos éticos. Chegaremos lá. O importante é você estar gostando e aprendendo. Quanto a mim, quero dizer que estou aprendendo muito nesse agradável exercício de dialogar com vocês. Obrigado.

Bibliografia

AFONSO, Maria Lúcia M. *Oficinas em dinâmica de grupo: um método de intervenção psicossocial*. Belo Horizonte: Edições do Campo Social, 2000.

BERSTEIN, M. "Contribuições de Pichón-Rivière à psicoterapia de grupo". In: OSÓRIO, Luiz Carlos e col. *Grupoterapia hoje*. Porto Alegre: Artes Médicas, 1986, pp. 108-132.

BION, W. R. *Experiências com grupos: os fundamentos da psicoterapia de grupo*. Rio de Janeiro: Imago, Editora da Universidade de São Paulo, 1975.

ENRIQUEZ, E. *A organização em análise*. Petrópolis: Vozes, 1997.

FREIRE, P. *Ação cultural para a liberdade*. Rio de Janeiro: Paz e Terra, 1976.

FREIRE, P. *Educação como prática da liberdade*. Rio de Janeiro: Paz e Terra, 1980.

FREUD, S. "Psicologia das massas e análise do eu". In: FREUD, S. *Obras completas*. Tomo I. Madrid: Ed. Biblioteca Nueva, 1984. pp. 755-932.

GAYOTTO, M.L.C. e DOMINGUES, I. *Liderança – aprenda a mudar em grupo*. Petrópolis: Vozes, 1998.

INSTITUTO PICHÓN-RIVIÈRE DE SÃO PAULO. *O processo educativo segundo Paulo Freire e Pichón-Rivière*. Petrópolis: Vozes, 1991.

LEWIN, K. *Problemas de dinâmica de grupo*. São Paulo: Cultrix, 1988.

MAILHIOT, G. B. *Dinâmica e gênese dos grupos*. São Paulo: Livraria Duas Cidades, 1991.

MARTINS, R.B. "Contribuições de Freud á psicoterapia de grupo". In: OSÓRIO, L. C. e col. *Grupoterapia hoje*. Porto Alegre: Artes Médicas, 1986, pp. 43-56.

OSÓRIO, L. C. e col. *Grupoterapia hoje*. Porto Alegre: Artes Médicas, 1986.

PICHON – RIVIÉRE, E. *O processo grupal*. São Paulo: Martins Fontes, 1998.

PORTARRIEU, M.L.B. e TUBERT-OAKLANDER, J. "Grupos operativos". In: OSÓRIO, L. C. e col. *Grupoterapia hoje*. Porto Alegre: Artes Médicas, 1986, pp. 135-141.

SILVA, L. A Py de M. "Contribuições de Bion à psicoterapia de grupo". In: OSÓRIO, L. C. e col. *Grupoterapia hoje*. Porto Alegre: Artes Médicas, 1986, pp. 57-63.

Tarefas

Individual e ou em grupo

Leia todo o texto e faça um pequeno relatório, com os seguintes itens:

1. Apresente uma questão sobre dinâmica/processo grupal na saúde que você gostaria de ver respondida pelo "consultor" no texto, e
2. Escolha o autor com o qual mais se identifica, no texto, e diga por que acha que ele seria útil para grupos na área da saúde *ou*, *se* não gostou de nenhum, escolha um deles e faça uma crítica, *ou*, ainda, *se* não gostou de nenhum, escolha um outro autor, de quem você gosta (sobre grupos) e explique como seria útil para a área da saúde.

Em grupo

Discutam as questões que levantaram sobre o texto, entre vocês. Discutam a inter-relação entre seus autores preferidos. Façam um pequeno relatório (até 2 páginas) e mandem para sua tutora.

Exemplos de tarefas do texto 3 e comentários

Tarefa 3 – Ellen Midori Ribeiro dos Santos

Oi, Juliane!

Obrigada, é gratificante poder participar deste curso! Queria me desculpar por não ter mandado a tarefa na data determinada. Estou tendo alguns problemas, além de ter conseguido pegar o texto na última semana de entrega por problemas na internet (a sala ficou alguns dias fechada). Resolvi entregar depois, pois queria trabalhar melhor em vez de ao respeitar a data de entrega (não menos importante) fazer a tarefa de modo que eu não ficasse satisfeita.

Estou gostando muito dos textos do curso (são muito bem elaborados), mas, talvez por ser uma nova proposta (pelo menos para mim), ainda sinto a falta do contato com um orientador, para as horas de dúvidas na realização das tarefas. Queria saber se posso entrar em contato com você quando quiser esclarecer minhas dúvidas, antes de mandar as tarefas.

Ao longo do texto, me identifiquei com as dúvidas esclarecidas com o consultor. A estrutura como foi trabalhado o conteúdo foi muito interessante e de fácil assimilação.

Juliane, sou aluna de Enfermagem, e gostaria de fazer algumas considerações sobre o enfoque dado na metodologia de ensino das disciplinas que estudo (até hoje, já que ainda estou no 4º período).

Atualmente, surge a necessidade de mudanças na atenção à saúde que exigem uma abordagem educacional tanto dentro quanto fora do ambiente hospitalar convencional, com utilização de estratégias alternativas que complementem a prática tradicional do cuidado. Esta necessidade vem do modelo atual de assistência à saúde, que a concebe (prioritariamente) com serviços médico-hospitalares sofisticados e uma atuação de cunho meramente curativo, às vezes remediando uma situação que, com uma eficaz atuação de prevenção e promoção da saúde, muitas vezes poderia ter sido evitada.

Estas reflexões se enquadram na necessidade de adequação do sistema de saúde atual à nova concepção que se instala com o SUS, integrado ao Programa de Saúde da Família e o Programa de Agente Comunitário de Saúde.

É neste contexto que se procuram aliar ações que privilegiem educação e promoção da saúde, e também repensar a atuação profissional na assistência. Este é um processo em implantação e claro, por pretender mudar um modelo vigente que os profissionais contribuem para permanecer, difícil de ser "internalizado" na sociedade.

Assim, educação se torna fator determinante no prognóstico do processo saúde-doença dos indivíduos e até na redução dos gastos (objetivo essencial nas políticas que fundamentam o setor saúde) por agir no nível primário de prevenção e promoção.

Peço desculpas por esta reflexão inicial, mas meu objetivo é contextualizar a idéia que tenho da importância e onde poderia se encaixar a realização de grupos "educativos" na assistência à saúde da população. Existe ampla concepção onde tais grupos tomam outra característica. Agir também nos determinantes além da etapa de restabelecimento da saúde.

Ressalto que não quero restringir os grupos, já que sei que a sua aplicação é variada.

Tenho receio de, por não ser aluna de Psicologia, não me enquadrar muito no que se espera das tarefas individuais propostas e também por não ter conhecimento anterior de Dinâmica de Grupos (disciplina que a maioria já fez). Queria que você me ajudasse um pouco nessa questão (estou deslocada ou no caminho certo?).

Acredito que um dos motivos que fundamentam a necessidade de educação em saúde são as demandas dos usuários em obter informações a respeito dos seus problemas (aspectos que *integram o físico e o emocional* do indivíduo, o que considero extremamente importante).

Neste sentido o profissional "professor" tem papel fundamental, além do desafio de "educar" dentro da concepção de que o processo determina o comportamento do indivíduo no que diz respeito a seu autocuidado – alvo e desejo do profissional que exerce este trabalho.

Uma professora minha enfatiza a idéia de que o profissional deve abolir a palavra "orientar"! Explico melhor: para ela, orientação é um processo unidirecional ineficaz para qualquer pessoa, já que as pessoas têm o direito de decidir seu grau de comprometimento com o processo educacional. O que existe é uma troca de conhecimentos, e neste ponto concordo com ela, onde a integração num processo *linear* e não segmentado (hierarquizado) é importante, e o grupo perfeito para isto. Entretanto, acredito que temos a obrigação de *motivá-las* quanto à necessidade de apreensão.

Uma das metas da atuação educacional na área da saúde é proporcionar adesão ao tratamento terapêutico, o que nem sempre é fácil, pois depende de mudanças no estilo de vida das pessoas, como também de outras variáveis.

Aprendi que o sucesso do profissional, neste processo, depende da *identificação e monitoração dos fatores que influenciam esta adesão.* Diante de dificuldades, são importantes *técnicas que motivem* o cliente, e estas como responsáveis pelo grau de comprometimento com o grupo e seu foco, assim como a prontidão do indivíduo em apreender. Como é difícil!

Para mim, o objetivo central de tudo é alcançar o maior nível possível de bem-estar com qualidade de vida. Mudanças que promovam o bem-estar individual dependem de cada pessoa, já que escolhas devem ser feitas e só ela é capaz disto (o conceito de qualidade de vida é individual também).

As frustrações ocorrem porque... Por exemplo: mesmo sabendo que a dieta é importante a cliente chega com a glicemia nas alturas! (E sei como isso é difícil para qualquer um! Ter que mudar um estilo de vida é desgastante), ou mesmo que necessite seguir a medicação correta, nem sempre o faça, seja na hipertensão ou qualquer outra afecção.

Uma vez me disseram que uma pessoa só muda ao realmente viver (precariamente) determinada situação, e essa é a questão que queria que fosse respondida pelo consultor: tenho ouvido muito na minha área que apesar da importância e da ajuda que tais grupos proporcionam a muitos dos participantes, conseguir estender tais preceitos de modo que façam parte do cotidiano das pessoas é que é difícil... Como trabalhar isso? Sinto um 'quê' de conformismo na fala das pessoas... (?)

É neste contexto que me identifiquei com o autor Kurt Lewin. Para ele o grupo é o melhor instrumento para se trabalhar uma nova idéia em saúde e educação, sendo o espaço ideal para mudança de atitudes e práticas. *E gostaria de saber melhor sobre o que ele denomina mudanças sociais e como estariam enraizadas nas relações de grupos.*

Concordo com os fatores objetivos e subjetivos que fazem parte dessa mudança cultural. Fica claro que laços afetivos influenciam o crescimento do grupo e tudo isso com a necessidade gritante de, ao lidar com a saúde de uma pessoa, procurar 'enxergá-la' como um complexo que integra fatores psicológicos e físicos e estes como determinantes na sua vida. Está aí a somatização, que ocorre, muitas vezes, e as doenças psicossomáticas que muitos profissionais não conseguem 'tratar'.

Este também é um ponto muito enfatizado no meu curso: a (in)capacidade de muitos profissionais em tratar as pessoas somente como um conjunto de reações bioquímicas e fisiológicas e estas com os desequilíbrios que podem determinar patologias.

Todo grupo da área deveria ter um profissional que tenha, além do conhecimento técnico de determinada doença, o conhecimento de como trabalhar fatores psicológicos dos indivíduos. Algo que percebi foi que nesses grupos os participantes têm grande necessidade de expor problemas pessoais procurando aliviar suas frustrações... Em alguns momentos parece um grupo de *terapia coletiva*! O que acho muito interessante, mas ressalta a necessidade desse tipo de profissional que acabo de citar. Nem todos na área da saúde são qualificados a lidar com tais questões e podem se sentir perdidos no caminho... (alguns acabam pensando *erroneamente* que se desviou do objetivo do grupo).

Digo tudo isso porque, ao começar a conhecer a atuação profissional da Enfermagem, vejo que ela é responsável pela coordenação de muitos grupos de assistência nos variados programas de saúde. O certo é ter à disposição uma equipe multiprofissional para o grupo. Algumas vezes isso não é possível.

Uma das coisas que aprendi na teoria e que foi uma das minhas primeiras dúvidas foi como podem coexistir nos grupos tantas diferenças e elas que podem ser utilizadas como um fator importante no grupo.

Esta teoria determina um funcionamento democrático e dialógico e nisso tem muito a contribuir nos grupos de saúde. Trabalho conjunto ao determinar as normas que os regem. Teoricamente é perfeito, mas às vezes certa imposição é inevitável... (Como lidar com um grupo que, em vez de "conversar" sobre determinado aspecto proposto, deseja ligar a tevê para ver o final da novela das duas...) *desculpe o exemplo...* Mas são as pequenas coisas que podem dificultar o andamento do grupo. É o "jogo de cintura" citado que deve entrar em ação... E a liderança democrática citada por Lewin é importante.

Outra dúvida foi o que seja inter-relação das dinâmicas interna e externa e estas no projeto de desenvolvimento profissional.

Desculpe o texto longo...

Aguardo seus comentários, um abraço,

Ellen.

Comentário: Juliane Rosa Paulino

Prezada Ellen,

As diferenças que você traz têm sido muito interessantes: tenho visto muitas vantagens por você ser do curso de Enfermagem, e tenho estado muito satisfeita com a forma como você vem desenvolvendo suas tarefas. Fico feliz por você estar conosco nesse curso: seu discurso é vivo, você traz questões que a inquietam em sua prática, é cuidadosa na abordagem dessas questões, e existe um esforço enorme de sua parte nesse movimento de articulação entre teoria/prática.

É tão bom ver pessoas caminhando assim... E ainda é necessário atentar para um outro ponto: você ainda está no meio do seu curso, não é... E já "deslanchando" tão bem... Que legal! Eu gosto muito de ler suas tarefas, e é nítido o quanto você se empenha: isto tem gerado bons resultados, pois suas tarefas estão... Muito... Muito boas.

Concordo que é muito importante entender o processo educacional como troca, e como um espaço onde circulam desejos diversos, identificações várias, onde o desejo do coordenador também tem que ser colocado em questão.

Realmente é incrível como o ser humano aprende mais pela dor, pelo sofrimento... Essa possibilidade de ser marcado mais profundamente pela dor do que pelas alegrias e a felicidade.

O trabalho com grupos na área da saúde não deve ser "a única saída possível", mas fazer parte de uma política de saúde mais ampla.Talvez possamos pensar também na concepção que sustenta atualmente os grupos ditos operativos na área da saúde. Quando pensamos em grupo operativo, lembramos da teoria de Pichón-Rivière sobre o processo grupal... Mas será que os grupos operativos com os quais têm se trabalhado atualmente se aproximam da proposta apresentada por Pichón-Rivière?

Concordo que os limites trazidos pela instituição, e muitas vezes, a falta de articulação para o trabalho interdisciplinar impõem limites significativos ao desenvolvimento do trabalho com grupos na área da saúde. Sim, pois trabalho multidisciplinar é o que mais encontramos, não é... Difícil (mas vale o esforço) é construirmos juntos caminhos para a interdisciplinaridade, inclusive na área da saúde. O desafio no trabalho com grupos na área da saúde deve ser *"construir uma possibilidade de atendimento inclusive integrada a outras formas de atendimento"*.

Ser democrático é também não calar, utilizar-se da interpretação para demarcar os processos do grupo. Como nos diz Andaló, o coordenador como *"alguém capaz de elaborar tecnicamente os fenômenos ocorridos e devolvê-los ao grupo* [através da interpretação], *de forma a ampliar sua compreensão"*.

Para abordar as questões que você traz, acho importante voltar a alguns artigos que Kurt Lewin apresenta na primeira parte de seu livro *Problemas em Dinâmica de Grupo*. Em "Algumas diferenças sociais e psicológicas entre os Estados Unidos e a Alemanha" (1936), Lewin compara as sociedades alemã e norte-americana, buscando compreender e demonstrar como sociedades diferentes produzem modelos educacionais diferentes e, conseqüentemente, pessoas que pensam e agem de maneiras diversas. Segundo ele, os processos educacionais, mesmo em uma pequena unidade educacional, como a família, se deixam influenciar sobremaneira por toda e qualquer mudança na estrutura política, econômica ou social de um *corpo social mais amplo*. Afirma que "segundo parece, é mais fácil para a sociedade mudar a educação do que a educação mudar a sociedade". Trabalhando as diferenças observadas entre os dois grupos culturais no que se refere à situação educacional, Lewin aponta suas conclusões referentes ao *espaço de movimento livre* existente, para as diferenças nas relações adulto/criança, tanto na escola quanto na família, e a liberdade na escola. Ele vai discorrer, ainda, acerca de como a educação norte-americana se estrutura para exprimir o estilo americano de vida, as contradições por ele observadas, e a distância social entre sujeitos alemães e norte-americanos. Já em "O caso especial da Alemanha" (1943), Lewin aborda especificamente a implicação alemã nas guerras mundiais e discute maneiras de se realizar uma mudança cultural que permita o alcance do estado democrático alemão. Observa que é conseguindo derrubar as resistências à mudança social que se pode chegar à compreensão de seus processos e de seus mecanismos. Lewin ressalta que o fator que tornará possível a mudança social será sempre o clima de grupo dominante, o qual é sempre determinado também pelo tipo de autoridade que nele se exerce. *Daí, para produzir uma mudança social, para Lewin, na quase totalidade dos casos, é necessário introduzir um novo estilo de liderança no interior da situação social que se pretende transformar.* No que se refere ao caso da Alemanha, ele aponta algumas possibilidades: acabar com o domínio da Gestapo; observar atentamente as crianças, as pessoas entre 20 e 30 anos e as pessoas com mais de 40 anos; considerar o indivíduo membro de vários grupos; e as mudanças de liderança e o sistema educacional importantes coadjuvantes no processo de transformação social. Com o seu artigo "Conduta, conhecimento e aceitação de novos valores" (1945), Lewin vai tratar da natureza do processo de reeducação. Para ele, a reeducação "realiza uma tarefa que equivale essencialmente a uma mudança de cultura" e só influencia a conduta do indivíduo quando um novo sistema de valores e crenças passa a dominar a sua percepção de mundo.

Um abraço,
Juliane.

Tarefa 3 - Sueli Rodrigues Burgarelli

1) Em algum momento, o consultor fala sobre as dimensões clínica e educativa (ou pedagógica) presentes nos trabalhos com grupos. Em se tratando da dinâmica/processo grupal na área de saúde, seria possível esboçar "critérios", ou pelo menos indicadores, no que se refere à ênfase em uma ou outra dimensão em determinadas situações? Ou não seria o caso de realizar essa "separação" em nenhuma circunstância, uma vez que elas se encontram intrinsecamente relacionadas?

2) Na verdade houve identificação com todos os autores citados no texto. Considero que cada um deles contribuiu com teorizações a respeito de aspectos diferentes do trabalho com grupos; dessa forma, é possível dizer que suas contribuições teóricas, antes de serem consideradas antagônicas ou excludentes, o foram complementares e perfeitamente conciliáveis. Kurt Lewin enfatiza o grupo como instrumento de mudanças, baseado em sua teoria dos pequenos grupos. Para ele, o grupo é um "campo de forças", lugar apropriado para a mudança de idéias, atitudes e práticas (característica esta muito importante para o trabalho na área de saúde, se pretende de

fato pessoas mais saudáveis); é um conjunto de relações, em constante movimento: as relações de grupo constituiriam mesmo a base da sociedade. Para Lewin, os grupos têm papel multiplicador no contexto social, já que as mudanças que os pequenos grupos trazem têm impactos na cultura. A mudança cultural envolve fatores objetivos e subjetivos; os pequenos grupos seriam os lugares ideais para se trabalhar essa mistura, já que contemplam, além do processo reflexivo, também os laços afetivos capazes de acolher e apoiar os indivíduos em seu processo de busca e transformação. Além disso, suas considerações sobre as três formas básicas de liderança, assim como sobre as redes de comunicação, são de grande relevância para o trabalho com grupos, na área de saúde ou em qualquer outra. Pichón-Rivière, em sua teoria sobre grupos operativos, diferencia o que chamou de “tarefa interna” e “tarefa externa”. No trabalho com grupos na área de saúde, o cuidado com a saúde pode ser considerado uma tarefa externa; mas para realizar este e outros objetivos, o grupo tem que ser capaz de lidar com sua vida subjetiva, relacional e emocional (sua tarefa interna). Dessa forma, para ser operativo, o grupo precisa equilibrar suas tarefas interna e externa, e ser dinâmico e reflexivo, além de democrático quanto à tarefa. Além disso, a conceituação do autor sobre os seis vetores do processo grupal é extremamente útil para a facilitação dos processos coletivos e também para sua avaliação. Tais vetores podem ser considerados “funções” vividas pelo grupo em seu processo. Bion se dedicou a estudar as defesas que os grupos podem adotar em situações de angústia ante os problemas. Na medida em que vai elaborando tais defesas, vai conhecendo mais sobre si mesmo e pode se entregar à transformação. No trabalho com grupos na área da saúde, a consideração dos aspectos defensivos aparece como de fundamental importância: é sabido que a falta de saúde (ou doença) é, em grande medida, devida a hábitos e modos de vida perniciosos; sabe-se também que tais hábitos são, muitas vezes, profundamente enraizados no psiquismo dos pacientes; dessa forma, é de certo modo possível prever (ou pelo menos esperar) que grupos constituídos para trabalhar assuntos relativos a saúde / doença, em algum momento, lancem mão de estratégias defensivas para fugir à angústia da consideração e discussão de aspectos relativos a tais hábitos e modos de vida prejudiciais à saúde das pessoas. Daí a importância e relevância da consideração da teorização de Bion no que se refere aos processos defensivos. Com relação à identificação, autores como Freud, Bion e Pichón-Riviére afirmam ser ela o núcleo psicológico que permite a formação da identidade grupal. Mas enfatizam que toda identificação é carregada de ambivalência, do que decorre que em todo grupo existam tanto forças de coesão e cooperação quanto forças de dispersão, conflitos e rivalidades, aspecto este que permitem abordá-los a partir de uma teoria dialética. Estas considerações se aplicam a qualquer grupo, inclusive àqueles formados para trabalhar questões relativas à saúde. A famosa frase "ninguém educa ninguém; as pessoas se educam umas às outras, mediatizadas pelo mundo" é de autoria de Paulo Freire, e resume bem o pensamento do autor. Para ele, a aprendizagem envolve uma problematização, na qual o sujeito aprende a questionar o mundo e a si mesmo no mundo, buscando uma nova linguagem e compreensão. Seu pensamento se aproxima do de Pichón-Riviére, na medida em que ambos afirmavam existir uma unidade entre aprender e ensinar dentro do grupo. Tais considerações devem ser aproveitadas no trabalho com grupos na área de saúde, uma vez que as dimensões clínicas e pedagógicas se encontram intimamente relacionadas neste tipo de trabalho.

Comentário – Juliane Rosa Paulino

Prezada Sueli,

Fico sempre muito entusiasmada com suas tarefas. Foi solicitada a abordagem de um autor e você vai muito além: desenvolve uma articulação muito pertinente entre a contribuição de todos os teóricos apresentados e o trabalho com grupos na área da saúde. Parabéns mais uma vez!!!

Quanto à pergunta apresentada, concordo que o ideal é que as dimensões clínica e educativa estejam inter-relacionadas no trabalho com grupos na área da saúde. A dimensão educativa não é neutra: a questão que se coloca é o que o grupo precisa saber, a que ele precisa ter acesso para se cuidar; a dimensão clínica deve estar relacionada à apropriação desse conhecimento na referência do próprio desejo e na produção de um sentido. Mas é necessário sempre levar em consideração quais os objetivos em questão, qual a problemática a ser trabalhada, quais as mudanças almejadas, e as condições existentes para a realização do trabalho com o grupo, seja em relação à dinâmica interna ou à externa. A demanda do trabalho com grupos na área da saúde deve estar articulada a uma demanda social, como por exemplo, uma política de saúde: deve-se primeiramente então procurar entender qual é essa articulação. Muitas vezes trabalhamos em condições muito limitadas, e assim são necessárias muitas adequações.

Um abraço,

Juliane.

Tarefa 3 – Cíntia Rodrigues

No grupo operativo, o coordenador é uma espécie de co-pensador do grupo, então ele será considerado como parte do grupo? Quando digo parte do grupo, quero saber se o coordenador será incluído na análise da dinâmica interna do grupo.

E a questão da identificação do grupo com o coordenador. Pode-se falar em transferência? Essa transferência existe? É importante? Como é trabalhada?

O autor que mais me chamou a atenção foi Bion, na questão sobre as defesas que os grupos podem adotar: a dependência, ataque e fuga e pareamento. Acho importante essa contribuição que Bion faz, pois nos chama atenção para que, como coordenadores, devamos estar sempre atentos, em todos os momentos do processo grupal, às defesas que podem surgir. E o que acho mais produtivo e construtivo, após observarmos se estão ocorrendo às defesas é voltarmos essa percepção ao grupo, como um espelho, refletindo e voltando a questão para o grupo. E estarmos refletindo qual é o nosso papel na dinâmica grupal como coordenadores.

Fiquei pensando sobre essa questão das defesas e me questionei se elas são conscientes ou se poderiam ser inconscientes. E se forem inconscientes como lidar com isso?

Comentário – Deborah Akerman

Cintia,

Buscando discutir a sua questão, considero importante dizer que o coordenador, parte do grupo como pessoa e como lugar, portanto, passível de mecanismos de transferência e também de contratransferência. O lugar do coordenador não e vazio. Ele pode ser ocupado institucionalmente quando este representa uma instituição de saúde X ou o hospital Y e esta representação atravessa a transferência. Estes processos, assim como as defesas do grupo, são inconscientes. O coordenador ajuda o grupo a ver estes mecanismos, incentivando a reflexão sobre a tarefa interna do grupo e voltando o foco para a tarefa externa. O foco é que deve ser o rumo.

Um abraço,

Deborah.

Tarefa 3 – Aldo Ivan Pereira Paiva

1) Gostaria de perguntar ao consultor o que diferencia o grupo operativo de um grupo de terapia, pois me parece bem tênue a separação entre os dois, uma vez que, em ambos, são tratadas as emoções e a subjetividade dos participantes, levando-se em conta a transferência e o inconsciente no trabalho com os grupos.

2) O trabalho com grupos na área da saúde envolve temas e questões importantes e difíceis de serem abordadas pelos pacientes. Normalmente a demanda que surge envolve questões como o sofrimento físico e psíquico, perdas ou danos físicos e emocionais, a morte e o processo de luto, as novas rotinas de vida do doente e da família com o surgimento de doenças, etc. Enfim, todo o sofrimento, insegurança e medos que povoam a mente e afetam as vidas dos doentes e familiares.
- Diante desse tipo de demanda, a teoria do Grupo Operativo de Pichón-Rivière torna-se de grande utilidade, pois nessa abordagem não são trabalhadas apenas questões objetivas, mas também de ordem subjetiva, emocionais e inconscientes. Devido à fragilidade a que esses grupos estão submetidos, questões mais subjetivas influenciam enormemente o trabalho com eles.
- Pichón-Rivière afirmava que é na medida em que as dificuldades são elaboradas, num nível individual e coletivo, que o grupo vai se tornando um grupo de trabalho. Para ser "operativo", não basta que o grupo se coloque um objetivo ou que funcione como um grupo de trabalho. É preciso que equilibre suas tarefas externa e interna, isto é seus objetivos e suas relações internas. Para tal, precisa ser *dinâmico* – permitindo-se o fluir da interação e da comunicação para fomentar o pensamento e a criatividade; *reflexivo* – uma parte da tarefa é a reflexão sobre o próprio processo grupal, particularmente quando se trata de compreender os fatores que obstruem a tarefa; e *democrático quanto à tarefa* – o grupo origina suas próprias ações e seus pensamentos, em um princípio de autonomia. No grupo operativo, o coordenador deve ajudar a diminuir os medos básicos. Isso se dá não apenas pela conscientização, mas também pelo fortalecimento do contrato do grupo, dos vínculos entre os participantes, seus objetivos e sua identidade. O coordenador busca construir com o grupo um Esquema Conceitual, Referencial e Operativo. É preciso que o grupo venha a explicitar e compreender melhor

representações, crenças, valores, atitudes e práticas. Enfim, suas formas de pensar, sentir e agir, comparando e entendendo suas diferenças e semelhanças. À medida que fortalece o seu ECRO, o grupo pode enfrentar os medos, e vice-versa. No grupo operativo, procura-se a integração de duas dimensões: (1) a verticalidade, que se refere à história de cada participante, e que o leva à reatualização emocional no grupo e ao processo transferencial, e (2) a horizontalidade, que se refere ao "campo grupal", consciente e inconsciente, que vai sendo modificado pela ação e interação dos membros.

Comentário: Carolina Marra Simões Coelho

Aldo,

É muito interessante o modo como você percebe e questiona uma sutileza do texto: a proximidade entre o grupo operativo e o terapêutico. Temos que deixar claro, em primeiro lugar, que aqui estamos falando desde um ponto de vista, existem outros bastante distintos dentro da psicologia, que vai dar definições bem particulares de terapia em grupo, não é? Na perspectiva em que trabalhamos, cada grupo tem suas especificidades: o grupo de terapia trabalha questões subjetivas, com o foco não delimitado e a estrutura em aberto, etc. O conceito de grupo operativo é mais amplo, e uma de suas características é ter uma dimensão terapêutica. Acreditamos, então, que o grupo de terapia seria um tipo de grupo operativo com maior ênfase nessa dimensão. Volte um pouco ao texto, para reflexão.

Você descreve bem o grupo operativo, articulando conceitos fundamentais. A relação que estabelece entre ele e um grupo na área de saúde mostra que seu uso pode ser muito positivo para os pacientes. Sugiro que aprofunde seus estudos nessa teoria, pois ela pode trazer contribuições ricas para o trabalho do psicólogo.

Um abraço,

Carol.

Tarefa 3 – Marina Lima de Azevedo

1) No Centro de Saúde, onde faço estágio participando da equipe de saúde mental, estamos pensando em reiniciar um grupo com as famílias dos usuários. Minha questão é a respeito justamente do início de um grupo na área da saúde. Muitas vezes, a demanda de se formar o grupo parte da equipe de profissionais e não das pessoas que dele irão participar. Alguns familiares dos usuários muitas vezes nos procuram, demandando informações a respeito do tratamento, ou para falar de sentimentos, dificuldades, etc. Contudo, não demandam especificamente um atendimento em grupo. Outros, ainda, nem sequer procuram a equipe, ou buscam qualquer tipo de informação. Dessa forma, somos nós, por acreditarmos na importância da implicação das famílias no tratamento das pessoas portadoras de transtornos mentais, que pensamos em fazer um trabalho em grupo com as mesmas. Tratar-se-ia de trabalho com dimensão educativa, mas também clínica, na medida em que queremos ouvir esses familiares, conhecer suas crenças, idéias e seus sentimentos, procurando promover reflexões que possibilitem mudanças, mais autonomia, mais participação. Bom, minha questão é: como mobilizar essas pessoas, como iniciar um grupo, quando *a priori* não há demanda específica para esse tipo de trabalho?

2) Como o próprio texto coloca, cada um dos autores citados tem uma grande contribuição a fazer quando pensamos nos grupos na área da saúde. No entanto, acredito que Pichón-Rivière desenvolveu conceitos importantes a respeito do processo grupal, e a teoria dos grupos operativos é sem dúvida muito útil para grupos na área de saúde. O fato de levar em consideração a questão emocional e inconsciente ao estudar o processo grupal é na minha opinião uma grande contribuição do autor. São essas considerações que nos levam a pensar

que nos grupos sempre encontraremos uma dimensão educativa e uma clínica. Dessa forma, será inviável pensar grupos na área da saúde que tenham dimensão exclusivamente educativa. Não se concebe, assim, um grupo ao qual o coordenador levará uma cartilha pronta explicando as formas de prevenção, de tratamento, como administrar corretamente o uso da medicação, etc. Mesmo que o foco seja esse – educativo – estarão presentes ali no grupo uma série de outras coisas que não podem ser desconsideradas; e, se forem, o trabalho corre o rico de ser não apenas pobre, mas vazio e ineficaz.

Comentário: Sara Deolinda Cardoso Pimenta

Marina,

A questão que você levanta, embora anteceda o grupo, é da maior relevância, pois diz respeito à condição da sua própria existência. É compreensível que os usuários do sistema de saúde, mais precisamente os familiares dos usuários do serviço de saúde mental, não apresentem a demanda por um trabalho com grupos. Podemos até compreender que não busquem com a equipe informações sobre o tratamento, ou que tenham dificuldades para fazê-lo espontaneamente. Demandar atendimento em grupo seria ainda mais difícil. Nossa sociedade é, por demais, excludente e hierarquizada. Penso que deve se integrar ao trabalho da equipe de saúde a sensibilização para esse tipo de atendimento. Como fazê-lo dependerá do contexto e condições que os profissionais possam criar para o atendimento aos familiares, e no processo, o trabalho com grupo. No próximo módulo – Como Construir uma Proposta de Oficina – a primeira questão a ser tratada será o tema e a análise da demanda. Nele, é tratada a análise da demanda, como a interpretação de uma necessidade em uma situação e a capacidade de responder a ela com uma proposta de ação. A partir da leitura do material você poderá aprofundar suas reflexões e poderemos voltar a conversar sobre a questão.

Quanto à oportunidade de se trabalhar com a modalidade do grupo operativo na área de saúde, você apresenta muito bem a fundamentação para tal. Seria interessante aprofundar suas reflexões sobre dinâmica/processo grupal e apontar alguma questão que seja mais importante para você e que gostaria de ver respondida pelo "consultor". Voltaremos a conversar a respeito.

Com meu abraço,

Sara.

TEXTO 4

Como construir uma proposta de oficina

Neste módulo, vamos explicar os passos fundamentais para construir uma proposta de Oficina em dinâmica de grupo na área da saúde. Note-se que ainda estamos tratando de um projeto de trabalho, antes de ser colocado em prática. Trata-se, aqui, de introdução, que será completada nos módulos seguintes, nos quais vamos, então, explorar melhor como conduzir – na prática – e avaliar a Oficina. Note-se que, ao final do módulo, colocamos um exemplo de planejamento de Oficina. O aluno pode usá-lo para acompanhar a leitura do texto.

Outra observação básica é que o presente texto se refere apenas à parte do trabalho com o grupo e não à parte de cuidados de saúde que serão associados à Oficina. Esses cuidados deverão ser planejados pela equipe, para serem realizados antes e/ou depois de cada encontro do grupo, conforme a especificidade da saúde dos participantes.

Finalmente, uma condição essencial é a de que os coordenadores de Oficina, ou a equipe, trabalhando em conjunto, devem manter conversas preliminares visando a explicitar e articular bem as contribuições de cada profissional para a Oficina, bem como a visão conjunta do que é, para que serve e que tipo de condição o trabalho de grupo terá. Ao longo da condução da oficina, é importante que a equipe, ou dupla de coordenadores, tenham sempre um horário de reflexão e articulação do trabalho, para que possam tratar de acertos e desacertos no processo, encontrando soluções e fazendo acordos. Isso será feito em horário diferente do horário do encontro com o grupo, que não deve ser exposto aos conflitos da coordenação.

Tomados estes cuidados, o profissional e sua equipe podem seguir os itens a seguir explicitados, na construção do projeto de Oficina.

O tema e a análise da demanda

A Oficina deve ser um trabalho aceito pelo grupo, nunca imposto. Assim, devemos sempre nos perguntar para quem e para que uma Oficina é realizada. Mas a resposta para essa pergunta não é sempre fácil ou unilateral. As necessidades na área da saúde podem receber diferentes interpretações sobre o que significam e o que fazer com elas. Consideremos, por exemplo, uma comunidade onde existem muitas pessoas com diabetes. Elas requerem cuidados em saúde. Mas nem sempre têm uma idéia formada e bem informada sobre o que poderia melhorar a sua saúde. O que fazer, então?

Para propor um tema de Oficina, os profissionais da saúde precisam constatar a existência de uma necessidade de saúde que julgam poder ser bem atendida por meio do trabalho com grupos. Acreditamos que quanto mais essas necessidades de saúde estejam vinculadas a crenças e práticas sociais, quanto mais envolverem atitudes de autocuidado e cuidados na família e na comunidade, mais o trabalho em grupo será útil, pois oferecerá um campo fértil para a educação em saúde.

Assim, a "demanda" não deve ser confundida com qualquer "pedido". Os que trabalham na área da saúde sabem que, seja por falta de informação, ou por várias outras razões, os pacientes também fazem pedidos que os profissionais não podem, por razões éticas e práticas, atender. Por exemplo, um paciente com obesidade severa pode pedir para fazer uma cirurgia que ainda não tem condições de suportar, ou um paciente com diabetes quer burlar a dieta por ter dificuldades em segui-la. Obviamente o profissional precisa ter referências ao "atender a uma demanda", o que significa basicamente que precisa:

- avaliar se a ação é necessária em vista das necessidades de saúde da população atendida;
- verificar se sua conduta pode ser eficaz, dentro das condições de atendimento existentes;

- decidir, em uma conduta ética, se sua ação é desejável e defensável.

Estudando os dados de saúde nas áreas onde trabalham, os profissionais detectam as necessidades do atendimento. Discutem e avaliam como melhor organizar o atendimento, buscando a eficácia e o respeito à ética. Na prática profissional, buscam compreender como a população atendida percebe os problemas vividos e lida com eles. Os profissionais podem e devem propor estratégias adequadas para a atenção à saúde visando à melhoria da qualidade de vida de seus pacientes. Com isto, estarão dando sentido às necessidades percebidas e ajudando a configurar uma demanda.

Podemos dizer que analisar a demanda é interpretar a necessidade dentro de uma situação e responder a ela com uma proposta de ação. Por isso é importante que o profissional tenha uma escuta das "necessidades de saúde" que seja articulada ao contexto sociocultural, até mesmo para poder nomeá-la como "demanda" e procurar construir uma proposta de atendimento com o grupo.

A demanda resulta dessa negociação entre quem solicita e quem responde, no sentido dialógico. Nesse sentido, a demanda na área da saúde não segue um caminho linear, pois depende da percepção e da interpretação de todos os atores envolvidos: pacientes, familiares, profissionais e serviço de saúde. O importante é que a proposta de trabalho seja bem aceita pelos grupos e que contribua para sua qualidade de vida. Assim, podemos completar que analisar a demanda da Oficina é também analisar como ela responde aos diversos atores envolvidos na cena da saúde: os pacientes e seus familiares, os profissionais, as instituições, etc.

As "necessidades" trabalhadas na Oficina são, a um só tempo, coletivas e individuais. Coletivas, porque a Oficina está se constituindo em resposta a um problema de saúde coletiva. Individuais, porque serão enfocadas as necessidades dos participantes como pessoas únicas em sua subjetividade. Isso também faz a diferença entre a Oficina na área da saúde e um grupo de terapia na clínica privada.

A Oficina em dinâmica de grupo não pretende ser a resposta para todos os problemas na área da saúde, e sim construir possibilidade de atendimento, inclusive integrada a outras formas. Assim, analisar a demanda é também avaliar se haverá condições institucionais para realizá-la.

Uma vez decidido que é necessário, viável e desejável fazer uma Oficina no contexto do atendimento em saúde, os profissionais deverão então proceder à "pré-análise" da questão, com a escolha de "foco" e de possíveis "temas geradores".

A pré-análise e as escolhas de "foco" e "temas-geradores"

A pré-análise inclui o levantamento de dados e aspectos importantes da questão de saúde que será trabalhada na Oficina. É um momento de diagnóstico em vários aspectos: dados de saúde, cuidados físicos, cuidados emocionais, mudanças na rotina de vida do indivíduo e da família, autocuidado e outros. O profissional usa o momento da pré-análise para se preparar para a função de coordenador, mas sem criar um "programa rígido" que o grupo deva cumprir a qualquer custo.

A pré-análise possibilita, a partir da questão central, por exemplo, o diabetes, que sejam definidos: um "foco" central na Oficina e, a partir dele, "temas-geradores", que serão abordados no grupo, sempre respeitando e consultando os participantes.

O foco

O tema geral da Oficina é o *foco* em torno do qual o trabalho será deslanchado. Esse "foco" pode ter amplitudes diversas, por exemplo, "o autocuidado para pacientes com diabetes", "cuidados alimentares para pacientes com diabetes", "cuidados na gestação de mulheres com diabetes", etc. Mas é importante que ele seja bem definido para que os coordenadores possam: (1) fazer um bom contrato com o grupo, e (2) ter uma condução equilibrada da Oficina, em seus vários momentos.

É em torno desse "foco" que podemos escolher "temas-geradores", isto é, temas que poderão gerar no grupo a motivação, a associação com a experiência de vida de cada um, o conhecimento sobre preconceitos, crenças e representações, dúvidas e questões, emoções relacionadas ao cuidado com a saúde, a necessidade de informação e tantas outras coisas.

Os temas-geradores

Os temas-geradores, a exemplo das palavras-geradoras de Paulo Freire, são temas que mobilizam o grupo porque se relacionam à experiência, tocam em necessidades, medos, alegrias, conflitos e possibilidades, aguçam o desejo de participação e troca.

Por exemplo, para um foco como "autocuidado com diabetes durante a gestação", podemos escolher como temas geradores: "a alimentação da gestante", "a sexualidade na gestação", "o parto", "os cuidados com o neném".

Não há necessidade de se organizar os encontros de forma que cada qual contenha um e apenas um tema, pois muitas vezes esses temas se interpenetram e podem ser trabalhados de forma integrada. Porém, é importante não trazer muitos assuntos para discussão, de uma única vez, por que isso poderia provocar confusão e estresse. Buscar o equilíbrio, deixando sempre um tempo para elaboração. Também não é necessário que cada tema seja trabalhado em um e apenas um encontro. Pode haver desdobramentos e aprofundamentos se necessário.

É importante notar que os "temas-geradores" não esgotam o assunto. Apenas servem de motivação para, em torno deles, poderem ser levantadas questões e informações, expressar sentimentos e fazer associações. Assim, algumas "dicas" se fazem importantes:

(a) Os temas-geradores devem ser formulados em linguagem acolhedora para que também sejam bem acolhidos pelo grupo. Assim, em vez de "riscos do parto da paciente diabética" (riscos evocam o medo) prefira dizer "o parto da gestante diabética: riscos e possibilidades". Em vez de "restrições alimentares" prefira "orientação para alimentação" e, assim por diante. Não é preciso esconder a parte difícil do tema! Mas é bom poder falar também daquilo que é bom, que dá prazer e motiva os participantes do grupo, permitindo equilíbrio;

(b) Abordamos em primeiro lugar temas que sejam mais gerais e que despertem menos ansiedade. A menos que o grupo peça para fazer o contrário. Por exemplo, pode ser bem melhor falar primeiro da alimentação e depois dos riscos do parto. Isto porque os temas que evocam maior ansiedade, medo e angústia nos participantes exigem maior grau de confiança no grupo e no coordenador;

(c) Cada tema-gerador pode ser trabalhado em um ou em vários encontros, dependendo do número de encontros propostos e do interesse do grupo. Assim, não é preciso haver total coincidência entre o número de temas-geradores e o número de encontros. Não há problema em desdobrar um tema se for do interesse do grupo. Além disso, é muito comum que aspectos de um tema-gerador sejam similares a aspectos de outros temas. A aprendizagem na Oficina se enriquece com as "costuras" e comparações entre os temas. Os coordenadores devem apenas ficar atentos para não fugir muito ao planejamento geral da Oficina;

(d) Quando o coordenador perceber que a conversa do grupo está "fugindo" do tema originalmente proposto, em vez de cortar o assunto deve escutar um pouco e depois fazer – a si mesmo e ao grupo – a seguinte pergunta: "de que forma esse assunto está relacionado ao tema de hoje? Vamos tentar compreender isso para poder voltar para o nosso tema". Ou seja, muitas vezes, para tratar de um tema, o grupo dá algumas "voltas", faz associações com outros temas, pequenas digressões, rememora e projeta. Longe de ser ruim, esse é um movimento criativo que poderá ser reintegrado na matriz de comunicação do grupo. Cabe ao coordenador facilitar essa reintegração, pela conexão e articulação dos temas;

(e) É essencial que os temas-geradores tenham relação com o cotidiano do grupo e que não sejam apresentados de forma intelectualizada, em linguagem estranha ao grupo. Por exemplo, em vez de "desenvolvimento psicossexual na adolescência" podemos pensar em "a sexualidade na adolescência". Na medida em que o grupo ajuda a compor os subtemas essa designação fica facilitada;

(f) Sempre devemos conversar com o grupo para propor os "temas-geradores" e ouvir aquilo que as pessoas do grupo gostariam de abordar. A Oficina funcionará melhor quando articular bem a proposta da coordenação e as propostas do grupo. Voltaremos a esse assunto quando falarmos do primeiro encontro com o grupo;

(g) Da mesma maneira como devemos pensar se os temas abordados geram medo e angústia, não devemos sobrecarregar um encontro com muitos temas. As pessoas precisam de tempo para assimilar a informação no contexto de suas vidas e para refletir sobre ela. É mais rico trabalhar no ritmo do grupo respeitando sua singularidade. Alguns produzirão mais do que outros. O importante não é medir a produtividade como se fosse um "conteúdo escolar" mas, sim, observar o crescimento do grupo ante a questão abordada e a melhoria da qualidade de vida de seus participantes. O que é "pouco" para alguém pode ser "muito" para outra pessoa.

Uma vez desenvolvida a pré-análise, com a escolha de foco e de temas-geradores, é necessário definir o "enquadre" da Oficina, como veremos.

O enquadre

Como a Oficina é usualmente realizada em condições institucionais dadas, é preciso definir também seu "enquadre". Definir o *enquadre* implica definir número e tipo de participantes, local, recursos disponíveis, número de encontros e outros detalhes que contribuem para organizar o trabalho. Ou seja, é preciso preparar uma *estrutura* para o trabalho. Trata-se de uma Oficina em educação sexual? Em saúde na terceira idade? Será desenvolvida em um centro de saúde? Em uma escola? Quais são as características dos participantes em termos de idade, sexo, nível de escolaridade, etc.?

O enquadre deve ser escolhido pensando-se em facilitar a interação dos participantes, a troca de experiências, a disponibilidade de tempo, a relação com o coordenador, à privacidade dos encontros, bem como... Os limites institucionais para a proposta de trabalho. Há trabalhos que podem ser feitos em 2 horas e há trabalhos que exigem muito mais tempo. Vale lembrar que o trabalho pode ser de um só dia, semanal, quinzenal, ou ainda em módulos. Há grupos que podem ser feitos em sala de espera e, ainda, outros que exigem a privacidade de uma sala fechada. O coordenador deverá decidir, nas condições que encontra, o melhor enquadre possível para a sua Oficina.

Dar uma "estrutura" para o trabalho é o mesmo que dar uma linguagem para sua mensagem: ao mesmo tempo em que limites são colocados, possibilidades são criadas. Assim, os coordenadores de grupo devem se lembrar de que um enquadre serve para organizar e para permitir, e não para impedir um trabalho. Em outras palavras, é uma estrutura básica sobre a qual a coordenação do grupo pode atuar fazendo adaptações quando necessário. Essa flexibilidade é fundamental para que a Oficina funcione, como veremos ao abordar o próximo tópico, o planejamento flexível.

Um planejamento flexível

A Oficina deve ser planejada? Planejada em todos os seus encontros? Vamos conversar um pouco sobre o planejamento e sobre a importância estratégica de um "planejamento flexível".

As opções que se colocam são:

(1) o planejamento global, isto é, da Oficina como um todo, detalhando previamente cada encontro, com seus temas-geradores e técnicas; ou.

(2) o planejamento passo a passo, isto é, criar, ao longo do processo, uma seqüência de temas e técnicas.

O que é melhor? A resposta dependerá do contexto.

O planejamento global nos dá a possibilidade de uma visão mais inteira do trabalho, porém incorre em maior risco de rigidez, enquanto o planejamento passo a passo pode ser mais flexível e criativo, mas traz o risco de deixar uma visão fragmentada. Cada coordenador deve escolher, com o grupo, que caminho tomar, dependendo do tema, do tempo de que dispõe, da profundidade da abordagem e do contexto institucional.

Por exemplo, é mais razoável planejar antecipadamente uma Oficina de 4 horas destinada à prevenção do câncer de mama do que perder um tempo precioso definindo tudo no local (Oficinas de curta duração e com abordagem mais educativa). Por outro lado, trabalhos estritamente preventivos ou de caráter mais educativo, envolvendo menor carga emocional e subjetiva podem se beneficiar do planejamento global.

Porém, quanto mais o foco da Oficina (seu tema geral) implique elementos emocionais e subjetivos, quanto mais necessite acompanhar um tratamento longo ou complexo, maior deve ser a participação do grupo na definição dos temas e encontros. Ou seja, será mais adequado o planejamento passo a passo. Da mesma forma, se dispomos de um tempo maior de trabalho – digamos, mais do que 4 encontros – pode ser bom que o planejamento inicial seja mais "aberto", permitindo que o grupo faça mais escolhas ao longo do percurso. Podemos planejar com grande flexibilidade se deixamos, nesse planejamento, tempo para consultar os participantes, opções de atividades e outros recursos. Assim, a Oficina não perderá o seu "foco" ou "rumo" e tampouco será uma atividade imposta.

É importante assinalar que para Oficinas mais longas, digamos com mais que 10 encontros, podemos também adotar um sistema de módulos, nos quais se pode novamente escolher entre o planejamento global e o passo a passo.

O planejamento de cada encontro resulta do desdobramento do foco ou tema geral e está relacionado à discussão dos temas-geradores.

No planejamento flexível, o coordenador se prepara para a ação, antecipa temas e estratégias, como forma de se qualificar para a condução da Oficina. Entretanto, precisa estar preparado para acompanhar o grupo em seu processo, o que pode, e provavelmente vai, significar mudanças no planejamento inicial. Por isso mesmo, dizemos que é um *planejamento flexível...*

Coordenadores de grupo precisam aprender a fluir com o grupo, sem esquecer o foco do trabalho, mas aceitando modificações e reajustes no planejamento inicial das atividades, conteúdos e técnicas, de forma a melhor alcançar os objetivos desejados.

De fato, desde o primeiro encontro com o grupo, o coordenador já começa o trabalho de rever seu planejamento, a partir da escuta cuidadosa dos interesses do grupo que, agora, se faz um parceiro real. Daí começa o segundo momento, caracterizado pelo processo mesmo da Oficina. Falaremos disso no próximo módulo.

Aqui, vamos abordar ainda dois aspectos do planejamento flexível: (1) a seqüência e organização dos encontros e (2) a escolha de técnicas de dinamização do grupo.

A seqüência e organização dos encontros

Número e duração de encontros da Oficina dependerão de seu foco e condições de realização. A seqüência, como já dissemos, pode partir de temas mais gerais para os mais específicos, e dos mais "fáceis" para os mais "difíceis". Recomendamos que cada encontro seja estruturado em 3 momentos básicos:

a) Um momento inicial, em torno de 10 minutos, que prepara o grupo para o trabalho do dia, seja através de um "relaxamento" e/ou de um "aquecimento", feito através de atividades, brincadeiras, ou mesmo de uma conversa que atualize, para o grupo, a proposta do dia;
b) Um momento intermediário, que tomará a maior parte do encontro, no qual o grupo se envolve em atividades variadas visando à reflexão e elaboração do tema trabalhado. Esse momento, por sua vez, pode ser dividido em quatro outros, interligados de forma flexível:
(I) o recurso a técnicas lúdicas, de sensibilização, motivação, reflexão e comunicação;
(II) a intervenção necessária da "palavra", conversando e refletindo sobre os sentimentos e idéias do grupo sobre as situações experimentadas nesse dia;
(III) a expansão das situações vividas no grupo para se pensar situações similares do cotidiano que têm relação com o tema enfocado;
(IV) exposição e análise de informações sobre o tema, comparando-as com as experiências dos participantes, para mútuo esclarecimento, em uma espécie de "aula interativa";
c) Um momento de sistematização e avaliação do trabalho do dia. Permite que o grupo visualize melhor a sua produção como "grupo de trabalho", acompanhando o desenvolvimento de sua reflexão e o crescimento de seu processo, ao longo da Oficina e ajudando a tomar decisões sobre os encontros seguintes. Esta sistematização não precisa ser carregada de teoria e nem ser feita em linguagem intelectualizada. Pelo contrário, quanto mais próxima da linguagem do grupo, melhor será. Às vezes, uma frase sintetiza bem o trabalho do dia, um trecho de poema

ou música, uma conclusão breve. O importante é deixar marcado com palavras que possam representar para o grupo o trabalho daquele dia.

Aqui, é preciso colocar um princípio fundamental: sempre introduza um tema pela via da sensibilização e da experiência. Procure suscitar o assunto no grupo, colher depoimentos e opiniões, para só depois entrar com informações sobre o tema. A informação será sempre articulada à experiência, a representações, sentimentos e dúvidas dos participantes, deixando de ter a estrutura de uma "aula" para ter uma estrutura de "aula interativa".

Assim, se no primeiro momento foi necessário sensibilizar para preparar o terreno para a informação, no segundo momento essa informação precisa ser re-contextualizada na experiência dos participantes, que só assim poderão avaliá-la. De forma simples, buscamos o percurso da prática à teoria e da teoria à prática.

O recurso às técnicas de dinamização de grupo

Entendemos que o uso de técnicas favorece a sensibilização, a expressão e a comunicação. Entretanto, esse resultado não vem da técnica por si mesma e sim pelo valor dialógico que ela adquire no campo grupal, a partir de sua escolha, adaptação, etc. Ou seja, para que a técnica tenha utilidade deve desempenhar, para o grupo, um valor de metáfora articulada com a experiência dos participantes.

As técnicas devem ser tomadas como meios (e não como fins) para expandir o conhecimento no grupo e abrir possibilidades de interação. Assim, o coordenador tanto pode aprender a usá-las como deve aprender a abrir mão delas quando não encontram ressonância no desejo do grupo. Se o coordenador prepara ou sugere o uso de uma técnica e o grupo não a aceita é melhor seguir o grupo e buscar a compreensão do que se passa em seu processo.

Já é clássico o reconhecimento de diferentes níveis de linguagem no grupo: (a) linguagem não-verbal, em toda sua gama de olhares, postura e gestos, distância física, etc.; (b) linguagem verbal do tipo metafórico, com criação de histórias, poesias, cantos e chistes, entre outras, e (c) linguagem verbal do tipo discursivo, com sua estrutura mais racionalizada e organizada em torno de representações e ideologias.

As técnicas se relacionam às possibilidades de linguagem: gráfica, pictórica, corporal, sonora, entre outras, sempre marcadas pelo caráter lúdico e remetendo a um universo de significados. Nesse sentido, são linguagem que arma uma encenação de relações ou situações a se trabalhar. O processo de tradução entre linguagens – do lúdico ao compreensivo, do poético ao racional – propicia o *insight*, na medida em que o grupo fala sobre o que encenou, operando no registro da palavra. A abertura perceptiva e criatividade na vivência de técnicas ajudam nesse processo.

Entretanto, nunca se deve esperar um "resultado pronto" a partir da aplicação de uma técnica, no sentido de evocar um *conteúdo previamente delimitado. Isto seria usar a técnica como mero recurso pedagógico para conduzir o raciocínio do grupo. O resultado esperado não é um conteúdo e sim um processo. A produção do grupo é que irá dar um conteúdo a esse processo, em seus diferentes momentos. A coordenação da Oficina busca facilitar para o grupo a conexão entre técnica, experiência e reflexão.*

Uma maneira de melhor desvendar como escolher uma técnica para o uso do grupo é considerá-la, em primeiro lugar, uma metáfora ou encenação de relações ou situações que necessitam ser "trabalhadas" (isto é, re-vividas e re-significadas) no grupo. Em segundo lugar, é preciso entender que, sendo metáfora ou cena, a técnica lida com diferentes linguagens e que o próprio processo de tradução entre essas linguagens propicia um processo vivencial e reflexivo.

Assim, pensando na organização já proposta para cada encontro do grupo, podemos usar técnicas em torno dos três momentos de cada sessão:

(1) no momento inicial, em que se busca criar um clima de trabalho e concentração, podem ser propostas técnicas de aquecimento, mobilização do grupo, sentimento de grupo, conhecimento entre os participantes, e outras semelhantes;

(2) no segundo momento, em que se busca sensibilizar e esclarecer sobre os temas do encontro, podem ser usadas técnicas de sensibilização, comunicação e reflexão, individuação e grupalização;

(3) em um terceiro momento, destinado a informar e refletir sobre a experiência, podem ser usadas técnicas de sistematização e, novamente, de sentimento de grupo.

Finalmente, é preciso lembrar que a escolha deve ser referenciada nas fases vividas pelo grupo. Para cada encontro, o coordenador pode escolher técnicas diversas com o objetivo facilitar a concentração, a motivação, a interação e a reflexão.

No planejamento geral da Oficina, algumas técnicas podem ser escolhidas com antecedência pela sua riqueza associativa com o tema em questão. Por exemplo, moldar um seio em argila pode ser uma técnica expressiva interessante para um trabalho de prevenção de câncer de mama. Os participantes podem aprender as diferenças tácteis entre a situação normal e as situações patológicas e construí-las nos "seios de argila". O que parece uma mera brincadeira introduz todo um percurso de sensibilização, expressão, comunicação, informação, diálogo, e aprendizagem.

Todavia, dentro da concepção de planejamento flexível, é preciso saber que a técnica é simplesmente auxiliar, e que ela não pode nem deve substituir a reflexão ou ser imposta.

Se o coordenador planeja levar uma técnica e esta não é bem aceita pelo grupo, ou se o tempo está curto para tudo o que foi planejado, não tenham dúvidas: sigam o *grupo*, e não tentem impor a atividade porque ela se transformará de prazer em sofrimento ou tédio e será esvaziada de seu sentido. Uma técnica não é nada sem o envolvimento do grupo e fora da seqüência do trabalho. Você encontrará aqui um *link* para uma lista de técnicas que podem ser usadas na Oficina.

Um exemplo de planejamento de Oficina

Tema e análise da demanda

Tema

"Oficina para familiares e responsáveis por crianças portadoras de necessidades especiais".

Análise da demanda

A expansão dos direitos de cidadania das crianças tem levantado a necessidade de criar apoio para aquelas que são portadoras de necessidades especiais, no sentido de garantir o seu acesso à saúde, educação, lazer e outros direitos. Embora as famílias não tenham apresentado um pedido explícito de trabalho com grupos multifamílias, elas expressam, nos consultórios e em outros espaços, suas dificuldades, aspirações e preocupações com o cuidado das crianças e sua inclusão social.

A área da saúde é especialmente importante, nesse aspecto, buscando o tratamento e a qualidade de vida dessas crianças. No entanto, para que o acesso à saúde seja viabilizado o papel da família é fundamental: desde a procura dos serviços até a estimulação cotidiana, as famílias precisam ser sensibilizadas, informadas e capacitadas para exercer esse papel.

A recente inclusão das crianças portadoras de deficiências físicas no sistema de ensino público, sem diferenciação de "escolas especiais", cria necessidade de melhor qualificar os adultos envolvidos no sucesso dessa iniciativa.

Pré-análise com escolha de foco e temas-geradores

Nossa oficina pretende oferecer um espaço para discussão da vivência de pais e mães (e outros responsáveis) de crianças portadoras de deficiências físicas, considerando a especificidade dos problemas que enfrentam, que incluem a integração da criança na família e na comunidade, a necessidade de criar alternativas diante do estigma social que ainda existe, a integração com irmãos e amigos, entre outros.

A Oficina pretende também oferecer informações básicas para que possam melhor organizar o seu cotidiano e o de suas crianças, buscando a qualidade de vida e a estimulação necessária no ambiente familiar.

Terá dois objetivos principais: (a) criar um espaço para o diálogo sobre a experiência de serem pais/mães de crianças portadoras de deficiência física, possibilitando-lhes melhor elaboração de suas vivências e (b) possibilitar a elaboração e avaliação da experiência de ser pai/mãe de crianças portadoras de deficiência física, no contexto familiar e social específico, de forma a auxiliar na reorganização do cotidiano para melhor atender às necessidades das crianças e dos próprios pais/mães.

Considerando esses pontos, podemos levantar como *temas-geradores*, entre outros: Cidadania; Auto-estima; Estimulação da criança portadora de necessidades especiais; Estigma social e o combate ao estigma; Reorganização do cotidiano familiar para melhor cuidado da criança; Superproteção, Proteção e Negligência; Integração da criança na família e na comunidade.

Esses temas permitem desdobrar a reflexão sobre a saúde e o cuidado à criança portadora de necessidade especial, inclusive com análise de questões embutidas. Por exemplo, no tema da Superproteção/proteção/negligência, é possível conversar também sobre a violência e os sentimentos negativos e positivos da família em relação à criança.

Enquadre

A oficina é dirigida para os familiares e responsáveis por crianças portadoras de deficiência física que estudam na rede pública estadual. Serão aceitos 15 participantes por Oficina. Será realizada na Escola X, em 6 encontros quinzenais de 2 horas cada. Será realizada aos sábados à tarde.

Planejamento flexível, com recurso às técnicas e atenção ao processo do grupo

Para cada encontro, especificar os objetivos e pelo menos 3 momentos: procedimentos básicos (estratégias e técnicas iniciais de entrosamento e sensibilização, estratégias/técnicas de reflexão e comunicação e sistematização e avaliação). É apropriado incluir um encontro introdutório e um encontro de avaliação.

1º. Encontro

Objetivos

Acolhimento e conhecimento inicial do grupo, com os objetivos de: (a) facilitar o início de formação do sentimento de identidade e troca entre os membros do grupo, a partir de sua condição específica, (b) estabelecer acordos quanto às regras fundamentais do grupo e (c) levantar temas de interesse do grupo.

Procedimentos

a) O coordenador apresenta a Oficina e algumas regras básicas do "contrato do grupo".

b) Propõe uma técnica de interação entre os participantes; pode ser a técnica chamada "nome de bichos", na qual os participantes são solicitados a responder: "se eu fosse um bicho qual seria e por quê". Ao falarem desses "bichos", falam um pouco de si, propiciando um entrosamento no grupo.

c) Técnica para levantamento dos temas de interesse do grupo: Usando folha grande de papel, caneta, lápis, o coordenador pede sugestões sobre os temas de seu interesse e os anota com letras grandes na folha de cartolina. Os participantes também podem escrever diretamente na folha. Depois, ler as sugestões, discutir, organizá-las em um "programa" que se aproxima do planejamento inicialmente feito. Conversar sobre as expectativas e sentimentos do grupo em relação à Oficina que se inicia.

Avaliação e programação

O coordenador mostra novamente para o grupo o resultado do levantamento de temas. Lembra que o "programa" pode ser alterado de acordo com o desejo do grupo. Reitera que espera todos no horário e local marcado para o próximo encontro.

2º. Encontro

Objetivos

Sensibilização dos participantes sobre a experiência das crianças portadoras de deficiências.

Procedimentos

a) Após acolher os participantes e pedir-lhes que se sentem em círculo, o coordenador propõe uma atividade inicial que será a "corrida em câmara lenta": os participantes devem ir de uma parede a outra da sala, andando em câmara lenta. Quem chegar por último, ganha. Refletir sobre a dificuldade e facilidade de movimentos e sobre os sentimentos de ganhar e perder.

b) A seguir, fazer a técnica "de olhos vendados": os participantes são divididos em duplas. Em cada dupla, um terá os olhos vendados e o outro vai guiá-lo, mas apenas usando toques (sem puxar) previamente combinados, para andar para frente, para trás, para a direita, para a esquerda e parar. A seguir, andar pela sala, por 3 minutos. Depois, trocam-se os papéis.

c) Conversa no "grupão" sobre os sentimentos envolvidos na experiência: segurança e insegurança, necessidade de cuidar e de ser cuidado, rejeição e carinho, etc.

Avaliação e aula interativa

Sobre o tema da estimulação da criança com necessidades especiais, *sempre* buscando associar os exemplos e as questões levantadas durante o encontro, pelos participantes.

3º. Encontro

Objetivos

Discutir o possível estigma que cerca a criança portadora de deficiência e sua família, formas de manifestação, sentimentos que provoca e formas de enfrentamento.

Procedimentos

a) Inicia-se com uma técnica de concentração: os participantes são solicitados a tocar no próprio corpo e o sentir, parte por parte, por alguns minutos. Podem fazer isso deitados ou em pé, mas em posição de relaxamento total ou parcial.

b) O coordenador lembra (não se trata, ainda, da aula interativa!) ao grupo qual é o tema do dia. A seguir, o grupo, dividido em subgrupos, fará uma colagem com revistas velhas sobre "a imagem da criança que nos é passada na mídia". Refletir com os participantes: que imagem é essa? Como suas crianças se aproximam ou se afastam dela? Sua criança já tocou nesse assunto? Como? Como você lidou com a situação?

Uma *opção* a esta técnica é fazer um levantamento de algumas situações de estigmatização, realmente vividas pelos participantes, e encená-las com fantoches. Pode-se trabalhar com as histórias de forma a que tenham diferentes 'desfechos".

c) Ao final das técnicas, conversar bastante sobre as idéias e os sentimentos e suscitados.

Avaliação e aula interativa

A partir das histórias e sentimentos levantados, introduzir o tema do estigma, da cidadania, e da auto-estima da criança portadora de necessidades especiais.

4º. Encontro

Objetivos

Informar sobre cuidados básicos de saúde e acesso a serviços e responder a dúvidas.

Procedimentos

a) Inicia-se rememorando os fatos acontecidos no encontro anterior. Quais foram os sentimentos tocados? Houve alguma novidade, durante a quinzena, relacionada à discussão vivida no grupo? O coordenador lembra o tema do dia. A partir daí, é sugerida uma técnica de entrosamento: com todos sentados, em círculo, o coordenador inicia uma "rede", jogando um rolo de barbante para um dos participantes. Este deve falar alguma coisa sobre sua família, rapidamente, como uma palavra que expresse seu cotidiano. A seguir, segura no pedaço de barbante, conservando-o em uma mão, e joga o rolo para outro participante, e assim por diante, até que uma "teia" vá surgindo no grupo.

b) A seguir, fazer uma técnica chamada "árvore da saúde". Os participantes recebem uma árvore desenhada em uma folha de papel e nela apontam os elementos básicos da saúde: na raiz, colocam o que é fundamental; no caule, aquilo que dá sustentação; nos galhos, aquilo que ramifica; nas folhas e nos frutos, os "frutos" de uma boa saúde. Podem fazer isto em pequenos grupos de 4 ou 5 pessoas.

c) Conversa no "grupão" sobre a "teia" e a "árvore da saúde": sentimentos, expectativas, dúvidas, etc.

Avaliação e aula interativa

Expor os cuidados básicos e o acesso aos serviços e avaliar essas informações de acordo com a experiência dos participantes. Finalizar sistematizando a discussão do dia.

5º. Encontro

Objetivos

Conversar sobre o cotidiano da família e a inserção da criança nesse cotidiano.

Procedimentos

a) No início, sugerir uma técnica de aquecimento: cada participante, deitado ou sentado de forma relaxada, com os olhos fechados, vai imaginar que é de manhã e está acordando em sua casa. O coordenador procura "ajudar a imaginação" com algumas perguntas feitas de forma pausada e suave: como é acordar em sua casa? Como se sente ao acordar? Que expectativa tem sobre o seu dia e o dia de sua família? Essas expectativas são realizadas? Como se desenrola o dia? Reunir o "grupão", depois, e conversar sobre isso, de maneira breve não aprofundada, pois a técnica está sendo usada apenas para "aquecimento" do grupo. Porém, se perceber que o grupo deseja muito continuar nessa discussão, pode-se dar continuidade e não fazer a técnica seguinte.

b) A seguir, podemos fazer *uma* das duas seguintes técnicas:
Técnica 1: em pequenos grupos, desenhar uma casa e uma criança nesta casa. No momento da discussão em grupo, cada um conta como é a sua casa, o seu bairro, como a criança é dentro de casa, etc.

Técnica 2: cada participante desenha um "Relógio do cotidiano", isto é, um relógio (de qualquer tipo) em que represente os principais momentos de seu dia-a-dia. Na hora da reflexão no grupo grande, a técnica é explorada com perguntas como: que tempo a criança ocupa no seu dia-a-dia? Qual a importância dela? Qual é a hora de que gosta mais e de qual gosta menos? Por quê? O que gostaria de fazer e não está conseguindo? Por quê? Como isto poderia ser mudado?

c) Conversa no grupo, tal como foi especificado.

Avaliação e aula interativa

Promover um "bate-papo", no caráter de palestra interativa, a partir das questões do grupo – cada participante elabora uma questão sobre dificuldades encontradas em seu cotidiano e a coordenação responde, mas sempre perguntando ao grupo se alguém mais gostaria de complementar com informações ou exemplos.

6º. Encontro

Objetivos
Avaliação do trabalho e elaboração do fim da Oficina.

Procedimentos

a) Iniciar com a técnica de "associação livre", pedindo aos participantes que digam tudo o que lhes vier à mente diante do tema "ser pai ou mãe de crianças portadoras de necessidades especiais".
b) Com a lista de imagens/palavras associadas, levantar o que foi bom na Oficina e o que foi ruim. Levantar sugestões sobre formas de dar continuidade a essa reflexão no dia-a-dia de cada um. Levantar as possibilidades de encaminhamento necessárias para casos particulares, que assim precisarem.
c) Concluir sobre a avaliação que o grupo fez da Oficina.

Despedida

Promover um lanche coletivo para fechamento da Oficina e distribuir folheto com informações básicas sobre cuidados e serviços de saúde para as crianças portadoras de necessidades especiais.

Bibliografia

AFONSO, Maria Lúcia M. *Oficinas em dinâmica de grupo – um método de intervenção psicossocial.* Belo Horizonte: Edições do Campo Social, 2002.

PICHON-RIVIÈRE, E. *O processo grupal.* São Paulo: Martins Fontes, 1998.

Tarefas

Individual ou em grupo

Construir, individualmente ou em grupo, uma proposta de Oficina, a partir de um tema selecionado e seguindo o roteiro proposto.

Exemplos de tarefas do texto 4 e comentários

Tarefa 4 – Ellen Midori Ribeiro dos Santos

Este trabalho[1] propõe uma oficina relacionada a uma questão de saúde que atinge a população em todas as classes sociais, considerada um problema de saúde pública. Ressalta-se que estará direcionada a determinado grupo portador desta afecção. Entretanto, não desconsidera que fatores socioeconômicos e políticos sejam determinantes de saúde ou doença, pela cronicidade característica desse agravo à saúde. Este pode ser controlado proporcionando ao indivíduo uma vida normal, mesmo com algumas restrições, com qualidade, o que é essencial para qualquer pessoa em qualquer sociedade.

Tema e análise da demanda

Tema

"Oficina para gestantes portadoras de diabetes tipo 1, tipo 2 ou diabetes gestacional em acompanhamento pré-natal."

[1] Esta oficina foi baseada no estágio feito por Ellen Midori Ribeiro dos Santos no Ambulatório Borges da Costa, com supervisão da enfermeira Ivone Maria Martins Salomon e que fazia parte do projeto de extensão universitária "Cuidar... Cuidando-se", coordenado pelos professores Sônia Maria Soares e Maria Edila Abreu Freitas.

Análise da demanda

A gravidez é responsável por profundas alterações fisiológicas que envolvem todos os sistemas do corpo materno durante a gestação. Esses ajustes funcionais, em resposta à carga fisiológica aumentada, começam na primeira semana e continuam durante todo o período gestacional.

Após a liberação do feto e da placenta, o corpo da mãe começa a retornar ao estado anterior e, dependendo do aspecto em questão, esse retorno acontecerá de forma mais rápida ou mais lenta. Também ocorrem alterações emocionais e psicológicas intensas, sendo que o grau de resposta da mãe a essas alterações dependerá de outros fatores, como planejamento anterior da gravidez, relações familiares, número de filhos ou ocorrência concomitante de algum agravo à saúde que seja responsável pela caracterização de gravidez de alto risco.

Segundo Zampieri (2002), a presença de fatores de risco no curso da gravidez aumenta a probabilidade de ocorrência de complicações na gestação, tanto para a mãe quanto para o feto e o recém-nascido. Em conseqüência, o grupo de gestantes de alto risco necessita de técnicas mais especializadas no acompanhamento da gestação, que se caracteriza pelo complexo processo social e individual em que vários fatores, inclusive psicológicos, influenciam na assistência adequada. Portanto, o atendimento integral e eficaz à gestante e a seus familiares depende da ação integrada de uma equipe interdisciplinar, minimizando riscos e melhorando o prognóstico.

Estudos epidemiológicos na área comprovam a importância do acompanhamento pré-natal e de ações educativas para a gestante diabética a fim de possibilitar melhor entendimento sobre o agravo à sua saúde, oferecendo subsídios que permitam o controle adequado da glicemia na fase gestacional.

MONTENEGRO JR; Renan M. et al. (2001) realizaram um estudo com objetivo de avaliar a freqüência de complicações materno-fetais, tipo de parto e controle metabólico de gestantes diabéticas atendidas em um hospital, no período de 1992 a 1999. Concluíram que, em relação ao efeito tóxico sobre o feto, foi demonstrado que a hiperglicemia nesse período está associada a mortalidade aumentada, além de freqüência maior de complicações como macrossomia, hipoglicemia, hiperbilirrubinemia, policitemia, hipocalcemia e cardiomiopatia hipertrófica. Quando a hiperglicemia está presente no início da gestação, durante a fase de organogênese, há risco aumentado de malformações e abortos espontâneos. As repercussões do mau controle metabólico sobre a gestante também são negativas. Resulta em maiores índices de infecções, hipertensão arterial, pré-eclâmpsia, partos cesáreas e pré-termo.

Dentro da teoria de Orem, o fator que gera a necessidade de enfermagem, e aqui se aplica utilizar a expressão "assistência à saúde", no indivíduo adulto, é a ausência de capacidade de manter continuamente a qualidade e a quantidade do autocuidado, consideradas, por ela, terapêuticas na sustentação da vida e da saúde, na recuperação da doença ou da lesão, ou no enfrentamento dos seus efeitos. Considera que o ser humano é um ser dotado de potencial para aprender e desenvolver-se, e nessa concepção considera que a forma como o indivíduo atende suas necessidades de autocuidado é um comportamento a ser aprendido.

Neste contexto, a assistência é importante, pois visa ao atendimento integral à gestante e sua família no que se refere a aspectos físicos, psicológicos e sociais. Busca-se atendimento individualizado, aliado à realização de grupos educativos com o intuito de promover o autocuidado da gestante, a fim de conduzir uma gestação normal, reduzindo a probabilidade de ocorrerem complicações materno-fetais no período. A realização desta oficina está integralmente relacionada com a importância de, ao associar questões fisiológicas e psicológicas no trabalho em grupo, capacitar a gestante a tomar atitudes para um bom andamento da sua gestação e seu parto.

Pré-análise com escolha de foco e temas geradores

A oficina pretende abrir espaço para discussão de questões variadas relacionadas à gestação e ao parto de mulheres portadoras de diabetes, considerando o grau de conhecimento delas sobre a afecção, assim como os diversos problemas que enfrentam em conseqüência do diabetes e que se tornam mais evidentes no período gestacional.

A necessidade de autocuidado constante pela gestante e este como responsável pela redução dos riscos de complicações materno-fetais, é o ponto norteador e base para proposição e trabalho dos temas escolhidos para cada encontro.

A oficina objetiva fornecer informações que subsidiem a tomada de atitudes para melhor organizar o cotidiano, motivando a busca de melhor qualidade de vida para a mãe e seu filho. Dentro do que foi explicitado, propõem-se como temas geradores: O *Diabetes Mellittus*; Diabetes e gestação; Gestação, da concepção ao nascimento; nutrição; cuidados com o recém-nascido; dúvidas e ansiedades da gestante.

A reflexão que a oficina pretende levantar, a cada momento da discussão dos diversos temas propostos, será nosso alvo para o alcance de um objetivo muito maior, que é a gestação normal e o parto sem complicações; nesse peculiar processo de trabalho, nosso melhor produto será mãe e filho saudáveis para seguirem suas vidas normalmente.

Enquadre

A oficina é dirigida para gestantes portadoras de diabetes e que realizam acompanhamento pré-natal no ambulatório de um hospital-escola. O grupo é aberto, mas sabe-se que terá aproximadamente em cada encontro 10 a 15 gestantes. Será realizado semanalmente às quintas-feiras à tarde.

Planejamento com seqüência e organização dos encontros

1º. Encontro

Objetivos

O primeiro encontro tem como objetivo promover um contato inicial com os participantes e gerar um sentimento de integração e a concepção de ser parte importante do grupo construindo confiança, base para resultados satisfatórios.

Procedimentos

Primeiramente, o coordenador se identificará e apresentará a oficina enfocando os objetivos e a importância desse trabalho na vida da gestante. O objetivo principal, neste início, é conseguir que ela já comece a criar laços de identificação com o grupo operativo.

a) Será realizada uma técnica de identificação em que cada participante se levantará para falar um pouco sobre si (nome, onde mora, se é a primeira gestação e qual a expectativa com este trabalho). O coordenador promoverá uma discussão depois da técnica seguinte.

b) Técnica para reconhecer as principais dúvidas ou os temas que as gestantes gostariam que fossem trabalhados ao longo dos encontros. Ao distribuir uma folha com a seguinte frase: "Escreva qualquer palavra ou frase que quiser sobre dúvidas que você tenha ou um tema que você gostaria que fosse falado nos próximos encontros".

Avaliação e programação dos temas posteriores

O coordenador promoverá uma discussão sobre expectativas e temas levantados nos dois itens anteriores, procurando relacioná-los aos temas que serão tratados e propondo alguns dentre eles. Ressalta-se que deve ser enfatizado que existe flexibilidade na escolha dos temas. Dirá ao grupo o próximo tema: "O que é *diabetes mellittus*?".

2º. Encontro

Objetivos

Pretende identificar o grau de conhecimento das gestantes e promover um maior conhecimento a respeito do *diabetes mellittus*, enfocando conceito, sintomas, causas, tipos e fatores de risco.

Procedimentos

Por meio do método associação livre será pedido para escreverem em uma folha sobre: "O que é diabetes para você?" (Isso promoverá o reconhecimento de alguns sentimentos a respeito da doença). O coordenador, após ler o que foi escrito, proporá uma discussão sobre exposto e posteriormente dará uma "aula" expositiva com material audiovisual sobre o tema, sempre relacionando com alguns problemas que já se sabem estar relacionados. Entregará folhetos explicativos e cartilhas sobre diabetes e gestação, para uso próprio.

a) Separar-se-ão dois grupos, distribuindo fichas com alguns sintomas relacionados ou não com a doença e também com alguns sentimentos (positivos ou negativos), e uma tela para que o grupo coloque as fichas, como quiser, sobre ela. Um grupo trabalhará hiperglicemia e outro hipoglicemia. No início, o coordenador, corrigindo quando necessário suas escolhas, organizará uma discussão com o grupo, enfocando a importância de saber reconhece os sintomas e como resolvê-los. Este trabalho trará lembranças de algumas situações passadas por elas. Posteriormente os sentimentos escolhidos serão expostos para o grupo, dizendo-se a razão da escolha. Neste momento o coordenador procurará trabalhar os sentimentos expostos incitando a explanação de suas vivências a respeito do problema.

Avaliação e discussão

O coordenador finalizará pedindo às participantes para fazerem uma avaliação sobre o encontro, e relatará alguns aspectos sobre o diabetes e gestação, trabalhando com ênfase as implicações que o diabetes traz ao período gestacional. Dirá o próximo tema: "Cuidados alimentares para gestantes com diabetes".

3º. Encontro

Objetivos

Mostrar a alimentação adequada para portadores de diabetes enfocando grupos alimentares, substituições e alimentos dietéticos.

Procedimentos

Serão dadas várias revistas com as quais o grupo deverá fazer recortes e colagens a respeito do tema, em duas colunas: "O que gosto e posso", e "O que gosto e não posso". O coordenador, através das colagens, promoverá uma discussão sobre os grupos alimentares, adequando-os ao paciente diabético. Esclarecerá as perguntas das participantes quanto à sua dieta, utilizando cartões com desenhos de vários alimentos. Trabalhará a diferença entre *light* e *diet* e alguns métodos de substituição.

a) Técnica da caixinha de perguntas sobre o que foi explicitado que deverá ser passada com música tocando a cada uma. Ao parar a música a participante deverá responder à pergunta.

Avaliação e discussão

O coordenador perguntará sobre as dificuldades quanto à dieta pedindo que relatem como fazem para adequar a dieta a seu cotidiano e ao da família. É importante que as várias experiências sejam passadas para o grupo. Dirá qual será o próximo tema.

4º. Encontro

Objetivos

Este encontro tem como objetivo discutir os cuidados gerais com o corpo da gestante diabética: higiene física e mental, atividade física, sono e repouso etc.

Procedimentos

Será usada a técnica "Mala Coletiva". Serão distribuídos papel e lápis de cor para que desenhem como seria sua mala. Pedir que mostrem o desenho e o que carregam na mala.

a) Objetos serão relatados e o coordenador direcionará a discussão com as participantes ao significado do que ela representa quando se tem tanta coisa para carregar que a mala não suporta. O objetivo é trabalhar seus problemas introduzindo os conceitos de autocuidado e a necessidade procurar atitudes para melhorar a qualidade de vida e tranqüilidade para realizar as tarefas do dia e o convívio de sua família.

Avaliação e discussão

O coordenador finalizará relatando a importância de promover o autocuidado tanto físico quanto emocional, atividade física no cotidiano, dormir bem e repousar quando sentir necessidade.

5º. Encontro

Objetivo

Mostrar o preparo para o parto, e as principais dúvidas e ansiedades próprias das gestantes.

Procedimentos

Serão realizadas pelo coordenador técnicas de relaxamento para as gestantes, utilizando fundo musical, mostrando métodos de respiração e movimentos leves. Enfocará a importância de realizá-los, sempre que possível, todos os dias. Também falará sobre tipos de partos e cuidados que serão tomados com as gestantes no período. (Alguns procedimentos são realizados para o parto de mães diabéticas, considerado de risco.) É importante enfocar o parto com eventuais complicações que poderão ocorrer, claro que de modo mais delicado.

a) Através da técnica da "estrela" as participantes desenharão uma estrela em cujo centro estará escrito: "nascimento do meu bebê." E em cada ponta escreverão o que acham sobre: sua chegada; o que sinto; como gostaria que fosse; expectativas do parto. Este trabalho objetiva expor os sentimentos das mães e seus medos, e na troca de experiências verão que não estão sozinhas e que são comuns a todas elas.

Avaliação e discussão

O coordenador fechará lendo uma mensagem-poema sobre o tema e discorrerá sobre como são normais todos os sentimentos em relação ao parto e como é importante que se preparem para ele, sempre enfocando a importância do controle do diabetes para uma gestação tranqüila. Autocuidado é a palavra chave que é trabalhada constantemente.

6º. Encontro

Objetivos

Mostrar e trabalhar os principais cuidados que a nova mamãe deve ter com o recém-nascido.

Procedimentos

a) Com materiais como banheira, bebês-bonecos, sabonete, fralda, pomadas, gaze, etc, serão trabalhadas técnicas de cuidados com o recém-nascido: carregar, dar banho, trocar fraldas, cuidar do coto umbilical, etc. As gestantes que já tiverem experiência serão convidadas a ajudar as mães de "primeira viagem". Esse método trabalhará a importância de trabalhar em conjunto para ideais comuns.

b) O coordenador participará ativamente no processo orientando todas as gestantes nos seus trabalhos.

Avaliação e discussão

O coordenador esclarecerá as dúvidas que surgirão a respeito dos cuidados trabalhados no dia e das implicações que o diabetes poderá ter sobre ele na hora do parto, e se alguma implicação futura pode ocorrer. É importante sempre enfocar a relação entre controle do diabetes e implicações.

7º. Encontro

Objetivos

Será o último encontro e objetiva promover uma despedida das participantes no grupo.

Procedimentos

a) Serão dados papel, lápis de cor, cola, revistas, com os quais participantes farão um desenho que represente sua pessoa. Ao final, deverão explicar o significado do desenho.

b) Deverão escolher uma participante para presentear com seu desenho, sempre com a preocupação que, ao final, ninguém deixe de ser presenteado.

Avaliação e discussão

Será realizada uma avaliação da oficina por cada participante e o coordenador tomará nota de tudo o que for falado. Falarão de pontos negativos e positivos percebidos e será entregue um folheto de avaliação com algumas perguntas pertinentes aos trabalhos realizados, sua eficácia e seus resultados.

Finalmente, o coordenador fará um fechamento com tudo o que foi desenvolvido e poderá propor novos trabalhos com as gestantes.

Ressalta-se que este tipo de oficina poderia ser realizado em número variado de encontros e outros temas poderiam ser também trabalhados.

Bibliografia

ZAMPIERI, Maria de Fátima Mota. Manejos na assistência à gestação de alto risco. *Nursing Revista Técnica de Enfermagem*, São Paulo, n. 48, p. 18-23, Mai 2002.

ZIEGEL, Erna E.; CRANLEY, Mecca S. Gravidez em risco: problemas preexistentes de saúde. In: ________. *Enfermagem Obstétrica*. 8. ed. Rio de Janeiro: Guanabara, 1986. Cap. 15, p. 283-291.

MONTENEGRO JR, Renan M. et al. Evolução materno-fetal de gestantes diabéticas seguidas no HC-FMRP-USP no período de 1992-1999. *Arq. Bras. Endocrinol. Metab.*, São Paulo, v. 45, n. 5, out. 2001.

Textos oferecidos pela disciplina "Oficinas em Dinâmica de Grupo na Área da Saúde."

Comentário: Juliane Rosa Paulino

Prezada Ellen,

É perceptível na proposta de oficina com gestantes portadoras de diabetes apresentada por você a influência da metodologia utilizada no grupo socioeducativo, que privilegia o aumento do *"nível de reflexão e conscientização dos participantes sobre dada questão"*. Assim, acho importante lembrarmos que de acordo com a Lúcia Afonso é possível sim *"... preparar uma Oficina como se fosse um grupo socioeducativo ou psicoeducativo, bastando, para isso, manter os seus objetivos em torno de um foco e enfatizar a sua dimensão pedagógica. Entretanto, a sua melhor definição é a de* grupo operativo, *cuja fundamentação teórica é essencial para a construção da metodologia da* oficina.*"*

Considero que a seqüência e a organização dos encontros estão bem estabelecidas e que as técnicas utilizadas são coerentes com os objetivos propostos e com as fases do grupo, respeitando o desenvolvimento gradual dos temas geradores. Você demonstrou inclusive muito empenho com a pesquisa bibliográfica para elaboração da análise da demanda e da pré-análise: esses dois tópicos da proposta também ficaram muito bons.

Uma sugestão: talvez você pudesse investir mais na proposição de um momento inicial em cada encontro que favoreça a interação dos participantes e a abordagem do trabalho do dia, com a utilização de técnicas de aquecimento ou mobilização do grupo, pois se trata de um grupo aberto.

Abraços,

Juliane.

Tarefa 4 – Sueli Rodrigues Burgarelli

Tema e análise da demanda

Tema

"Oficina para usuários da rede de saúde mental de BH, freqüentadores de Centros de Convivência e com história psiquiátrica anterior".

Análise da demanda

O movimento de luta antimanicomial tem influenciado profundamente os cuidados e a atenção aos usuários dos serviços de saúde mental de Belo Horizonte. A criação de serviços alternativos ao hospital psiquiátrico, especialmente dos Centros de Convivência, caminha no sentido da reinserção social dos portadores de sofrimento psíquico, especialmente daqueles que passaram pela experiência da internação psiquiátrica. A saída do hospital psiquiátrico é marcada pela insegurança tanto dos familiares quanto dos pacientes e dos profissionais da saúde mental, pelo fato de serem solicitados a lidar com as dificuldades do dia-a-dia: problemas de relacionamento, incertezas diante da crise, da capacidade de trabalhar e realizar tarefas cotidianas. É evidente a necessidade de trabalhar cada vez mais (e melhor) o contato com a família e com os dispositivos comunitários para que possam acolher adequadamente as pessoas, aumentando o leque de oportunidades de contato com a comunidade e com o trabalho, tendo como objetivo final a autonomia e a reinserção social.

Pré-análise com escolha de foco e temas-geradores

A oficina pretende oferecer espaço para o compartilhamento de experiências dos freqüentadores de Centros de Convivência egressos de internações psiquiátricas, no que se refere, principalmente, às dificuldades encontradas em seus processos de reinserção social e às possibilidades de construção coletiva de estratégias para lidar com a situação. É também objetivo da oficina disponibilizar e construir com o grupo informações acerca dos dispositivos comunitários disponíveis em Belo Horizonte, no sentido de facilitar a circulação dessas pessoas no ambiente da cidade.

A oficina terá, então, três objetivos principais: (1) criar um espaço para o diálogo sobre a experiência de ser freqüentador do Centro de Convivência, de ser egresso de internação psiquiátrica e de precisar lidar com questões do cotidiano com as quais essas pessoas não eram solicitadas a lidar quando internadas; (2) facilitar a elaboração e a avaliação da experiência de ser usuário da rede de atenção à saúde mental de Belo Horizonte, especialmente dos Centros de Convivência; (3) procurar e organizar com o grupo informações sobre dispositivos comunitários capazes de auxiliá-los em seus processos de reinserção social, assim como sobre os meios de acesso a tais dispositivos.

Esta proposta objetiva a expressão, o compartilhamento e a elaboração da subjetividade por meio de um suporte técnico, possibilitando o resgate do contato com o cotidiano e com a lógica comunitária. Portanto, pode ser considerada uma prática coletiva de elaboração subjetiva, que visa estimular a criatividade, a atividade terapêutica e a convivência social.

A consideração dos pontos acima explicitados permite apontar como Temas Geradores, entre outros: cidadania; auto-estima; reorganização do cotidiano; reinserção social; dispositivos comunitários.

Tais temas permitem desencadear a reflexão sobre e a construção e compartilhamento de estratégias capazes de contribuir para a reinserção social dessas pessoas, principalmente no que se refere às comunidades mais próximas e mais presentes em seu cotidiano.

Enquadre

A oficina é dirigida para os usuários da rede de atenção à saúde mental de Belo Horizonte, freqüentadores de Centros de Convivência e que tenham história de internação psiquiátrica. O trabalho será desenvolvido com grupos de 10 a 12 pessoas por Oficina.

A oficina será realizada nos próprios Centros de Convivência (conforme disponibilidade de espaço), em 12 encontros semanais, de aproximadamente 2 horas cada. O horário será combinado com a administração do Centro de Convivência e conforme a disponibilidade dos participantes. Serão propostas atividades tanto internas quanto externas, realizadas em grupo ou individualmente. Ficará claro que cada participante inscrito deverá assumir um compromisso com o grupo, mas se houver insatisfação poderá deixá-lo durante o processo. Não será aceita a integração de novos usuários no decorrer dos encontros, por se tratar de um grupo fechado, no qual a formação de vínculos é favorecida.

Planejamento flexível, com recurso às técnicas e atenção ao processo do grupo

O grupo terá dois coordenadores, cuja postura será a de facilitadores na realização da tarefa. Sua atuação não será impositiva em relação ao desejo do grupo. Os encontros poderão ser alterados, caso ocorra a expressão de outras demandas durante o processo. Esta característica de flexibilidade em relação ao tema reflete a preocupação com a busca pela heterogeneidade dos participantes e o cumprimento do papel de ouvir o grupo. Ao final da realização de cada tarefa ocorrerá o momento da reflexão, onde os participantes farão uma conclusão do trabalho do dia e tentarão associá-lo com a sua realidade.

Durante todo o processo é preciso que os facilitadores fiquem atentos ao comportamento dos pacientes, contatando os profissionais do Centro de Convivência responsáveis, relatando suas observações quando julgarem necessário. O apoio da família também será de fundamental importância: ela será colocada a par do desenvolvimento de todo o processo e sua colaboração será requerida sempre que necessário.

Para cada encontro serão especificados seus objetivos e três momentos distintos, mas integrados: (1) momento inicial de entrosamento e sensibilização; (2) momento de reflexão e comunicação, além da realização das tarefas do dia; (3) momento de sistematização e autoavaliação do trabalho do grupo naquele encontro. Serão incluídos um encontro introdutório e um encontro de encerramento das atividades do grupo (incluindo um espaço para a avaliação final da oficina).

1º. Encontro

Objetivos

Acolhimento e conhecimento inicial do grupo, a fim de: (a) facilitar a criação de sentimento de identidade e troca entre os membros do grupo, a partir da especificidade de sua condição; (b) estabelecer acordos quanto às "regras" fundamentais do grupo; (c) apresentar a proposta de trabalho, que terá como objetivo facilitar o conhecimento mais apurado da comunidade em que vivem, para que possam usufruir melhor as coisas a que têm direito, participando de forma ativa e aumentando a capacidade de se relacionar com o meio social. Nesse momento, serão levantados os temas de interesse do grupo.

Procedimentos

(a) Os facilitadores apresentam a oficina e falam sobre algumas "regras básicas" do contrato do grupo.

(b) É proposta uma técnica de interação entre os participantes. A sugestão é a técnica dos "nomes e características em cadeia", em que cada participante diz seu nome e uma característica iniciada com a primeira letra do seu nome, precedido do nome e da característica do integrante que está ao seu lado, formando assim uma cadeia.

(c) Técnica para levantamento dos temas de interesse do grupo: usando cartolina e canetas, os facilitadores constroem com o grupo os temas de seu interesse, anotando-os com letras grandes na cartolina (os participantes também podem escrever diretamente folha); depois, as sugestões são lidas, discutidas e organizadas. Nesse momento é também possível conversar sobre os sentimentos do grupo no que se refere à oficina que se inicia.

2º. Encontro

Objetivos

Incentivar a capacidade de comunicação entre os pacientes, conhecer um pouco da história de cada um e realizar uma discussão acerca das expectativas de cada um com relação ao trabalho no grupo.

Procedimentos

(a) Após acolher os participantes e convidá-los a sentarem-se em círculo, os facilitadores propõem uma atividade que pode ser chamada de "atravessar um rio": o grupo será subdividido, e os facilitadores sugerem que a sala é um grande rio, marcando no chão "pedras imaginárias"; cada subgrupo terá, então, que atravessar, de mãos dadas, esse rio cheio de crocodilos, pulando nas pedras imaginárias, sem deixar o grupo se desfazer. Refletir sobre a experiência de superar junto um desafio difícil.

(b) Cada participante será convidado a falar um pouco sobre si: o bairro onde mora, se é casado, se tem filhos, com quem mora, se trabalha ou já trabalhou, onde trabalhou, qual era sua função, do que gosta e do que não gosta, se estudou, onde nasceu, o que sonha, como pretende realizar seus sonhos, etc. Será importante falar da expectativa em relação ao grupo. Nessa etapa será necessária a presença ativa dos facilitadores, no sentido de organizar a troca de informações e enfatizar a presença de características semelhantes no grupo.

(c) Será proposta a técnica de "semelhanças e diferenças", em que cada participante diz em que é parecido com alguém do grupo e em que é diferente. As pessoas vão falando sucessivamente, até que todos tenham participado.

3º. Encontro

Objetivos

Facilitar a reflexão sobre a importância e o valor da comunidade em suas vidas, além de incentivar o trabalho coletivo.

Procedimentos

(a) Os participantes serão recebidos e convidados a participar de uma atividade chamada de "Desenho Coletivo". Os subgrupos recebem uma folha de papel craft e giz de cera e são convidados a desenhar juntos na mesma folha. A sensação de cooperar ou de competir, de compartilhar ou incomodar são sujeitadas... Refletir sobre a dinâmica.

(b) O grupo será dividido pelos facilitadores em dois subgrupos. Cada subgrupo receberá várias revistas (de diversas espécies), jornais, cola, tesoura, cartolina e canetinhas. Os participantes serão convidados a fazer cartazes com o material que receberam, nos quais constarão os dispositivos que eles consideram importantes em uma comunidade. Os subgrupos apresentarão seus cartazes, falando sobre o que fizeram, e depois será realizada uma discussão com todo o grupo.

4º. Encontro

Objetivos

Aprofundar o conhecimento dos participantes sobre os dispositivos comunitários existentes em suas comunidades, a fim de conhecê-las mais. Além disso, há também o objetivo de desencadear uma reflexão sobre direitos e deveres dos cidadãos.

Procedimentos

(a) O grupo será recebido com a proposta de realizar a dinâmica da "batata quente", em que uma pergunta é elaborada coletivamente; então, um objeto pequeno (bola, caixa de fósforos, etc.) é jogado para cada pessoa que, ao recebê-lo, deve dar uma resposta e, imediatamente, jogá-lo para outra, e assim sucessivamente. Será disponibilizado um espaço para o compartilhamento da experiência.

(b) Será fornecida aos participantes do grupo uma lista dos vários dispositivos úteis que existem na regional onde residem (escolas, creches, centros culturais, centros esportivos, delegacias, postos de saúde, hospitais, cinemas, CACs, cooperativas, grupos de jovens, grupos de terceira idade, etc.). Eles serão convidados a examinar as listas e a colocar em um cartaz os dispositivos que já conhecem, e, em outro, os que gostariam de conhecer. O participante que conhece algum local que os demais não conhecem será incentivado a apresentá-lo aos outros. Terá início uma discussão sobre o que seria preciso fazer para ter acesso aos dispositivos de interesse de cada pessoa.

5º. Encontro

Objetivos

Estimular a capacidade criativa dos participantes, assim como a reflexão sobre os aspectos positivos / negativos da cidade onde vivem.

Procedimentos

(a) Para o início do encontro será proposta a brincadeira dos "escravos de Jó": ao ritmo da música (de mesmo nome da técnica), são passados objetos, de mão em mão, sendo que uma das regras é que haja sintonia entre o movimento dos objetos e o ritmo da música; para que isso aconteça, deve haver também sintonia entre os membros do grupo. Deixar espaço para reflexão sobre as facilidades / dificuldades de trabalhar em grupo.

(b) Os integrantes serão convidados a participar da seguinte atividade, de preferência em dupla: "*se vocês pudessem mudar algo em nossa cidade, o que mudariam para que fosse melhor?*". Caso peçam, poderão utilizar material do tipo revistas para fazer cartazes. Cada dupla apresentará sua proposta. Depois será realizada uma discussão que terá como objetivo principal a tentativa de integração do imaginário com o real, abrindo o leque de possibilidades de cada um.

6º. Encontro

Objetivos

Este encontro pretende trabalhar a iniciativa, além de esboçar um primeiro passo no restabelecimento do contato dos participantes com a comunidade.

Procedimentos

(a) Será proposta a técnica do "relógio do cotidiano", onde os participantes serão convidados a representar as divisões do tempo vividas por cada um, em seu dia-a-dia: o que faz, a que hora, com quem, como, etc. Que tempo dedicam para si, para o trabalho, para a família, para o lazer, etc.? Como e com quem isso é vivido? Refletir com o grupo sobre estas questões e outras que surgirem.

(b) retornando aos dispositivos existentes dentro da comunidade e que foram citados como interessantes para se conhecer (no 4º encontro), o grupo será dividido em subgrupos de dois ou três participantes, de acordo com o interesse de cada um. Nesse momento os facilitadores farão uma proposta de visita aos locais escolhidos. Os integrantes de cada subgrupo serão incentivados a procurar no catálogo o telefone, o endereço e o ônibus do local, para em seguida telefonar e marcar um horário e dia para uma visita. Todo o processo será acompanhado de perto pelos facilitadores - inclusive o momento da visita (a ser combinado).

7º. Encontro

Objetivos

Será o momento da troca de experiências relativas às visitas aos locais escolhidos no encontro anterior. Nesse momento, podem surgir frustrações e ansiedades no grupo. Esse encontro ajudará a trabalhá-las de forma terapêutica e cuidadosa, por meio da qual o grupo terá um papel de referência, pois todos ali passam ou passaram por situações semelhantes.

Procedimentos

(a) A técnica proposta para iniciar o encontro será a de "sons e brincadeiras": cada pessoa faz um som, gesto e/ou palavra que representem o que significa, para si, estar no grupo; o participante do lado direito repete o son/gesto/palavra doanterior e acrescenta os seus, e assim sucessivamente, até chegar ao primeiro novamente. O objetivo principal desta técnica é criar um clima de descontração, a fim de preparar o grupo para a tarefa seguinte.

(b) Os participantes de cada subgrupo serão convidados a relatar aos outros como foi a visita: se gostaram ou não, as dificuldade e sucessos que tiveram, as pessoas que encontraram, sobre o que conversaram, como é o local onde estiveram, quem freqüenta, o horário e os dias de funcionamento, como se sentiram estando ali, etc.

8º. Encontro

Objetivos

Resgatar experiências de circulação em ambientes sociais familiares aos participantes, no sentido de uma tentativa de que eles se percebam capazes de realizar atividades sozinhos.

Procedimentos

(a) Para o início das atividades, será proposta a dinâmica "se eu fosse um livro...". Cada participante será convidado a contar que estória seria, caso sua vida fosse um livro. Deixar espaço para refletir em que medida a estória escolhida guarda semelhanças com a vida real.

(b) Cada membro fará uma lista dos locais aonde gosta ou gostava de ir, assim como aqueles onde criou vínculos: casas de familiares, um antigo trabalho, um clube, uma escola, a casa de um amigo, etc. Depois irá relatar ao grupo algum fato relacionado com esse lugar, tentando descrevê-lo. Os facilitadores irão intervir apenas se o grupo solicitar.

9º. Encontro

Objetivos

Ensaiar e facilitar a descontração do grupo para uma situação real de convivência, em que a ansiedade e as dificuldades poderão ser mais bem trabalhadas.

Procedimentos

(a) Inicialmente será proposta a técnica "estátua mensagem": serão formadas duplas, nas quais, a princípio, uma pessoa será a "argila" e a outra o "artista" que esculpe na argila uma estátua com uma mensagem. Depois, trocam-se os papéis. Deixar espaço para a discussão e reflexão sobre os papéis de "moldar" e "ser moldado".

(b) Depois será proposta uma dinâmica de representação, na qual o grupo será dividido e cada subgrupo escolherá uma situação social para encenar. Depois elas serão comentadas por todos e os facilitadores devem reforçar a participação e atuação que cada membro teve. Será também reservado um espaço para o compartilhamento de experiências subjetivas envolvidas no processo de representação, e em que medida elas podem se aproximar de possíveis experiências reais.

10º Encontro

Objetivos

Incentivar a iniciativa e a criatividade. Serão observadas a capacidade de resolução de problemas, a iniciativa, a forma de organização e a divisão de papéis (que já estava sendo formada provavelmente desde o primeiro encontro).

Procedimentos

(a) Os participantes serão recebidos com a proposta de realizar a dinâmica da "estrela": eles desenham uma estrela de 5 pontas, que conterá em seu centro uma questão (pergunta ou palavra) levantada pelo próprio grupo, sobre a qual se desenvolverá uma reflexão. Em cada ponta da estrela os participantes deverão colocar aquilo que: (1) observam; (2) pensam; (3) sentem; (4) como gostariam que fosse; (5) o que fazem em relação àquela questão. Ao fim da atividade, o grupo será convidado a compartilhar as experiências.

(b) Os participantes serão convidados a propor alguma atividade livre para o grupo, que poderá acontecer dentro ou fora do espaço físico da oficina. Podem surgir dificuldades e certa apatia no grupo nesse momento, pois além de ele ter que tomar uma decisão, fica evidente que o fim dos encontros está se aproximando. O facilitador deve atuar como um observador que incentiva as propostas e iniciativas que forem surgindo.

11º. Encontro

Objetivos

Realizar a atividade proposta pelo grupo, a fim de reforçar o sentimento de que são capazes de realizar escolhas e que estas podem ser concretizadas. Começar a elaboração do luto do grupo.

Procedimentos

(a) O grupo será convidado a participar do "jogo de balões", no qual cada participante receberá um balão que vai encher de ar e, simbolicamente, de "boas recordações" do grupo. Podem-se colocar pedacinhos de papel com essas lembranças escritas, dentro do balão, antes de enchê-lo. Com os balões cheios, todos os jogam para cima, uns para os outros. O grupo não pode deixar que os balões caiam. Quando isso acontecer, ou quando o grupo combina, são estourados. Então, alguém fala sobre a boa recordação – ou lê o papel – que estava dentro do balão.

(b) Os participantes serão lembrados de que o próximo encontro será o último. Na tentativa de trabalhar a possível ansiedade gerada, e enfatizando o lugar dos usuários como participantes ativos do processo, será proposto que eles elaborem idéias para o encerramento do grupo, sugerindo que isso ocorra em um local alternativo, diferente do ambiente onde foram realizados os outros encontros. Será trabalhada a proposta de finalização sugerida.

12º. Encontro

Objetivos

Avaliação do trabalho e encerramento das atividades do grupo, com a conseqüente elaboração do fim da oficina.

Procedimentos

(a) Iniciar com a técnica de "associação livre", em que será proposto aos participantes dizerem tudo o que lhes vier à mente em relação ao tema "ser freqüentador do Centro de Convivência e ser egresso de internação psiquiátrica". Os facilitadores ficam responsáveis por tomar notas.

(b) Utilizando as anotações, levantar o que foi bom e o que foi ruim na oficina, buscando um "gancho" com as associações dos participantes. Levantar sugestões sobre formas de dar continuidade a esta reflexão no dia-a-dia de cada um. Concluir, com o grupo, a avaliação da oficina.

(c) Será colocada em prática a forma de finalização escolhida pelo grupo no encontro anterior, de maneira a que ela funcione como um ritual de passagem. Os participantes ficam livres para manter relacionamento após o término do grupo.

Observação:

Ao final de cada encontro será reservado um tempo e espaço para que cada participante possa falar sobre a sua experiência naquele dia, enfocando o que foi positivo, o que foi negativo, o que poderia ser melhor e o que aprendeu.

Comentário: Juliane Rosa Paulino

Prezada Sueli,

A sua proposta de oficina com usuários da rede de saúde mental de Belo Horizonte – usuários esses freqüentadores de Centros de Convivência e com história psiquiátrica anterior – é muito... Muito boa. Você realiza a análise da demanda muito adequadamente, fazendo a articulação com o contexto sociocultural (movimento de luta antimanicomial), caracterizando a situação de saída do hospital psiquiátrico não só em relação aos pacientes, mas também enfocando a posição dos familiares e dos profissionais da saúde mental envolvidos. Interessante: você também mantém esse percurso quando apresenta o planejamento flexível e menciona a interação necessária com os outros profissionais do Centro de Convivência e com os familiares. Enfim, você nos mostra como a oficina *"responde aos vários atores envolvidos"*.

Sua proposta é um ótimo exemplo de oficina articulando as dimensões educativa e clínica, articulando *"formas de pensar, agir e sentir"*. Você não nomeia dessa forma, mas são claras em sua proposta as contribuições da metodologia do grupo operativo, pois privilegia o favorecimento de vínculos entre os participantes, o processo de elaboração da experiência em grupo e no contexto, a autonomia do grupo, o papel do coordenador como co-pensador/ facilitador, etc.

Na pré-análise novamente você faz uma ótima "amarração" de foco, objetivos, e temas geradores. No planejamento flexível dos encontros, você reserva espaço para a avaliação permanente com o grupo, prevê a possibilidade de mudanças, respeita o movimento de aproximação gradual em relação aos temas geradores, de valorização da experiência singular de cada usuário e da criatividade no processo grupal. Particularmente, achei muito interessante a estratégia apresentada de atividades, tanto internas quanto externas, principalmente, as visitas dos usuários e facilitadores aos dispositivos comunitários, como também a sugestão da realização do encontro final em um local alternativo.

Sueli, o que mais dizer a você? Parabéns!!! Desejo que em breve possa utilizar-se de sua produção em nosso curso em sua prática profissional.

Um abraço,
Juliane.

Tarefa 4: Ana Paula Soares Veloso, Letícia Uyemura e Renata Grossi Dias

Planejamento de Oficina

Tema

"Gravidez de Risco na Adolescência"

Análise da demanda

Atualmente, é nítido o aumento do número de adolescentes grávidas, principalmente em uma faixa etária considerada de risco para a mãe e para o bebê (13-16 anos). Não nos cabe aqui a análise dos motivos desse aumento.

Pretendemos considerar a necessidade de criar e/ou oferecer apoio para essas gestantes, já que elas não se encontram suficientemente maduras (biológica e psicologicamente) para assumirem o papel de mãe.

A demanda principal viria da equipe médica de uma maternidade, onde houvesse grande número de gestantes nesta situação. Embora não surgindo diretamente dessas gestantes, haveria a percepção de sua necessidade – acompanhamento – durante o pré-natal.

Identificando e interpretando essa necessidade, e é claro, contando com a aceitação desse futuro grupo, julgamos viável, necessário e desejável responder a ela, esta proposta de uma oficina. É importante zelar pela 'saúde mental' da futura mãe e da criança. Optamos por utilizar dinâmicas diversas, palestras interativas, debates e atividades lúdicas, buscando principalmente relacionar informação, reflexão e prática. Mesmo porque enxergamos o método das oficinas como estratégia que transcende o mero informar, pois permite a participação, o diálogo e intercâmbio de vivências, promovendo a atitude crítica e dinâmica diante do que é foco no trabalho da oficina e também em relação àquilo que pode ser tocado no processo de elaboração da experiência.

Pré-análise

Conscientização das adolescentes para a responsabilidade de ser mãe. Promover essa conscientização a partir de uma convivência em grupo em que haveria espaço para compartilhar medos, ansiedades, angústias e alegrias de ser mãe. Buscar mais segurança para assumir essa nova realidade e responsabilidade.

Foco

Como lidar com as mudanças do 'Ser Mãe'.

Temas geradores

O corpo, a vida, sexo na adolescência, papéis sociais, o parto, as mudanças, entre outros.

Enquadre

Grupo de 12 participantes, idade entre 13 e 16 anos. Os encontros se realizariam na maternidade, uma vez por semana, em sala reservada, mas no centro de saúde, hospital ou clínica, para visita às dependências da instituição, considerando-se o fator de risco das gestantes. Serão 8 encontros com duração de 1h30. As gestantes deverão estar entre os quatro primeiros meses de gestação no início do grupo. Participarão dois coordenadores: um coordenaria e o outro faria a observação.

Planejamento flexível

1º. Encontro: apresentação

Objetivos

Explicar a proposta de trabalho; colher informações sobre a expectativa do grupo em relação ao trabalho a ser realizado; momento de acolhimento e instauração do vínculo grupal.

Procedimentos

Os coordenadores se apresentam e mostram a proposta de trabalho. Em seguida propõem a seguinte técnica para apresentação: cada uma diz o seu nome e a história do mesmo. Depois diz os possíveis nomes que escolheria para seu bebê e o porquê da escolha. Feita a apresentação, cada uma anota em um pedaço de papel um assunto que julga importante ser tratado no espaço da oficina. Esses papéis são posteriormente abertos e lidos pelo coordenador. O grupo, então, emite sua opinião sobre os temas e firma-se o contrato dos membros com os profissionais e entre si.

Avaliação e programação

Os temas levantados pelos sujeitos serão comparados aos do planejamento flexível e serão feitas adaptações de acordo com a demanda do grupo. Confirmam-se, então, data e horário do próximo encontro.

2º. Encontro: o corpo

Objetivos

Promover a reflexão sobre as transformações que estão ocorrendo durante a gravidez, principalmente, aquelas relativas ao orgânico, estético, etc.

Procedimentos

Pequena participação de um médico ginecologista obstetra nos primeiros 30 minutos (aproximadamente), para explicar as mudanças que ocorrerão no corpo das gestantes. Após a exposição, haveria 15 minutos para esclarecimentos de possíveis dúvidas e questões. Depois é proposta uma atividade prática: em uma folha de papel 'craft' (grande), uma delas se deitaria para servir de modelo para o desenho do contorno do corpo. Dentro desse contorno, elas escreveriam nas diversas partes do "corpo de papel", os adjetivos que elas julgariam cabíveis neste novo estado.

Avaliação

Nos 15 minutos finais haveria uma comparação entre o que o médico trouxe e os adjetivos utilizados. Então elas poderiam falar sobre seus sentimentos em relação ao seu corpo.

3º. Encontro: vida!

Objetivos

Refletir sobre a responsabilidade de estar gerando e zelar por uma vida.

Procedimentos

Ouvir uma música que tenha como tema a vida e discutir a letra (para as gestantes que souberem ler, seria entregue a letra por escrito). Em seguida, cada uma receberia um vaso para pintar de acordo com seu sentimento em relação ao gerar. Na última parte do encontro, elas receberiam terra e semente para plantar nesse vasinho. O vaso deve ser levado para casa para ser cuidado.

Avaliação

O cuidado com a planta visa simbolizar o cuidado que elas terão com seu bebê e até mesmo com seu próprio crescimento.

4º. Encontro: sexo na adolescência

Objetivos

Trabalhar representações, crenças e valores que surgem no grupo, sua dimensão interpessoal e as mudanças de opinião. A partir daí, com a presença de um profissional, esclarecer questões e orientá-las de maneira adequada.

Procedimentos

Nos primeiros 45 minutos (aproximadamente), em círculo, as participantes escrevem, uma de cada vez, em uma única folha de papel, que vai sendo passada de mão em mão, a primeira palavra que lhes surge em associação com a palavra **sexo**. Após algumas rodadas, faz-se um levantamento das palavras associadas e uma discussão sobre esse valor no grupo. No tempo restante, haveria a participação do profissional para falar a respeito de sexo, métodos anticoncepcionais, planejamento familiar, etc, bem como esclarecer dúvidas e questões que o grupo tenha trazido.

Avaliação

A partir da discussão feita no primeiro momento em comparação com a 'palestra' assistida, elas fariam um debate sobre o que ficou de mais importante para elas, o que podem tirar para a vida, os novos aprendizados e as transformações nas crenças.

5º. Encontro: os papéis

Objetivos

Fazer o levantamento das pessoas (pai dela, mãe, irmãos, pai da criança, a família dele, etc) com as quais ela convive, a importância dessas na nova fase que se inicia e o papel que elas desempenham nessa fase.

Procedimento

Divide-se o grupo em dois subgrupos de 6 pessoas, para que seja montada uma pequena dramatização na qual se retrate o cotidiano de uma família. Os subgrupos receberiam material escolar (papel, canetas coloridas, cola, tesoura, etc) para a caracterização dos personagens. Apresentadas as duas peças, as gestantes teriam um espaço para discuti-las.

Avaliação

Cada uma teria espaço para falar sobre a dramatização de que mais gostou e/ou com que mais se identificou, buscando fazer uma relação com sua vida familiar.

6º. Encontro: o parto – riscos e possibilidades

Objetivos

Perceber a existência de um ser dentro de si, apreciá-lo. Tomar consciência das perdas e dos ganhos e mais do que isso perceber que não há duas polaridades, duas oposições, mas sim algo que se integra, que está associado.

Procedimentos

Sugerimos que as participantes deitem-se em colchonetes, e de olhos fechados, ao som de uma música bem suave, orienta-se um relaxamento (contrair e descontrair partes do corpo, sentindo, principalmente, a barriga, tentando sentir os movimentos do bebê, respiração profunda). Depois orientar para que se levantem devagar e dancem ao som da música bem devagar mantendo contato umas com as outras. Após a dança, pede-se para as participantes escreverem em pedaços de papéis o que seriam, para elas, ganhos da gravidez e em outras perdas da gravidez. Depois de escritos seriam colocados em balões. Os coordenadores teriam frases escritas, nas quais, enfatiza-se a integração das perdas e ganhos, tirando a idéia de polaridade, que também seriam colocadas em balões. Novamente, ao som de uma música, jogar-se-iam os balões para o alto e quando a música parasse cada uma deveria pegar alguns balões. As frases seriam lidas e discutidas.

Avaliação

Deixar espaço para que cada participante fale sobre a dinâmica, se as frases que falam da integração mudaram alguma coisa no seu pensamento e se identificaram com alguma em especial. Caso tenha surgido entre as frases das participantes algo sobre a morte, abrir espaço para esclarecimentos e para a elaboração desse assunto.

7º. Encontro: eu: passado, presente e futuro

Objetivo

Conhecer melhor as participantes, permitir troca de experiências e fazer uma previsão das alterações que irão surgir a partir do nascimento da criança.

Procedimentos

Cada pessoa receberá meia folha de papel craft e canetas coloridas para desenhar ou escrever sua "Linha do Tempo". Nessa linha elas deverão colocar os eventos importantes do passado, presente e o que elas esperam do futuro.

Avaliação

Após a apresentação da linha, haverá espaço para falar sobre os sentimentos despertados durante sua construção. Elas poderiam compartilhar angústias e esperanças. A possibilidade de haver histórias semelhantes, com as mesmas dificuldades ou conquistas pode trazer conforto e solidariedade.

PS.: Pedir que tragam no próximo encontro o vaso com a planta, que foi levado para casa no terceiro encontro.

8º. Encontro: encerramento

Objetivos

Conversar sobre a importância do cuidar de um ser, seja um ser humano ou um ser natural. Avaliar o trabalho do grupo e oferecer um espaço de elaboração para o fim da oficina. Refletir sobre as transformações que a oficina permitiu e como cada uma se implicou nesse trabalho; dedicação pessoal com a oficina.

Procedimentos

Em um primeiro momento, cada participante mostraria seu vaso e contaria para o grupo como foi a experiência de cuidar da planta que ele continha. As plantas serão trocadas entre elas. Em um segundo momento, realizaríamos a técnica da balança, desenhando em uma folha uma balança. De um lado as participantes falariam e/ou escreveriam os pontos positivos da oficina; do outro, os negativos. Em um terceiro momento, os coordenadores ofereceriam um lanche para fechamento da oficina.

Avaliação

No primeiro momento, é importante ressaltar que os cuidados com a planta expressam a forma como elas poderiam cuidar da criança. É assim que elas querem cuidar de seu filho? No segundo momento, avaliar a oficina em conjunto, discutir os pontos negativos, recolher sugestões.

Comentário: Deborah Akerman

Ana Paula, Letícia e Renata,

Vocês fizeram um trabalho muito bom, demonstrando ter assimilado bem os conceitos teóricos da metodologia de oficinas. Pareceu-me bem adequada suas propostas que relacionam reflexão, informação e atitudes. Os temas são mobilizadores e as técnicas propiciadoras de reflexões. Espero que vocês possam desenvolver esta oficina. Sei que os Centros de Saúde desenvolvem grupos com jovens e podem ser uma opção para essa proposta.

Parabéns! Um abraço,

Deborah.

Tarefa 4 – Cristiano Santos Rodrigues, Dinazilda Cunha de Oliveira, Kelma Soares Medrado, Paulo Alexandre da Silveira Rivelli Medeiros

Tema – Oficina em sexualidade humana para adolescentes

Análise da demanda

Observando ou trabalhando em serviços de atenção básica à saúde, temos percebido o quanto a atenção preventiva e focada no contexto sócio-histórico e cultural que estes serviços oferecem à população tem contribuído para a qualidade de vida das pessoas. No entanto, há uma lacuna nos serviços oferecidos, na medida em que tem sido eficazes para o grupo constituído por crianças, adultos e idosos. Mas, em contrapartida, não tem conseguido atender às demandas do grupo de adolescentes.

Nossa proposta de trabalho busca oferecer um espaço onde os adolescentes possam, juntamente com profissionais de saúde, refletir e elaborar sobre sentimentos, comportamentos e conhecimentos face à sexualidade humana, utilizando para tal a metodologia de "Oficinas", que visa revalorizar o diálogo, o autoconhecimento e melhor integração entre sentir, pensar e agir.

Mas, por que sexualidade? Inúmeros motivos podem ser destacados para a escolha deste aspecto. Em se tratando de uma oficina na área da saúde, podemos salientar principalmente, a preocupação de diversos segmentos da população com o aumento da gravidez não planejada na adolescência e a crescente disseminação da Aids e outras DSTs entre os jovens. Baseados nesses motivos, acreditamos que seja de extrema importância trabalhar o tema da sexualidade com adolescentes, pois o que está em jogo é a relação do adolescente com sua saúde, com a saúde de seu corpo e com sua auto-estima. Dessa forma, para que o adolescente possa ser agente na promoção da própria saúde, é necessário que conheça seu corpo e suas formas de obter prazer, os riscos de determinados comportamentos e possa elaborar para sua vida projetos que visem lidar com a sexualidade de forma ética e responsável.

Pré-análise

Nossa oficina pretende oferecer um espaço para discussão da vivência dos adolescentes sobre sua sexualidade, levando em consideração suas angústias e inseguranças. Pretendemos oferecer também algumas informações básicas sobre os aspectos biológicos diretamente relacionados à sexualidade, mas, sobretudo, nos concentrando em dialogar com os adolescentes sobre os aspectos afetivos, sociais e históricos aí também envolvidos. Sendo assim, a oficina se dará à partir do processo dialético entre diálogo e elaboração das vivências relacionadas à sexualidade.

De acordo com os objetivos propostos, levantamos os seguintes **temas-geradores**, que podem ser alterados no decorrer do trabalho, conforme o desejo dos participantes:

1. Sexualidade humana: informações gerais, ansiedades e curiosidades;
2. Sexualidade na adolescência;
3. Sexualidade e papéis sociais;
4. Mitos, crendices e tabus sexuais;
5. Gravidez na adolescência;
6. Métodos contraceptivos;
7. DSTs e Aids;
8. Afetividade (o namoro e o "ficar").

Enquadre

A oficina é dirigida a adolescentes entre 12 e 18 anos, de ambos os sexos, sendo aceitos 12 participantes por oficina. A oficina será realizada no posto de saúde W, em 7 encontros semanais de 2h30min cada.

Planejamento flexível

1º. Encontro

Objetivos

Acolhimento e conhecimento do grupo, objetivando facilitar o sentimento de pertencimento dos membros ao grupo, realizar o "contrato" grupal e definição dos temas de interesse a serem discutidos.

Procedimentos

a) Apresentação do coordenador ao grupo e explicitação do funcionamento do trabalho em "oficinas".

b) Técnica de interação: nome e parte do corpo (os participantes falam o nome de uma parte do corpo que se inicie com a primeira letra do nome).

c) Seleção do temas-geradores (uma folha de papel craft é colocada no chão e pede-se aos participantes que escrevam quais temas desejam trabalhar nos próximos encontros) e encerramento com a técnica dar e receber.

d) Técnica principal: vamos falar de sexo e sexualidade? (dá-se uma folha de papel a cada participante e pede-se que escrevam "o que é sexo?" Depois devem virar a folha e escreverem "o que é sexualidade?"). a partir desta técnica abrir para uma discussão sobre as dimensões da sexualidade e as idéias que cada pessoa tem a respeito.

Avaliação

Mostra-se ao grupo os temas que eles propuseram e fala-se sobre a possibilidade de alteração dos mesmos no decorrer dos próximos encontros.

2º. Encontro

Objetivos

Observar as diferentes formas de exercício da sexualidade, os mitos e os tabus relacionados ao tema.

Procedimentos

a) Acolhimento do grupo e técnica de aquecimento "cumprimento estrangeiro" (os participantes são incentivados a se cumprimentarem de maneiras diferentes, como se fossem de outro país ou outro planeta) e/ou técnica "rótulos" (cada pessoa recebe um rótulo e passa a ser tratada pelos outros de acordo com o rótulo que recebeu, tentando adivinhar qual é).

b) Técnica principal: jogo das frases (aproximadamente sessenta assertivas sobre sexo e sexualidade, sendo que cada pessoa retira uma e diz se concorda, ou não, com o que é dito e porquê).

c) Conversa em grupo sobre a experiência, salientando os sentimentos suscitados pelas técnicas e relacionando-os à vivência da sexualidade em suas diferentes formas.

Avaliação

Avaliar o encontro levando em consideração as múltiplas possibilidades de vivência da sexualidade e como esta multiplicidade sofre interferência da sociedade.

3º. Encontro

Objetivos

Fornecer, através de uma atividade lúdica, subsídios para que o grupo possa obter maiores informações sobre sexualidade.

Procedimento

a) Acolher o grupo e dar início ao encontro com a técnica de aquecimento tic-tic-tac-bum.

b) Jogo "aprendendo a viver", do Instituto Kaplan (Aprendendo a Viver é um jogo educativo desenvolvido pelo Instituto Kaplan com o apoio dos Laboratórios Pfizer. É um jogo dinâmico e divertido, no qual crianças e adolescentes aprendem, brincando, sobre prevenção de HIV/Aids, drogas e sexualidade humana. Além de crianças e adolescentes poderem jogar entre eles, sem a necessidade de um adulto ao lado, pais e educadores podem utilizar o jogo como forma de abordar estes assuntos – sexualidade e drogas – de uma forma lúdica e desinibida.)

c) Conversar no "grupão" sobre a experiência vivida com o jogo, quais assuntos desconheciam, com quais obtiveram mais informação, quais temas forma mais mobilizadores, etc.

Avaliação

A partir dos temas vistos através do jogo, trazer à tona a importância de se ter algumas informações básicas sobre sexualidade para se lidar de forma mais responsável com sua vida sexual e com a saúde de seu corpo.

4º. Encontro

Objetivos

Focalizar a importância da dimensão corporal na vivência da sexualidade.

Procedimentos

a) Acolhimento e Relaxamento induzido (coloca-se uma música relaxante ao fundo e solicita-se aos participantes que imaginem uma viagem ao próprio corpo, conhecendo seus órgãos internos, focalizando sua respiração, observando quais partes do corpo lhes dão mais prazer, quais partes mais apreciam, como se vêem, como sentem o próprio corpo).

b) Modelagem em argila (oferece argila aos participantes e solicita-se que, individualmente, modelem uma figura humana que os representem, que seja um "espelho" do que eles pensam que são).

c) Em grupo, cada participante apresenta o boneco que modelou, dizendo em que se assemelha com a imagem que faz de si, procurando refletir um pouco sobre a relação que se estabelece entre a auto-imagem corporal e a vivência da sexualidade.

Avaliação

Procurar, juntamente com os adolescentes, refletir sobre as possibilidades do corpo em servir como fonte de prazer para si e para o outro, e o quanto a auto-imagem que cada um faz de si interfere nesta possibilidade.

5º. Encontro

Objetivos
Discutir sobre as relações afetivas, o namoro, o "ficar".

Procedimentos

a) Acolher o grupo e, em seguida, apresentar a técnica de aquecimento atravessando o rio. Depois, faz-se a técnica do anúncio classificado (cada participante recebe uma folha de papel e deve escrever nela um anúncio classificado no qual pede uma namorada ou namorado, informando as características de pessoa desejada e o que oferece a esta pessoa).

b) Técnica do "Cartaz" (nesta etapa divide-se o grupo em dois, masculino e feminino, e pede-se que transcrevam para um cartaz, através de fotos, gravuras e textos o anúncio que fizeram individualmente).

c) No "grupão", procura-se problematizar questões suscitadas pelas atividades, tais como as características físicas mais apontadas como desejáveis, as diferenças de expectativa (com relação ao namoro) entre homens e mulheres, o porquê dessas diferenças, etc.

Avaliação
Sistematizar a discussão do encontro, buscando relacionar as atividades e as reflexões surgidas durante a discussão e no decorrer da realização do encontro com a postura que os adolescentes adotam em sua vida diária com relação à expressão da afetividade.

6º. Encontro

Objetivos
Observar o grau de conhecimento dos participantes acerca dos métodos contraceptivos mais utilizados e apresentar, quando necessário, informações sobre os métodos.

Procedimentos

a) Acolhimento com a música "da abóbora faz melão, do melão faz melancia...". Em seguida iniciar a técnica "Ouvi dizer que..." (uma caixa com diversos métodos contraceptivos dentro é entregue aos participantes, que devem retirar um aleatoriamente e apresentá-lo os demais membros do grupo, explicando como funciona o método, quais suas indicações, contra-indicações, facilidade de uso, etc.).

b) Técnica do "Painel" (enquanto um participante do grupo apresenta um método contraceptivo, outro deve escrever em uma folha de papel craft as informações apresentadas).

c) Após os participantes terem passado as informações que sabem sobre os métodos, abre-se para discussão em grupo, na qual outros participantes dizem se consideram tais informações adequadas ou se querem apresentar outras contribuições e, em conjunto, escolherem o(s) método(s) que pode ser usados mais facilmente pelos adolescentes. Nesta fase, a coordenação deve intervir no sentido de trazer informações que julgar necessárias.

Avaliação

Procurar neste encontro relacionar os vários métodos com sua possibilidade de serem utilizados pelos adolescentes, levando em relação questões como facilidade de acesso, preço e eficácia. Salientar na discussão a importância dos métodos contraceptivos para evitar uma gravidez não planejada e como prevenção de DSTs e Aids.

7º. Encontro

Objetivos

Avaliação do trabalho e encerramento do grupo.

Procedimentos

a) Iniciar com a técnica "Caixa de surpresas" (entrega-se aos participantes a caixa onde colocaram suas dúvidas e questões no primeiro encontro, solicitando-os que retirem, cada um, uma questão e tentem responder para o grupo, com base no que sabem e/ou vivenciaram no grupo).

b) Utilizar a técnica da balança para fazer a avaliação (desenha-se uma balança com dois pratos numa folha de papel craft e pede-se aos participantes que coloquem de um lado as coisas boas e de outro as coisas ruins do trabalho, observando depois para que lado pesa mais a balança).

c) Concluir com uma discussão sobre a avaliação que o grupo fez da oficina e quais aspectos discutidos no decorrer dos encontros levarão para suas vidas cotidianas, as modificações que sentiram durante o processo, etc.

Despedida

Terminar com um lanche coletivo e com a distribuição de alguns folhetos informativos sobre sexualidade, métodos contraceptivos e DSTs/Aids.

Comentário: Deborah Akerman e Sara Deolinda Cardoso Pimenta

Cristiano, Dinazilda, Kelma e Paulo,

O trabalho em grupo mostrou-se realmente produtivo, pois vocês construíram muito bem a oficina em Sexualidade Humana para Adolescentes. Vocês souberam estruturar a oficina articulando tema, análise da demanda e pré-análise com a escolha do foco e temas geradores. Gostaríamos apenas de tecer alguns comentários sobre o enquadre e o planejamento: No enquadre, consideramos a faixa etária muito ampla, já que nesta fase as mudanças ocorridas são muito intensas e significativas, de modo que as vivências, conhecimentos e sentimentos variam muito dos 12 aos 18 anos. Sugerimos localizar uma faixa menor, como 12 a 14 ou 15 a 18 anos.

Quanto ao planejamento, vocês não explicitaram, mas deixam supor, através das sessões, tratar-se de um planejamento flexível. Os temas geradores seriam selecionados no primeiro encontro, e admite-se a possibilidade de sua alteração no decorrer da Oficina. Assim definido, sugerimos que a cada encontro possa ser retomado brevemente o anterior e ao final, no momento da avaliação, que vocês evitem uma conclusão única e que apresentem a proposta para o próximo encontro, possibilitando ao grupo alterá-la, caso sinta necessidade.

No mais esperamos que vocês possam vir a colocar em prática esta oficina.

Com o nosso abraço,

Deborah e Sara.

Tarefa 4 – Ludmila Maia Ramos

Tema e análise da demanda

Tema: Oficina para mulheres no período do climatério

Análise da demanda

Devido aos avanços dos conhecimentos da área da saúde, a média de vida das mulheres vem aumentando gradativamente. Atualmente, a possibilidade de a mulher ultrapassar os 80 anos é grande, ou seja, ela ainda pode viver muitos anos após a menopausa que ocorre, em média, aos 50 anos. O climatério e a menopausa fazem parte do processo fisiológico e são parte evolutiva de toda mulher saudável e normal em que cessam a capacidade reprodutiva.

A mudança de um fator essencialmente marcante na sexualidade da mulher, que é sua função única de geração de uma outra vida, traz muitas dúvidas, medos, inseguranças, que juntamente com os fatores do envelhecimento e outras manifestações orgânicas, estimulam um acompanhamento e elaboração da repercussão psicológica e social dessas mudanças. Apesar de não ter surgido explicitamente a demanda para formação de grupos psicoterapêuticos, essas mulheres trazem muitas queixas, dificuldades e dúvidas nos consultórios e outros espaços. A área da saúde é importante para o acompanhamento dessas mulheres no período do climatério, viabilizando um melhor entendimento do seu processo e uma melhor qualidade de vida.

Pré-análise, com escolha do foco e temas geradores

Nossa oficina pretende oferecer, às mulheres que estão no período do climatério, um espaço para a discussão de suas vivências, tendo em vista toda gama de alterações fisiológicas, corporais, psicológicas e sociais desse período. A oficina também tem como objetivo oferecer informações básicas sobre saúde da mulher no climatério, desmistificando alguns mitos e esclarecendo suas dúvidas. A oficina terá como objetivo principal, então, o cuidado da mulher no período do climatério, nos seus aspectos tanto físicos quanto psíquicos. Dessa forma, podemos levantar temas geradores, entre outros: As mudanças constantes da vida; as atividades produtivas da mulher; a realização de novos projetos de vida; o lugar do envelhecimento do desenvolvimento da mulher; nutrição no climatério; cuidados com o corpo; sexualidade no climatério; mitos do climatério; perdas, luto e morte; reposição hormonal: uma solução?

Enquadre

A oficina será dirigida às mulheres que estão no período do climatério e fazem acompanhamento regular ginecológico. Serão aceitas 10 mulheres por oficina. A oficina será no Ambulatório do Hospital X, em 7 encontros semanais, de 2 horas cada. Será realizada aos sábados, pela manhã, de acordo com a disponibilidade antes verificada.

Planejamento flexível, com recursos às técnicas e atenção ao processo do grupo

1º. Encontro

Objetivos

Acolhimento e conhecimento, estabelecimento das regras e do contrato grupal e levantamento dos temas de interesse do grupo.

Procedimentos

a) O coordenador apresenta a Oficina e algumas regras básicas do contrato com o grupo.

b) Propõe uma técnica de apresentação e integração como a dinâmica "Abrindo Janelas". São frases que devem ser completadas pelas componentes do grupo e que promovem uma aproximação e conhecimento delas, ao falarem de si mesmas.

c) Levantamento de sugestões para os temas de interesse a serem discutidos ao longo dos encontros. Fazer anotações e a organização dessas sugestões dentro do programa inicial.

Avaliação e programação

O coordenador mostra ao grupo o levantamento das sugestões. Lembra que o "programa" pode ser alterado de acordo com o desejo do grupo. Finaliza dizendo que espera todo o grupo no horário e local marcados para o próximo encontro.

2º. Encontro

Objetivos

Discussão sobre as mudanças na vida das mulheres diante das manifestações do climatério e sobre a construção de novos projetos nessa etapa de suas vidas.

Procedimentos

a) Após acolher as participantes e pedir-lhes que se sentem em círculo, o coordenador propõe uma atividade inicial chamada Quadro Comparativo. Usando uma folha grande para registrar os pontos levantados, as mulheres irão falar das características de sua fase jovem e das características de sua fase madura atual.

b) A seguir fazer a técnica do Relógio Cotidiano, para serem trabalhadas as atividades produtivas dessas mulheres. O que fazem? Em qual hora do dia? Para quem? Etc.

c) Discussão no "grupão" sobre os sentimentos que brotaram a partir dessas dinâmicas, sobre como perceberam a divisão de suas tarefas e trabalhar com a possibilidade de mudança ou não de algumas das coisas desagradáveis.

Avaliação e leitura de caso

3º. Encontro

Objetivos

Discutir e elaborar o processo do envelhecimento e a qualidade de vida na fase do climatério.

Procedimentos

a) Inicia-se rememorando as discussões do último encontro. Houve alguma mudança daquelas propostas na semana passada? A partir disso, colocar a música *Como uma Onda*, do Lulu Santos, e depois trazer os sentimentos que surgiram a cada um do grupo ao escutar a música.

b) Utilizar depois a técnica da Colagem, com revistas, para retratar a imagem da velhice que nos é passada. Refletir com as participantes: Que imagem é essa? O quanto dessa imagem tem a ver com você?

c) Conversar bastante sobre os sentimentos e idéias suscitados.

Avaliação e aula interativa

A partir das histórias e sentimentos levantados, introduzir o tema do envelhecimento e qualidade de vida da mulher.

4º. Encontro

Objetivos

Informar sobre cuidados com a alimentação e com o corpo nessa fase, e responder as dúvidas.

Procedimentos

a) Iniciar rememorando os fatos acontecidos no encontro anterior. Propor, então, a dinâmica do "Abraço em si mesmo".

b) O coordenador lembra ao grupo qual é o tema do dia. Ele leva notícias e gravuras pertinentes ao tema, como por exemplo, fotos de atividades físicas, de verduras, produtos de beleza, etc.

c) Conversa no grupo sobre esses elementos trazidos.

Avaliação e aula interativa

Distribuição de folhetos sobre alimentação, prevenção de doenças e cuidados com o corpo.

5º. Encontro

Objetivos

Discutir a sexualidade e os mitos do climatério, respondendo às dúvidas, no sentido de estimular a percepção dos ganhos nessa fase da vida.

Procedimentos

a) Trabalhar a seguinte poesia de Fernan Silva Valdés, com uma música instrumental de fundo:

"As árvores que não dão flores
dão ninhos, e um ninho
é uma flor com pétalas de plumas
um ninho é uma flor colorida de pássaros
cujo perfume
entra pelos ouvidos.

As árvores que não dão flores
dão ninhos..."

b) Levar frases escritas em pedaços de papel com os pontos básicos a respeito da sexualidade no climatério, as alterações anatômicas na função sexual da mulher e as modificações fisiológicas dessa etapa do desenvolvimento. Distribuir essas frases em balões e realizar a técnica "Jogo de balões".

c) Discutir em grupo as informações recebidas e trabalhar quais são os sentimentos diante dessas alterações da sexualidade.

Avaliação e aula interativa

A partir dessas discussões, conversar sobre a sexualidade e esclarecer o que são os mitos sexuais no climatério. Distribuir folhetos explicativos sobre as alterações hormonais e corporais na mulher.

Observação: Pensei tratar o tema "Perdas, Luto e Morte" nessa fase da Oficina, mas não consegui propor uma atividade que o tratasse de forma simples e leve. **Será que é possível lidar com esse tema aqui?**

6º. Encontro

Objetivos

Esclarecer o procedimento da terapia de reposição hormonal (TRH), que muitas das mulheres devem fazer uso, e discutir, tendo em vista as recentes notícias a importância ou não dessa terapêutica.

Procedimentos

a) O coordenador introduz a técnica "Relaxamento Dançante" e lembra as mulheres que esse encontro tem como tema a TRH.

b) A seguir, o grupo se divide em duplas que discutirão o que sabem da reposição hormonal e o que ouviram dizer das recentes pesquisas.

c) Conversar bastante no "grupão" sobre a reposição hormonal e os sentimentos surgidos a partir daí.

Avaliação e aula interativa

Distribuir folhetos sobre a TRH e estimular as mulheres a discutir com seus médicos sobre a escolha ou não desse tratamento.

7º. Encontro

Objetivos

Avaliação do trabalho e elaboração do fim da Oficina.

Procedimentos

a) Iniciar com a técnica de "associação livre", pedindo às participantes que digam o que lhes vier à mente diante do tema: "Ser uma mulher no período do climatério".

b) Levantar com o grupo o que foi bom e o que foi ruim, a partir da discussão anterior. Levantar as possibilidades de encaminhamento necessárias para casos particulares, quando necessário.

c) Concluir sobre a avaliação que o grupo fez da Oficina.

Despedida

Fazer um lanche coletivo e também a troca de bilhetes entre as componentes do grupo.

Bibliografia

- Textos do 4º Módulo da disciplina Oficina de Dinâmicas em Grupos.

- RODRIGUES, Elimar Jacob Salzer; DONDICI FILHO, José (Org). *Menopausa: Seja bem vinda e bem viVida!* Juiz de Fora: Ed Medsi, 2001.

- MILITÃO, Abigenor; Rose. *SOS Dinâmicas de Grupos*. Rio de Janeiro: Qualitymark, 1999.

- Revista *Época*, 15 de julho de 2002.

- HIRSH, Sônia. *Só para Mulheres*. Ed. Prensa Ltda., 1994.

- MARINHO, Ricardo M. e cols. Estudo da Percepção das Mulheres no Período do Climatério. In: *Revista de Psicologia Hospitalar do Hospital Municipal Odilon Behrens*. Ano 1, nº 1- Junho de 1998.

Comentário – Sara Deolinda Cardoso Pimenta

Ludmila,

Durante a leitura da Oficina proposta por você, senti uma imensa vontade de ser uma das integrantes do grupo. Imaginei um trabalho extremamente envolvente, acolhedor, agradável, animado, emocionante e por aí vai. O tema relativo à vivência no período de climatério é de fundamental importância para a saúde e a qualidade de vida das mulheres.

Seu trabalho está bem fundamentado teoricamente, com as referências bibliográficas como convêm, mas, sobretudo, demonstra grande sensibilidade e capacidade de articular tema, demanda e foco, com sessões muito bem seqüenciadas e deixando antever um processo de planejamento flexível.

Cada sessão apresenta, com clareza, os momentos básicos, com o recurso às técnicas de modo apropriado aos temas trabalhados. A proposta é bastante clara quanto à dinâmica, o papel da coordenação enquanto co-construtora do processo e participação autônoma e criativa das integrantes do grupo.

Chamou-me a atenção de modo especial o 5º encontro, pela temática a ser trabalhada, tendo como introdução um poema muito bem selecionado e um fundo musical, que imagino, também o será. A sexualidade é comumente associada, indevidamente, às mudanças fisiológicas nessa etapa, trazendo vários transtornos para a atividade sexual das mulheres. Trata-se de crenças, valores presentes em nossa cultura, mas que tem passado por transformações.

Você sabia que em culturas indígenas, as fases do climatério e menopausa são celebradas como ritos de passagem? Que nessa etapa as mulheres são muito valorizadas por sua experiência de vida e sabedoria adquiridas? Eu vou procurar em um livro que possuo algo a respeito e passar para você. Sei que achará muito interessante.

Bem, o que mais poderia dizer? Sim, fico na expectativa quanto à elaboração para os próximos módulos relativos a como conduzir e avaliar a oficina.

Até lá, com meu abraço,

Sara.

Tarefa 4 – Marina Lima de Azevedo e Maurício Palhano de J. Vasconcelos

Tema e análise da demanda

Tema

"Oficina para familiares dos usuários do serviço de saúde mental"*

Análise da demanda

A partir dos novos paradigmas das ações em saúde mental – provenientes da Reforma Psiquiátrica, e de outros movimentos que questionaram a psiquiatria tradicional e a lógica manicomial – serviços substitutivos ao hospital psiquiátrico são requeridos, e a reinserção social torna-se um dos principais objetivos no tratamento da doença mental. Quando não se tem mais o dispositivo do hospital, da segregação, é a família a primeira convocada a lidar diretamente com essa nova realidade – realidade essa que não é, de forma alguma, simples.

Os familiares dos usuários do serviço de saúde mental, freqüentemente solicitam informações e opiniões a respeito da doença e do tratamento do membro (ou membros) de sua família. Perguntam sobre o uso e o efeito dos psicofármacos, dados estatísticos e epidemiológicos acerca das doenças mentais, vida sexual dos

* Esta oficina foi pensada a partir de: MELMAN, Jonas. *Família e Doença Mental: Repensando a relação entre profissionais de saúde e familiares*. São Paulo: Escrituras, 2001.

usuários, enfim, demandam informações que possam ampliar a compreensão da situação por eles vivida.

Os profissionais que trabalham nessa área reconhecem a importância da implicação desses familiares para o tratamento dos usuários. Trata-se de uma via de mão dupla, onde é importante obter o apoio da família, assim como, apóia-la em suas dificuldades. Para tanto, se faz necessário acolher, escutar, mobilizar e informar esses familiares.

Pré-Análise com escolha de foco e temas-geradores

Apesar de existir consenso de que o fornecimento de informações é importante para produzir mudanças nos familiares, não há consenso acerca de como essas informações devam ser apresentadas.Entendemos que os processos de mudança são extremamente complexos e não podem ser reduzidos à simples introdução de novas informações. Nesse sentido, ao elaborar uma proposta de oficina, devemos atentar para que esse trabalho não seja mera aplicação de técnicas, e nem tampouco tenha cunho apenas educativo.

O foco dessa proposta de oficina é a experiência de ter um membro da família portador de doença mental. O objetivo dessa oficina é, então, propiciar um espaço para a reflexão e discussão a respeito dessa experiência, e da doença mental em si –possibilidades e impasses.

A partir dessas considerações, levantamos como possíveis temas-geradores:

- história da loucura e da psiquiatria;
- noções gerais sobre medicamentos;
- concepções atuais sobre tratamento em saúde mental;
- reinserção social e cidadania;
- estigma e o combate ao estigma;
- reorganização do cotidiano e vivência dos familiares diante da doença mental.

Esses temas podem ser sugeridos pelos coordenadores da oficina, necessitando, contudo do consentimento dos participantes, que serão, por sua vez, convidados a levantarem outros temas geradores. Pretende-se com esses temas ampliar as discussões e reflexões a respeito do lugar dos familiares no tratamento do portador de doença mental; pensar a responsabilidade e o cuidado com os mesmos para além da culpa ou da vitimização.

Enquadre

A oficina é dirigida para os familiares dos usuários do serviço de saúde mental do Centro de Saúde.X. A oficina será realizada na sala de atendimento da equipe de saúde mental. Os encontros serão realizados semanalmente às quintas-feiras na parte da tarde, com duração de 1 hora e meia cada – já que a sala está disponível nesse dia. O horário das 13 horas será sugerido, podendo esse ser modificado de acordo com os interesses dos participantes. O número de encontros também não será definido *a priori,* procuraremos discuti-lo no grupo a partir dos primeiros encontros.

Planejamento flexível

Como o foco dessa proposta de oficina implica em elementos emocionais e subjetivos, sendo, portanto, um processo complexo que demanda tempo longo, optamos por fazer um planejamento passo a passo. Dessa forma, pretendemos buscar a participação do grupo na definição tanto dos temas geradores como na elaboração dos encontros. Faremos, contudo, o planejamento do primeiro encontro.

1º. Encontro

Objetivos

Acolher e conhecer os participantes, apresentar a proposta da oficina, estabelecer acordos sobre os procedimentos do grupo, discutir a questão do horário, iniciar o levantamento de temas –geradores e a discussão sobre o número de encontros.

Procedimentos

Os coordenadores se apresentam e falam sobre a proposta da oficina:

- Os coordenadores propõem uma técnica para que todos possam se conhecer. Técnica de apresentação em dupla, onde duas pessoas conversam por cinco minutos e posteriormente cada uma apresenta para o grupo a pessoa com quem conversou.
- Técnica para o levantamento dos temas geradores. Jogo de balões e painel: os participantes escrevem em pedacinhos de papel temas que gostariam de discutir, colocam em balões, jogam por um tempo sem deixar cair, depois cada um pega um balão, esses são estourados e os temas anotados pelos coordenadores no painel.
- Discussão sobre os temas levantados – nesse momento podemos ver se um mesmo tema foi sugerido por mais de uma pessoa, abrir espaço para temas que não foram citados, etc.
- Organizar os temas em um programa – nesse momento podemos também começar a discutir o número de encontros.

Avaliação e programação

Conversar sobre o que o grupo sentiu naquele primeiro encontro, assim como falar também das expectativas que têm em relação à oficina. Discutir sobre o horário da oficina. Os coordenadores fazem um breve resumo do que foi discutido e programado, reiterando os acordos estabelecidos naquele encontro – sem deixar de falar sobre a flexibilidade dos planejamentos.

Tarefa 4 – Sandra Mara de Araujo Rodrigues e Marise Marota de Souza

Tema

Oficina para portadores de Diabetes

Análise da demanda

Segundo um pequeno manual para diabéticos, distribuído gratuitamente, "o diabetes é uma enfermidade que aumenta a quantidade de glicose no sangue, podendo causar problemas sérios à saúde" (manual *Conhecendo o Diabetes*). Se pode acarretar problemas sérios à saúde, interessa aos profissionais de saúde, e dentre eles ao psicólogo social, certamente.

O diabetes é fortemente relacionado à obesidade e/ou alimentação inadequada e seu principal tratamento passa pela alimentação balanceada, saudável e "adaptada". E alimentação balanceada e adequada é algo que a população brasileira (e também mundial) tem dificuldades. Infelizmente, quando há condições financeiras mínimas para se alimentar, as populações mais pobres estão optando cada vez mais por uma dieta rica em sal, açúcar e óleo do que em frutas, verduras e cereais. Isso porque a indústria alimentícia proporciona cada vez mais alimentos deste tipo com preços mais acessíveis. Segundo a Revista Veja de 28/08/02 na entrevista com Philip James (criador da Obesity Task Force), o número de obesos vem crescendo em grandes proporções no Brasil, como comparação "em 1975, o Brasil tinha de 2 a 4 casos de subnutrição para cada caso de obesidade. Em 1996, virou: eram 2 casos de obesidade para 1 de fome. Existem hoje no mundo 800 milhões de pessoas subnutridas e 1 bilhão de obesos." Com o aumento do número de obesos e de pessoas com alimentação inadequada o diabetes tende a aumentar sua incidência (o número de diabetes tipo 2 em jovens cresce a cada ano) e conseqüentemente torna-se mais difícil o seu combate.

Além disso, os alimentos "dietéticos" oferecidos no mercado são pouco acessíveis - alto custo, apesar de serem mais facilmente encontrados atualmente -, o que dificulta ainda mais o controle da taxa de açúcar no sangue.

Pré-análise da escolha do foco e temas-geradores

Esta oficina pretende criar um espaço para a o diálogo sobre a doença do diabetes, refletindo sobre a vivência dos portadores de diabetes, buscando a possibilidade de suas expressões, levando informações e auxiliando num maior conhecimento, numa maior adesão ao tratamento e na elaboração das vivências pessoais. Em especial dar um enfoque à necessidade do auto-cuidado e compreender a doença no contexto. Pretende também permitir a elaboração da vivência frente às diferenças impostas pela doença: diferença em especial na alimentação, cuidados especiais, nova rotina, autodisciplina, etc.

Como temas geradores possíveis, levantamos os seguintes: o que é o diabetes; tipos de diabetes; verdades e mentiras sobre o diabetes; alimentação adequada e seus efeitos; auto-cuidado; tratamento: possibilidades e riscos; entendendo o corpo humano; sintomas do diabetes (sinais que o corpo dá); remédios.

Enquadre

A oficina se destina a atender pessoas adultas portadoras de diabetes que freqüentam e fazem controle em posto de saúde.

O número de participantes será em torno de 12 pessoas por oficina. A duração será de 7 encontros, de 2 horas cada um, quinzenalmente.

Planejamento flexível

1º. Encontro

Objetivos

Conhecimento dos participantes; criação de um sentimento de identidade; fechamento de um contrato/regras; levantamento de temas-geradores.

Procedimentos

1º momento: apresentação em dupla os participantes, em dupla, se apresentam dizendo o que esperam da oficina. Depois abre-se para os outros membros e cada participante apresentará o colega com o qual fez dupla. Distribuição de crachás pelo coordenador.

2º momento: Apresentação da oficina: usando as expectativas trazidas, o coordenador faz um "gancho" com o trabalho questionando o que vem a ser um grupo, quais os elementos básicos presentes num grupo e quais as regras para seu funcionamento (fechando um contrato com o grupo).
3º momento: Levantamento de temas-geradores: o coordenador novamente divide o grupo em trios dando uma folha para cada grupo e pedindo que levantem os assuntos que gostariam de trabalhar nos encontros (se os participantes não forem alfabetizados esta técnica será adaptada). Depois de um tempo, voltando para o restante do grupo, será feita em uma folha grande um resumo dos assuntos surgidos, possibilitando a criação de identificação entre os membros do grupo.
4º momento: Fechamento: o coordenador, juntamente com o grupo, organiza os temas em um programa confirmando a presença de todos, salientando a importância de todos no processo.

2º. Encontro

Objetivos

Sensibilização dos participantes sobre o que é diabetes, quais os tipos de diabetes existentes, incluindo para isso um conhecimento sobre o corpo humano.

Procedimentos

1º momento: acolhimento dos participantes. Usar uma técnica envolvendo os nomes dos participantes, como "nomes de bichos": cada um diz seu nome e um bicho que seria e o porquê.
2º momento: a) Técnica para conhecimento básico do corpo humano e seus órgãos, em especial as glândulas endócrinas, que são pouco conhecidas: numa folha de papel grande, desenhar o contorno do corpo de um dos participantes. Pregar na parede. Em pedaços de papel escrever o nome dos órgãos do corpo humano (ou desenhá-los com o nome embaixo). Cada

participante pega um papel e prega no corpo humano onde se localiza (ou acha que se localiza). O restante do grupo pode ajudar.

b) Após a montagem do corpo, abrir espaço o grupo falar sobre o que a atividade suscitou: a importância de conhecermos nosso corpo, sobre as idéias que temos sobre os órgãos, os sentimentos que surgiram no grupo ao montar o corpo, sobre idéias erradas que existiam e outros assuntos que possam surgir dentro do tema.

3º momento: Aula interativa sobre o funcionamento do corpo, incluindo a disfunção do diabetes. Falar sobre o que é insulina, onde é produzida, o que pode causar a falta de insulina e por quê, etc. Usar as dúvidas e reflexões do grupo permitindo que questionem e sempre aproveitando o que eles já sabem. Explicar sobre o funcionamento endócrino.

4º momento: encerrar pedindo uma palavra ou frase que resuma o encontro do dia.

3º. Encontro

Objetivos

Reflexão sobre os sinais que os participantes conseguem reconhecer no seu próprio corpo relacionados ao diabetes; sensibilização para crenças e significados que atribuem à doença e ao seu tratamento.

Procedimentos

1º momento: acolhimento e síntese do encontro anterior. Usar cartões (papel) e pedir que os participantes escrevam uma frase que resuma o encontro passado.

2º momento: usar a técnica "Chuva de idéias". Pedir que os participantes falem livremente sobre todos os sinais que conhecem do seu próprio corpo que acreditam estar relacionados ao diabetes e escrevê-los num cartaz. Pedir que cada um levante, dos sinais listados, quais os mais significativos para si. Promover um debate.

3º momento: técnica das "Verdades e mentiras". Listar várias frases relacionadas a crenças populares sobre o diabetes – algumas com fundamento, outras não – e pedir que os participantes as agrupem como verdades ou mentiras. Depois refletir sobre as crenças e trazer informações.

4º momento: avaliação do encontro e fechamento.

4º. Encontro

Objetivos

Sensibilização para a importância do autocuidado, possibilitando qualidade de vida melhor.

Procedimentos

1º momento: acolher o grupo, fazer a dinâmica "Teia de gente". Um participante escolhe alguém para partilhar algo que foi significativo durante a semana e assim sucessivamente.

2º momento: usar a técnica da "estrela". No centro escrever a frase: "cuidar de si mesmo" e nas 5 pontas: o que observam, pensam, sentes, como gostariam que fosse e o que fazem em relação a isso.

3º momento: depois da avaliação e reflexão do segundo momento propor a técnica do abraço em si mesmo usando uma música de fundo. Terminar com um abraço coletivo se despedindo e reafirmando o próximo encontro.

5º e 6º. Encontros

Objetivos

Favorecer melhor compreensão do tratamento, seus riscos e possibilidades, facilitando a adesão a este, aguçando o senso de responsabilidade pela organização de sua própria rotina.

Procedimentos

1º momento: para o 5º encontro fazer um resumo participativo de suas vivências nas oficinas até então. Apresentar também o novo tema, esclarecendo que este será abordado nos dois encontros (5 e 6). No 6º encontro, pedir para que façam um desenho expressando o que foi mais significativo do encontro anterior. Apresentar os desenhos para o grupo.

2º momento: este momento será distribuído pelos 2 encontros, de acordo como o ritmo do grupo. Fazer um Quadro comparativo numa folha de papel grande. De um lado preencher com "como era sua rotina antes do tratamento?" E do outro: "como é agora?". Abrir para discussão. Usar os assuntos que mais surgirem para uma palestra interativa sobre os riscos e possibilidades do tratamento.

3º momento: para o 5º encontro, levar um texto (ou música, ou poesia) que fale da mudança de hábito ou de outro tema relacionado. Já para o 6º encontro disponibilizar várias palavras ligadas ao tema abordado: tratamento, alimentação, remédio, exercícios físicos, riscos, possibilidades, mudança, alegria, tristeza, esforço, paciência, desânimo, preguiça, disciplina, etc. Dividir em 2 grupos e convidá-los a escolher 6 palavras e montar uma cena de teatro. Cada grupo apresenta, deixando um tempo livre, após a apresentação, para comentários.

7º. Encontro

Objetivos

Encerramento da oficina: elaboração do término e despedidas.

Procedimentos

1º momento: o coordenador acolhe o grupo, ressaltando o término do grupo.

2º momento: convidar o grupo a construir um painel que traduza o que eles consideram como resultado do processo vivido. Disponibilizar revistas, papéis coloridos, tinta ou pincel, cola, etc. Abrir para discussão e comentários, buscando levantar pontos positivos e negativos da oficina.
3º momento: fazer a técnica do "cartão do grupo". Cada um irá confeccionar um cartão usando o material disponível. Escrever seu nome no alto e passar para o colega da direita para que ele escreva uma mensagem para o dono do cartão. Passar par o próximo da direita e assim sucessivamente. Terminar o encontro como o "abraço coletivo".

Comentário: Carolina Marra Simões Coelho e Sara Deolinda Cardoso Pimenta

Sandra e Marise,

Vocês construíram a Oficina de modo bem articulado, seqüencial e expressando a concepção de trabalho com grupos que estamos estudando.

Queremos, entretanto, ressaltar alguns pontos para reflexão. No item análise da demanda sentimos falta de uma amarração entre a fundamentação sobre a diabetes e a conveniência e indicação do trabalho com grupos no tratamento aos portadores de diabetes.

No primeiro encontro vocês deveriam propor a apresentação dos participantes levando em consideração não apenas suas expectativas, mas quem são, de onde vêm, etc. Ainda no primeiro encontro, no segundo momento, ressaltamos a inconveniência de explicitar o que é e como funciona o grupo. Vocês devem deixar que o processo fale por si.

Ao final, sugerimos que vocês não ressaltem o término do grupo, mas o processo vivenciado ao longo da Oficina.

Com nosso abraço,

Carolina e Sara.

Tarefa 4 – Alessandra Gonçalves Parreiras

Tema e análise da demanda

Tema

"Oficina para adultos portadores de câncer de pulmão"

Análise da demanda

Ainda hoje, e apesar da crescente disponibilidade de informações, muitas pessoas não atribuem a devida importância às conseqüências do uso do tabaco, muitas vezes até pela dificuldade de largar o próprio vício. Em razão disto, o câncer de pulmão é o mais comum de todos os tumores malignos, apresentando um aumento de 2% na sua incidência mundial. Em 90% dos casos diagnosticados, está associado ao consumo de derivados do tabaco. No Brasil, o câncer de pulmão foi responsável por 14 069 óbitos em 1999, sendo o tipo de câncer que mais fez vítimas[1].

É justamente essa inabilidade da grande maioria da população em se prevenir e lidar com o câncer de pulmão, acrescida pela falta de políticas eficazes de combate ao uso indiscriminado de substâncias cancerígenas e prejudiciais ao ser humano (presentes nos derivados do tabaco) que contribui para o desinteresse pela realização de exames preventivos, o que mais uma vez dificulta o diagnóstico precoce, tão importante para a cura da doença.

Como se não bastassem os riscos do diagnóstico tardio e os abalos psicológicos causados pelo tratamento agressivo – que ocasiona diversos efeitos colaterais – acrescenta-se, ainda, a tudo isso, o tabu carregado por essa enfermidade no seu meio social. O câncer na sociedade atual é uma enfermidade que, pela gravidade, recebe uma significação social bastante pesada, pois freqüentemente é associada a sofrimento, mutilação e morte.

[1] Dados extraídos do *site* do INCA – Ministério da Saúde: www.inca.gov.br/_(atualização em 28/05/2002, Copyright@1996 - 2002 INCA-MS).

Todos esses fatos somados potencializam fortes impactos psicológicos que, por sua vez, podem, ainda, ser prejudiciais ao tratamento do doente. Dessa maneira, fica evidente que o apoio psicológico é fundamental e amplamente benéfico para a recuperação. A realização de um trabalho em grupo, assim, se justifica pela grande riqueza nas trocas de experiências e compartilhamentos de vivências que podem maximizar o suporte psicológico oferecido.

Possibilitar, então, um espaço de convivência e comunicação que envolva a significação de se estar com câncer contribui para a elaboração da condição de enfermo. Ao se ofertar suporte psicológico para esses pacientes criam-se meios de melhorar o seu posicionamento frente à doença potencializando o tratamento e a qualidade de vida.

Pré-análise com escolha de foco e temas-geradores

A oficina pretende promover espaço para discussão de vivências relacionadas ao fato de se estar com câncer de pulmão. A troca de experiências e o levantamento de questões quanto a esta condição visa propiciar a reflexão e a aprendizagem. Tratando da doença também no âmbito social, a oficina pretende abordar os sentimentos provocados pelo preconceito enfatizando as formas de superação do estigma cultivado pela sociedade. A oficina busca ainda oferecer informações básicas a fim de auxiliar na maneira de enfrentar as dificuldades emergentes, criando condições do paciente buscar melhorar sua qualidade de vida.

A oficina terá dois objetivos: 1) criar um espaço para o diálogo sobre a experiência de se estar com câncer de pulmão possibilitando uma melhor elaboração das próprias vivências e 2) possibilitar a elaboração e reflexão da sua condição no contexto social.

Tendo em vista esses objetivos, os temas geradores podem incluir, entre outras:

-Autopercepção.

-Autoestima.

-O uso do tabaco, o vício e a doença.

-Relação social, estigma e superação.

-Responsabilidade sobre a própria saúde.

Apoio e confiança.

Os temas propostos permitem estimular a reflexão sobre a saúde e o cuidado consigo próprio, além de proporcionar a análise de questões relacionadas, auxiliando no enfrentamento da doença.

Enquadre

A oficina é destinada a adultos portadores de câncer de pulmão – provocado, sobretudo, pelo tabagismo –, que estejam em tratamento no hospital público X. A oficina será orientada para um grupo de 10 participantes. Ela será realizada em uma sala do próprio hospital onde os pacientes são tratados. Serão 7 encontros semanais de 2 horas cada, nos sábados a tarde para melhor atender à população a que se dirige.

Planejamento flexível, com recurso às técnicas e atenção ao processo do grupo

1º. Encontro

Objetivos

Acolhimento e conhecimento inicial do grupo, com os objetivos de facilitar o início de formação de sentimento de identidade e troca entre os membros – a partir de sua condição especifica –, além de estabelecer acordos quanto às regras fundamentais e levantar temas de interesse do grupo.

Procedimentos

a) O coordenador apresenta algumas palavras misturadas que formam frases sobre o que é a oficina a qual pretende desenvolver e as regras básicas para a sua realização. Solicita que os participantes as organizem realizando uma breve discussão após a atividade.

b) Logo em seguida, propõe uma técnica de interação entre os participantes pedindo para que escreva, cada um no seu cartão, uma palavra (ou se preferir um desenho) que o represente.Todos os integrantes devem apresentar o seu cartão explicando a razão de sua escolha, associada às suas características pessoais. Ao realizarem essa tarefa, expõem um pouco de si propiciando o entrosamento do grupo.

c) Para a verificação dos temas de interesse do grupo, o coordenador pode fazer uso da seguinte técnica: usando folha grande de papel, caneta e lápis, pede sugestões sobre os temas de interesse solicitando que os anotem na folha de cartolina. Depois, lê as sugestões procurando discuti-las com o grupo e organizá-las em um "programa" que se aproxima do planejamento inicialmente feito. A seguir, conversa sobre expectativas e sentimentos em relação à Oficina que se inicia.

Avaliação e programação

O resultado do levantamento de temas pode ser novamente mencionado reforçando a flexibilidade para a sua alteração, conforme a vontade do grupo. O coordenador ressalta, então, sua espera pela presença de todos no horário e local combinado.

2º. Encontro

Objetivos

Trabalhar a percepção de si como portador de câncer de pulmão discutindo as mudanças que esse fato trouxe às suas vidas.

Procedimentos

Durante os primeiros 5 minutos, o coordenador, após acolher os participantes, solicita que – sentados em círculo – se concentrem, fechando para isso seus olhos, procurando uma interiorização e conscientização acerca dos fatos marcantes de sua vida.

a) Decorridos os 5 minutos, propõe uma atividade chamada "Gráfico da minha vida": o coordenador distribuirá uma folha em branco para os participantes, onde cada um procurará traçar uma linha que, através de ângulos e curvas, represente fatos da própria vida. Os fatos podem limitar-se a um período da vida como, por exemplo, os últimos 10 meses ou os últimos 3 anos[2]. O gráfico pode expressar vivências e sentimentos de tipo religioso, familiar, grupal, pessoal e / ou social. Terminada esta etapa pede-se a cada participante que escolha um dos vários cartões coloridos, dispostos no meio da roda, relacionando a cor ao sentimento atual em relação à própria vida. A seguir um a um exporá ao grupo seu gráfico, explicando os pontos mais importantes e o sentimento atual que justifica a escolha da cor.

b) Terminada a atividade, seguem-se comentários e depoimentos dos participantes, enfatizando seu estado atual, o recebimento do diagnóstico e os impactos causados.

Avaliação

Discutir como foi a realização da tarefa atentando para as questões, mudanças ou sentimentos levantados quanto ao portar câncer de pulmão.

3º. Encontro

Objetivos

Refletir sobre as dificuldades de adaptação às mudanças provocadas pela doença, considerando as diversas alterações no dia a dia, porém enfatizando a relação com o vício – procurar analisar a incompatibilidade do vício com a doença e o tratamento, destacando a necessidade de superação do mesmo.

---

[2] Acredito ser interessante pesquisar (prontuários e outros meios) antecipadamente há quanto tempo os participantes receberam o diagnóstico da sua doença.

Procedimentos

a) Inicia-se rememorando os fatos ocorridos no encontro anterior. Quais foram os sentimentos tocados? As principais mudanças que estão vivenciando? Seus sentimentos em relação a elas? A partir daí, é sugerida uma técnica de entrosamento (teia de gente): com todos sentados em círculo, o coordenador inicia uma "rede", jogando um rolo de barbante para um dos participantes. Este deve falar alguma coisa relacionada a seu momento atual de vida, com uma palavra que expresse seu sentimento. A seguir, segura no pedaço de barbante, conservando-o em uma mão, e joga o rolo para outro participante, e, assim por diante, até que uma teia vá surgindo no grupo. Discute-se rapidamente a atividade. Conversar sobre as mudanças na vida a partir do diagnóstico.

b) A seguir, discutir a relação dos participantes com o fumo, antes e como está sendo agora, enfatizando o que cada um está fazendo em relação a ele.

Avaliação

Sintetizar a aprendizagem de todo o grupo.

4º. Encontro

Objetivos

Discutir o possível estigma que cerca o fato de se estar com câncer de pulmão, formas de manifestação, sentimentos que provoca e formas de enfrentamento.

Procedimentos

a) Inicia-se com a leitura de um caso: em voz alta o coordenador realiza a leitura de um texto ou depoimento que ilustre o tema de estigmatização do portador de câncer de pulmão.

b) O coordenador relembra para o grupo qual é o tema do dia, e a seguir realiza uma técnica chamada "Quadro comparativo":

em uma folha grande registram-se as reações ou manifestações mais marcantes do meio social relacionadas ao fato de ser portador do câncer de pulmão, as consideradas positivas e as negativas. Refletir com os participantes as formas de estigmatização, como a discriminação, a exclusão, a descrença com relação ao futuro do doente, os comentários que constrangem ou deprimem os pacientes e outros. Discutir também os sentimentos suscitados e os modos de superação. Debater ainda as manifestações positivas, os sentimentos provocados por elas e as contribuições que trazem para o enfrentamento da doença.

c) Ao final da técnica, conversar bastante sobre sentimentos, idéias e formas de lidar com a repercussão social da doença.

Avaliação

A partir das histórias e dos sentimentos levantados, discutir o tema do estigma e da autoestima.

5º. Encontro

Objetivos

Possibilitar a reflexão sobre a responsabilidade no tratamento.

Procedimentos

a) Inicia-se com uma técnica de concentração: os participantes são solicitados a tocar no próprio corpo e o sentir, parte por parte, por alguns minutos. Podem fazer isso deitados ou em pé, mas em posição de relaxamento total ou parcial. Para essa atividade o coordenador poderá utilizar alguma música relaxante.

b) A seguir realiza-se a atividade chamada "Estrela": os participantes desenham duas estrelas contendo 5 pontas cada uma. Cada estrela contém em seu centro, uma questão: 1ª Meu estado de saúde e 2ª Meu tratamento. Em cada ponta de estrela, os participantes deverão colocar aquilo que

1) observam; 2) pensam; 3) sentem; 4) como gostariam que fosse e 5) o que fazem em relação àquela questão.
c) Discutir amplamente o resultado das 5 pontas de cada estrela, enfatizando a atitude dos pacientes frente a doença.

Avaliação

Promover uma discussão sobre as dificuldades e as melhores formas de lidar com a doença e o seu tratamento.

6º. Encontro

Objetivos

Estimular a confiança em si mesmo e a auto-estima para tratamento da doença.

Procedimentos

a) No início, sugerir uma técnica de aquecimento do grupo: cada participante, deitado ou sentado de forma relaxada, com os olhos fechados, vai imaginar que está em uma floresta. O coordenador procura ajudar a imaginação com algumas perguntas feitas de forma pausada e suave: como é a sua floresta? Como se sente no meio dela? O que você mais gosta de fazer quando está nesta floresta? Tem algum perigo ou algo que te assusta ou que gostaria que fosse melhor? O que você faz para preservá-la? Reunir o "grupão", depois conversar sobre isso, de maneira breve e não aprofundada, pois a técnica está sento usada apenas para "aquecimento" do grupo, porém se se perceber que o grupo deseja muito continuar nessa discussão, pode-se dar continuidade e não fazer a técnica seguinte, desde que a correlacione ao tema do dia.
b) Discutir as formas de encarar o perigo, os caminhos percorridos pelos subgrupos, as demonstrações de coragem, determinação ou medo, a necessidade de coordenação, entrosamento e confiança entre eles e enfim, a importância do

seu esforço e sua função para o bom desempenho da equipe. Discutir essas, entre outras questões que possam vir a surgir. Fazer um paralelo entre a atividade realizada e o enfrentamento do câncer de pulmão.

Avaliação

Conversar com o grupo sobre como foi a atividade e que contribuição trouxe à reflexão da sua vida e a passagem atual.

7º. Encontro

Objetivos

Avaliação do trabalho e elaboração do fim da oficina.

Procedimentos

Fazer uma reflexão com a letra da música *Pensamento*, do Cidade Negra. A partir daí, levantar o que foi bom – e o que foi ruim – na Oficina, para cada um.

Despedida

Realiza-se a "Troca de bilhetes" onde todos recebem papel e caneta para escreverem algo para qualquer pessoa do grupo. Depois, os bilhetes são lidos e a troca é identificada. Finalizar com o lanche coletivo animado pela música do encontro.

Observação: Modificações nesta proposta de oficina poderão perfeitamente ocorrer, desde que reflitam as necessidades da dinâmica do grupo.

Bibliografia

1. FRITZEN, S. *Exercícios práticos de dinâmica de grupo*. Petrópolis: Vozes, 1982.

2. Textos do 4º Módulo da disciplina Oficina em Dinâmicas de Grupo na área de saúde.

3. *Site*: www.inca.gov.br/

Comentário: Flávia Lemos Abade

Olá, Alessandra!

Sua oficina foi muito bem elaborada, parabéns pelo trabalho!

Você descreveu muito bem a demanda demarcando suas características psicossociais e fez uma boa pré-análise e um bom enquadre, considerando a especificidade do grupo.

O planejamento flexível também ficou bastante interessante, pois você utilizou dinâmicas que estimulam a discussão sobre os objetivos que você propôs em cada encontro e não perdeu de vista a globalidade do processo. A ressalva acerca das mudanças que podem ocorrer ao longo da oficina é muito relevante, pois é mais importante ouvir e acompanhar o grupo do que seguir o planejamento; e, às vezes, as expectativas ou a disposição/abertura do grupo para o trabalho são diferentes daquelas que estamos imaginando...

Você também me mandou um e-mail questionando e refletindo sobre a importância da definição de quem coordenará a oficina. Adorei a questão e acho que você tem razão: é importante que cada profissional construa sua proposta de trabalho buscando relacionar da melhor maneira possível suas habilidades e competências com a demanda do grupo. Um médico poderia fazer uma oficina com enfoque educativo, mas também com uma postura dialógica e uma visão psicossocial da relação saúde/doença. Um psicólogo, por outro lado, poderia fazer uma oficina que trabalhasse melhor com crenças, sentimentos e ações dos pacientes e a elaboração deles diante da mudança, e também com algumas informações sobre saúde e doença (como você fez). Desse modo, podemos dizer que na oficina existe uma dimensão clínica e uma dimensão pedagógica e o enfoque sobre essas dimensões varia de acordo com a formação do coordenador do grupo e com a demanda do grupo.

Um abraço,

Flávia.

Tarefa 4 – Liliane Peixoto Amparo

Tema

"Oficina para crianças que serão submetidas a intervenções cirúrgicas"

Análise da demanda

A maioria das crianças que são submetidas a intervenções cirúrgicas vivem momentos de grande ansiedade e incertezas no período pré-operatório. Poucas dessas crianças sabem o que a elas acontecerá durante e após a cirurgia, intensificando ainda mais anseios e dúvidas. O hospital por si é um local amedrontador, principalmente para as crianças. Passar por uma intervenção cirúrgica envolve muito além de uma posterior internação e cicatrizes.

Criar um espaço para que essas crianças possam esclarecer suas dúvidas, mostrar-lhes os materiais cirúrgicos utilizados pelos médicos, conscientizá-las sobre os efeitos da anestesia e demais medicamentos e colocá-las em contato com outras crianças que já passaram por esta intervenção, poderá amenizar os efeitos emocionais negativos anteriores à cirurgia.

Pré-análise com escolha de foco e temas-geradores

A oficina pretende proporcionar ambiente para discussão sobre os temas que mais afligem as crianças no período pré-operatório, incluindo desmistificar medos comuns nesse período (anestesias, injeções, suturas, etc.).

Os objetivos principais da oficina serão:

a) proporcionar o contato entre crianças que estão passando pela mesma situação, propiciando um ambiente de identificação entre elas;

b) criar espaços para que as crianças possam expressar-se sobre seus sentimentos, anseios e dúvidas no período antecedente à cirurgia;

c) proporcionar às crianças o contato com materiais cirúrgicos, explicando-lhes a funcionalidade de cada um;

d) mostrar às crianças o bloco cirúrgico, o CTI e a enfermaria, para que, no momento da cirurgia e pós-cirurgia tais ambientes não sejam estranhos a elas;

e) colocá-las em contato com crianças que já passaram por intervenções cirúrgicas para troca de experiências.

Temas-geradores

Identificação com outras crianças, desmistificação sobre a cirurgia, autocuidado, redução de ansiedade no período pré-operatório.

Enquadre

A oficina será realizada semanalmente com crianças que se submeterão a intervenções cirúrgicas no Hospital das Clínicas da UFMG. O número de crianças será variável, dependendo do número de cirurgias marcadas para a semana posterior à oficina. O horário de realização da oficina será na parte da tarde, após o horário de visita do hospital. A oficina terá quatro sessões de uma hora e meia a duas horas diárias, na ala infantil do hospital.

Planejamento

1º. Encontro

Objetivos

Acolhimento e conhecimento inicial do grupo, com os objetivos de facilitar o início de formação do sentimento de identidade e troca entre os membros do grupo, a partir de sua condição específica; deixar claro para as crianças que todos do grupo sofrerão algum tipo de cirurgia, e a partir daí tentar identificar as principais dúvidas sobre a intervenção cirúrgica de cada participante.

Procedimentos

a) Apresentação de cada participante, dizendo o nome e um animal com o qual se identifica. O participante seguinte deverá repetir o nome da primeira pessoa com o respectivo animal e dizer seu nome com o animal que mais se identifica. Repetir sucessivamente até que todos se apresentem. Caso algum participante esteja impossibilitado de se comunicar verbalmente, sugerir a utilização de gestos para interpretar o animal.

b) Através da brincadeira da "batata-quente" (faz-se um objeto qualquer de "batata" e o entrega ao participante do lado), quando o coordenador ou outro membro do grupo acabar de cantar a música – "batata quente, quente, quente, quente, queimou!" – quem estiver de posse da batata deverá dizer sua principal dúvida, medo e/ou outro comentário sobre a cirurgia que realizará.

Avaliação e programação

Com as questões levantadas na brincadeira o coordenador prepara o grupo para a próxima sessão, dizendo que vários médicos participarão do encontro seguinte, demonstrando também a importância da participação de todos.

2º. Encontro

Objetivos

Criar um momento lúdico inicial entre as crianças e propiciar o esclarecimento das dúvidas colocadas por elas na sessão anterior. Apresentar o material cirúrgico para as crianças.

Procedimentos

1. No início da sessão, criar um espaço lúdico grupal entre as crianças através de jogos, massinhas de modelar, material gráfico, blocos de montar (tipo Lego), bonecos articulados (tipo

Playmobil), brinquedos de "casinha", entre outros. O coordenador deverá, sempre que necessário, proporcionar uma maior interação entre as crianças.

2. Apresentar o material cirúrgico para o grupo, inicialmente materiais de brinquedo, estimulando a investigação do mesmo pelas crianças. Em seguida, apresentar-lhes os materiais verdadeiros, sempre dizendo a função de cada um deles. Este último procedimento poderá ser feito também por um médico e/ou enfermeiro.

3. Dar início à "brincadeira" seguinte, relembrando a fala do término da sessão anterior ("...vários médicos participarão do encontro seguinte..."). Dividir o grupo em duas partes: pacientes e médicos. Cada paciente irá relatar sua dúvida e os "médicos" tentarão resolvê-la. Após todos os pacientes terem falado, inverter a ordem da brincadeira.

O coordenador deve estar atento para que os participantes não estejam dizendo absurdos, principalmente tratando-se de questões muitas vezes originárias da fantasia de cada criança. Ao perceber algo assim, o coordenador deverá dar uma resposta mais coerente, caso não saiba deverá procurar um médico "de verdade" para respondê-la.

Avaliação e programação

O coordenador pergunta para as crianças como elas estão se sentindo após as "consultas", do que elas gostaram mais, do que gostaram menos, qual papel foi melhor de se fazer (médico ou paciente). Os participantes são informados que a sessão seguinte será o dia da visita no hospital.

3º. Encontro

Objetivos

Apresentar às crianças os ambientes pelos quais elas passarão durante e após a cirurgia, além de cada procedimento realizado nesses locais.

Procedimentos

A visita deverá ter também o acompanhamento de um médico e/ou enfermeiro para o esclarecimento de possíveis dúvidas.

Iniciar a visita pelo bloco cirúrgico, mostrando às crianças o local em que elas deixarão seus pais, onde tomarão a anestesia, onde serão operadas, para onde irão após a cirurgia, o local em que, possivelmente, acordarão da anestesia.

O profissional responsável deverá informar ao grupo sobre o processo de se tomar a anestesia bem como os sintomas de acordar após a anestesia, quando utilizará injeções, explicar que pode acontecer da criança precisar ficar entubada, tomar soro, etc. Deverá, também, explicar sobre o funcionamento do CTI, pois muitas crianças precisam permanecer por lá algum período após a cirurgia.

Avaliação e programação

De volta à sala de atendimento do grupo, perguntar às crianças o que acharam da visita e se os locais visitados eram da maneira que elas imaginavam. Perguntar como elas se sentem após a visita: se estão mais tranqüilas, se não alteraram seus anseios, etc. Preparar o grupo para a sessão final do dia seguinte.

4º. Encontro

Objetivos

Colocar o grupo em contato com outras crianças que já passaram por intervenções cirúrgicas, avaliação e elaboração do fim da oficina.

Procedimentos

a) Apresentar ao grupo crianças que já passaram por intervenções cirúrgicas e deixá-las livres para o esclarecimento de dúvidas e questionamentos sobre as experiências já vivenciadas por estas.

b) Avaliar a oficina com os participantes, deixando-os relatar sentimentos e dúvidas sobre a cirurgia antes e depois da realização da oficina.
c) A oficina findará com cada participante deixando uma "herança" para outro, seja através de um gesto, uma palavra, um desenho.

Despedida

O coordenador deve apontar os avanços de cada membro do grupo, agradecer a participação de cada um e convidá-los para, após a cirurgia, voltarem ao grupo para relatarem suas experiências para outras crianças.

Minhas dúvidas durante a elaboração da oficina

Análise da demanda e pré-análise com escolha de foco: para mim os dois itens são iguais, pois em ambos entendi que se trata de expor os objetivos da oficina.

Temas geradores: entendi que é o que se pretende trabalhar na oficina, englobando-se no item anterior (objetivos).

Comentário: Flávia Lemos Abade

Olá, Liliane!

Sua oficina ficou muito interessante!

Sobre suas dúvidas: a demanda se refere ao pedido ou à necessidade desse trabalho. O item demanda diz respeito a uma discussão acerca do "para quê" ou finalidade da oficina tanto para os sujeitos envolvidos quanto para o contexto no qual vivemos. Podemos pensar que é o primeiro passo para construção da oficina. A pré-análise é o segundo passo. Serve para não chegarmos muito "crus" ao grupo. Antes de iniciar um trabalho desse tipo é importante conhecer o que tem sido feito nessa área, assim como tentar conhecer um pouco sobre as questões mais relevantes para as pessoas envolvidas. É a partir desses dados que escolhemos um foco, e em seguida, temas geradores, para então, definirmos os objetivos de cada encontro.

O enquadre de sua oficina ficou bom, mas faltou dizer qual a faixa etária das crianças. E por que você escolheu o horário após o horário de visitas? Há algum motivo especial?

O planejamento foi global, com objetivos coerentes com a proposta. Nunca é demais lembrar, no entanto, que o coordenador deve ouvir e acompanhar o grupo e não simplesmente seguir o planejamento.

Um abraço,
Flávia.

TEXTO 5

Brincadeira tem hora? Uso e abuso das técnicas em processos grupais

Maria Lúcia M. Afonso

As técnicas de grupo entram e saem da "moda" e ninguém explica bem o porquê. Enquanto uns utilizam-nas como instrumento base para trabalhar com grupos, outros entendem que elas não passam de uma forma de banalizar os processos emocionais e desviar o grupo de suas questões mais fundamentais. Quem teria razão?

Neste texto, quero argumentar contra ambas as posições e a favor de uma terceira: as técnicas de grupo são como uma linguagem que auxilia no processo do grupo, desde que devidamente elaborada através da palavra. O lúdico é um recurso importante no trabalho com grupos, e que, por isso mesmo, deve ser "usado" e não "abusado".

Para fundamentar essa idéia, vou começar por uma reflexão breve sobre a natureza do lúdico na sociedade e nas relações intersubjetivas. A partir daí, discuto *por que, para que* e *como* usar recursos lúdicos e técnicas diversas em trabalho de grupo, em especial na forma de intervenção psicossocial, onde questões de educação e saúde ocupam o foco da elaboração.

Quem ri por último ri melhor? O riso e o humor nas relações sociais

O antropólogo Radcliffe-Brown mostrou que o humor desempenha um importante papel de delimitação e mediação das relações sociais. Trocando em miúdos, você não brinca de qualquer maneira com qualquer um. O momento e a forma como você diz coisas espirituosas para alguém expressam muito da relação em jogo e as hierarquias sociais contêm regras implícitas sobre o humor.

Contar piadas, fazer gracejos e trocadilhos, bem como outras formas de humor, não são para qualquer um! Tente não rir da piada de seu chefe, na festa de fim de ano! Você verá que aceitar o "humor" também é uma forma de inclusão social e adequação às regras. E, mais, que o humor, ele próprio, é submetido a regras sociais, explícitas e implícitas.

Brincadeiras de "bom" e de "mau" gosto regulam nossas relações cotidianas, com variações culturais. Um discreto trocadilho pode dar um tom informal a uma reunião de negócios, aliviando a tensão, e a apresentação de pessoas estranhas fica mais "amigável" se houver uma leve tolerância para com aspectos "engraçados" da situação. Mas essa tolerância encontra limites no que chamamos de "excesso", "mau-humor" ou "mau-gosto". Ora, tantos rodeios e regras implícitas nos dão uma pista de que algo muito importante está em questão.

Também sentimentos como a intimidade, a cumplicidade, o desejo, a inveja e até o medo nos levam a "fazer graça". Através dessa "graça" encontramos formas de expressão ou formas de nos defender contra sentimentos insuportáveis. Brincamos para dizer e para calar; para descontrair e para provocar. Dentro dessa categoria, há que se relevar uma diferenciação importante no humor quando está carregado de ironia ou sarcasmo. Aí, então, nossas brincadeiras podem servir para reproduzir preconceitos sociais, para humilhar e desqualificar as pessoas, como uma perigosa arma. Mas, também o amor encontra seu equilíbrio no bom-humor e os enamorados sabem bem como o humor os liberta, de quando em quando, da sensação insuportável de estar centrado (e encerrado) no outro, quando a paixão cochila. Não foi gratuitamente que, na Grécia Antiga, a comédia nasceu junto com a tragédia, como duas faces de um mesmo deus.

Além do humor, que aparece como uma forma de relação entre sujeitos e dos sujeitos com a própria linguagem, devemos também nos referenciar nas diversas formas lúdicas: jogos, desafios, brincadeiras, e tantas outras, inclusive, com expressão artística, como cantigas e rimas. O historiador Huizinga mostrou, em um livro chamado *Homo Ludens*, que o ser humano brinca, em todas as culturas e tempos da história. Não apenas as crianças, mas também os adultos brincam: com a linguagem, com jogos e em diversas formas de lazer.

Assim, do manancial de formas culturais e da própria natureza da linguagem, com seus significados em movimento, o brincar emerge como atividade humana básica que, por isso mesmo, se desdobra tanto em riscos quanto em potencialidades. São esses riscos e essas potencialidades que encontramos no grupo, ao usar técnicas diversas de "quebra-gelo", "animação", "interação", e outras. Mas qual será o efeito dessas técnicas. Que poder possuem diante da dinâmica grupal? Como a dinâmica grupal afeta o uso de uma técnica?

Neste texto, trabalhamos com a idéia de que a técnica, em si mesma, não determina o processo do grupo... Mas, que ajuda, ajuda!

Devagar com o andor que o santo é de barro: desmistificando as técnicas de grupo e re-contextualizando seu uso

Esse ditado espirituoso vem do Brasil colonial, quando contrabandistas de ouro enchiam o interior oco de imagens de santos, feitas de argila, com o precioso metal, para enviá-lo à Europa. Serve-nos, portanto, em duas acepções: a primeira é a de que o santo não é tão santo assim. A segunda é a de que, apesar de tudo, está cheio de ouro. Assim são as técnicas de grupo: em si mesmas, não têm valor preciso. Mas, em potencial, valem ouro.

Trabalhando com grupos na área de educação e saúde, entendemos que as técnicas são úteis em vários momentos e para vários propósitos.

Chamamos de "técnicas" de grupo aquilo que, de maneira muito informal, as pessoas têm chamado de "dinâmicas de grupo", isto é, brincadeiras, jogos, relaxamento, trabalhos em argila, desenhos, entre outras. É preciso diferenciar entre as técnicas e o *processo mesmo do grupo.* A *dinâmica do grupo* se configura como um processo vivido pelo grupo e explicado por uma teoria de grupo.

As técnicas configuram estratégias e atividades que motivam a ação e comunicação, no sentido de facilitar, esclarecer e elaborar o processo grupal. Contudo, não fazem isso, magicamente, por si mesmas. Não basta brincar de alguma coisa para se ter um *insight*, uma compreensão de diversos significados das relações.

As técnicas devem ser tomadas como meios (e não como fins) que servem para expandir o conhecimento no grupo e abrir possibilidades de interação. O coordenador pode planejar usar uma técnica. Entretanto, deve desistir dela quando não for bem aceita pelo grupo. A coordenação não deve pressionar o grupo ou os participantes para executar uma técnica, pois esta, sozinha, é exatamente como uma palavra esvaziada de sentido. E, se forçamos o falante a falar essa palavra, podemos obter, em vez de um sentido esperado, uma série de defesas e de novos sentidos agregados à situação de embaraço.

Tomemos, por exemplo, a brincadeira do "telefone sem fio". A maioria de nós brincou disso, quando criança. Uma frase é dita de pessoa a pessoa, em uma seqüência, na qual cada pessoa que escuta a frase, sigilosamente, a repassa a outra pessoa do grupo, e assim sucessivamente. Ao final da seqüência se verifica, na maioria das vezes, que a frase sofreu modificações substanciais. Moral da história: o telefone sem fio é como uma fofoca ou notícia que vai se modificando sob a ação de diversos fatores, no grupo, até se tornar outra, diferente da inicial.

Se um grupo de pacientes com diabetes brinca de "telefone sem fio" sem qualquer propósito, pode tirar uma conclusão "lógica" da brincadeira, como uma dedução racional de suas possibilidades: os rumores distorcem as notícias. Porém, essa conclusão não lhes dirá nada diretamente relacionado à experiência pessoal e não vai necessariamente sustentar uma reflexão "psico-lógica". A brincadeira pode parecer "ilógica e vazia": uma perda de tempo. Se o grupo (ou uma pessoa) foi constrangido a brincar, suas associações serão dificultadas pela indisponibilidade e pela resistência.

Se o mesmo grupo brinca de "telefone sem fio", mas é solicitado a associar a brincadeira àquilo que acontece com a informação que recebe sobre a sua condição de saúde, na família e nos grupos de amigos, a técnica surte um efeito mais focalizado e contextualizado. É possível refletir sobre a distorção das informações sobre saúde, quando são repassadas em um contexto de preconceitos e crenças. Abre-se a possibilidade não apenas de um "raciocínio" mas também de uma "reflexão" sobre a própria experiência, na especificidade da questão. Isto se o grupo se engaja na tarefa.

É importante notar que a coordenação tem um papel a desempenhar e que inclui sugerir atividades, organizar, mobilizar o grupo e, ainda, colocar questões, instigar, associar, acolher, escutar e sistematizar. Porém, se a coordenação "atropela" o grupo com conclusões apressadas, na pressa de fazê-lo aceitar uma "moral da história" – antes mesmo que pensem em suas próprias histórias – a brincadeira "perde a graça".

É preciso deixar brincar: primeiro, com o jogo, depois com os significados que o jogo evoca, e também com as recordações, as associações, as novas atribuições de sentido. Deixar conversar, comunicar, trocar. A coordenação tem um papel ativo, no sentido de incentivar o diálogo. Porém, só *depois* é que deve trazer informação sistematizada, tendo o cuidado de não apresentá-la como se fosse a "última palavra" e sim um recurso do qual o grupo utiliza para cuidar de si.

O uso de técnicas favorece a sensibilização, a expressão, a comunicação e a re-significação das experiências através de uma estratégia simples: permite reorganizar a maneira de narrá-las. Na medida em que se incrementam os processos de comunicação, abrem-se possibilidades de re-significação. As novas narrativas surgem no campo grupal como um tesouro de significantes e significados. Trazem a possibilidade de sistematização e comparação dos pontos de vista, o trabalho com conflitos e diferenças. E aí, novamente, a atuação do coordenador é fundamental. Na medida em que aponta, indaga, associa, sugere, etc., ajuda o grupo no trabalho de elaboração.

Quem tem boca vai a Roma – a abertura para o processo dialógico

O resultado da técnica não acontece por ela mesma e sim pelo valor dialógico que ela adquire no campo grupal, a partir de sua escolha, adaptação, etc. Ou seja, para que a técnica tenha utilidade deve desempenhar, para o grupo, um valor de metáfora articulada com a experiência dos participantes.

Quando a coordenação espera um "dado resultado" a partir de uma técnica aplicada, está se limitando a um procedimento pedagógico. É como se, depois de brincar de "telefone sem fio", em vez de incrementar o diálogo no grupo, o coordenador apresentasse a moral da história: "estão vendo como a informação pode ser distorcida no dia a dia"? Os participantes concordam. Mas será que articularam sua experiência à informação. Quando incrementamos a comunicação, esperamos não um conteúdo dado e sim um processo, um processo de reflexão.

Alguns coordenadores podem ficar ansiosos diante desse procedimento, receosos de que os conteúdos básicos da área da saúde não sejam apreendidos pelo grupo. Na minha experiência, acontece justamente o contrário. Quando se estimula a reflexão, esses conteúdos são apreendidos de maneira muito mais clara e estável. Quando se absorve uma informação sem reflexão ela é mais facilmente esquecida, distorcida ou abandonada. Assim, a coordenação da Oficina busca facilitar, para o grupo, a associação entre a técnica, a experiência e a reflexão.

Em um trabalho de grupo pode-se ter a impressão de que não se transmitiu tanto quanto em uma aula. Isso pode ser verdade em relação aos conteúdos apresentados, mas não é necessariamente verdade em relação aos conteúdos transmitidos, compreendidos, assimilados e utilizados. Ou seja, no trabalho de grupo buscamos maior operatividade dos participantes.

As técnicas ajudam nessa operatividade, permitindo que o conteúdo, inicialmente simplificado, possa ser alvo de reflexão e expansão, através da associação com a experiência, com a crítica a preconceitos que impedem a compreensão das novas informações, e com a busca de mais informações.

Entendendo a técnica como um recurso estratégico e metafórico, em um conjunto de regras dadas, que serve para estabelecer comunicação entre os participantes, vemos que a técnica tem um valor de linguagem. Ao mesmo tempo em que serve de suporte para significados, impulsiona a experiência no grupo e o diálogo, promovendo uma abertura da percepção e da consciência para novos aportes.

As técnicas acrescentam possibilidades à linguagem no grupo: gráfica, pictórica, corporal, sonora, entre outras, sempre marcadas pelo caráter lúdico e nos remetendo a um universo de significados. Nesse sentido, são LINGUAGEM que arma uma encenação de relações ou situações a se trabalhar.

Vejamos um exemplo: um grupo de familiares de pacientes em saúde mental representa, nas 3 pétalas de uma flor desenhada em uma folha de papel, o que sentem, o que pensam e o que fazem diante dos sintomas apresentados pelos seus parentes. Ao cumprir a tarefa, o grupo se permite "brincar" mas ao mesmo tempo "trabalha", separando os significados, escolhendo as palavras, ponderando as correlações e contradições entre pensar, sentir e agir.

Esta primeira etapa da brincadeira tem um efeito de sensibilização, evocação, mobilização de sentimentos e idéias, facilitando a sua expressão. Se, depois disso, os participantes mostram uns aos outros o que fizeram e conversam, trocam palavras e idéias, o processo reflexivo avança. Há possibilidades de rever os pontos de vista e buscar novas formas de compreensão. Se uma informação relevante surge nesse momento, ela vem não como uma peça asséptica e neutra, mas como um "instrumento para pensar a própria experiência" a partir de tudo o que se falou e tudo o que se está introduzindo.

Passar de uma linguagem a outra, assim como de um trabalho de argila para a palavra, de um desenho para a conversa, é como passar de uma língua a outra, apreendendo as suas sutilezas e possibilidades. Quem já tentou aprender outra língua sabe do que estamos falando. Mas, mesmo quem nunca tentou, pode se lembrar de algo que os brasileiros gostam de dizer: que apenas em nossa língua existe a palavra "saudade". Mas, será mesmo que, em outros países, as pessoas não sentem o que chamamos de "saudades"? Não sentem nada parecido? O que sentem, então? Passar da argila (ou do desenho, da dança, do corpo, etc) para a palavra, e vice-versa, tem efeito semelhante: no esforço de tradução, incrementamos a reflexão.

Trabalhando a concepção do lúdico em Winnicott (1975), podemos observar que, como jogo ou brincadeira, a técnica nos possibilita trabalhar um tema, ou um conflito, através de uma estrutura que (a) promove uma abertura perceptiva, (b) permite a expressão de sentimentos e idéias, (c) permite a encenação de relações, (d) permite que o sujeito se veja em situações não cristalizadas no cotidiano, (e) permite uma sensibilização e uma disposição para a apreensão e produção de novos significados.

Quando a técnica envolve um esforço de comunicação ou de reflexão também leva a perceber ângulos não cristalizados no cotidiano e a uma abertura para o processo dialógico. Mas, vemos, então, que a grande questão é o processo dialógico e não a técnica em si. É preciso submeter a técnica a esse processo, e não o contrário, como às vezes vemos acontecer.

De grão-em-grão a galinha enche o papo: as linguagens da elaboração

Até agora, apresentamos razões para uma utilização conscienciosa de técnicas de dinamização no grupo. Ou seja, falamos *por quê* e *para quê* usar técnicas, dentro de *limites* dados pelos propósitos do grupo. Nesse item, vamos abordar *como* usar tais técnicas, em uma sessão e ao longo do processo de grupo.

Nas sessões de grupo

Em cada sessão de grupo, uma técnica pode ser usada como recurso de criação de ambiência de trabalho, de introdução dos participantes, de aquecimento, ou relaxamento dos mesmos, preparando-os para o trabalho do dia. Por exemplo, os participantes são solicitados a escolher uma planta com a qual se acham parecidos, e dizer por quê. Falam de si, através dessa comparação e se comunicam no grupo. Outro exemplo, os participantes brincam de "detetive e vítima", os olhares circulam no grupo, a atenção é redobrada para a expressão facial de cada um, sentimentos de competição e cooperação são mobilizados. Há uma tensão "de brincadeirinha" que, em seguida, é aliviada pelos risos e pela decifração do enigma "quem é o assassino?". Nesse primeiro momento, é fundamental estimular a interação entre os participantes, diminuir a tendência a centralizar tudo na coordenação e criar uma ambiência para o trabalho do dia.

Mas o trabalho do grupo vai *além* e, usualmente, existe uma questão a ser trabalhada. Então, a seguir, pode-se usar uma técnica que estimule a interação, a reflexão, ou ambas. Por exemplo, os participantes são solicitados a fazer um desenho conjunto, ou a refletir individualmente, trocando depois, suas idéias. Pode ser aquela flor, anteriormente mencionada, ou a escolha do que levariam consigo para uma ilha deserta, de uma lista de elementos que... *estejam relacionados com a questão a ser discutida.*

A coordenação pode, por exemplo, preparar uma lista com vários tipos de alimentos e pedir aos participantes (individualmente ou em pequenos grupos) que escolham quais levariam consigo para uma ilha deserta. Pode inclusive dar um número determinado de alimentos a se levar. Isto tornará a brincadeira mais desafiadora. Essa é uma discussão "quente" que levantará desejos, alegrias e tristezas, conhecimentos de dieta, e tudo o mais. Depois que os indivíduos ou subgrupos escolherem os itens, mostram suas escolhas para o "grupão". Segue-se a comunicação entre os membros e a informação levada pelos profissionais de saúde.

Esse trabalho no "coração" da sessão deve suscitar a sensibilização para a questão a ser discutida, a sistematização do que o grupo pensa a respeito (o que inclui crenças e preconceitos, que precisam ser falados para serem avaliados), a reflexão sobre seus pensamentos e sentimentos.

Além disso, a comunicação dinamiza e re-significa essa reflexão. A informação fornecida pelos profissionais de saúde vem ajudar a "*fazer sentido*" e a ter acesso a um bem – a informação em saúde.

As técnicas podem ser escolhidas conforme o foco do grupo e seu "momento", buscando (1) sensibilização; (2) reflexão, (3) interação e comunicação, (4) mediação de conflitos, (5) encenação da ação para reflexão e decisão.

Se a busca é de sensibilizar para a dieta, por exemplo, pode-se combinar uma troca de receitas e, a partir dela, trocar informações, e a partir dessas informações, oferecer novas informações. Se há interesse em entender o conflito interior das pessoas sobre a dieta, oferecemos uma técnica reflexiva. Mas, note-se que a mesma técnica de sensibilização (trocar receitas) pode oferecer um aspecto reflexivo (experimente recriar uma receita com os ingredientes possíveis de serem consumidos), pois todo "pensar sobre o sentir" é produtivo no grupo. Se queremos entender um conjunto de relações (como, por exemplo, a dificuldade de um paciente diabético em uma festa), podemos encenar um momento da festa, e discuti-lo, tal como um recurso psicodramático.

É preciso não se esquecer que, feita uma reflexão, o grupo ainda precisa reafirmar seus vínculos afetivos e de identificação. Não se deve acabar uma sessão sem que um pequeno "fechamento" seja feito e compartilhado pelo grupo como um todo. É hora de sistematizar, concluir, marcar o que foi produzido. Pode ser uma frase, um aperto de mãos, um elogio... Por exemplo, pode ser usada a leitura de um poema ou um ditado popular.

Note-se que uma mesma técnica serve para os vários momentos. Um ditado popular – assim como vários outros recursos – serve para descontrair e também para refletir e também para finalizar. Aliás, serve também para se escrever textos!

Ao longo do processo grupal

Muitos coordenadores ficam tão envolvidos com o uso reflexivo das técnicas e seu potencial educativo que passam a se esquecer do trabalho com o grupo enquanto *grupo*.

As técnicas também podem ser usadas, ao longo do processo do grupo, justamente para se trabalhar, continuamente, como uma "linha de base", a identidade e o crescimento do grupo enquanto tal. É bom que a coordenação sugira, com freqüência, técnicas que cuidam do grupo como uma rede de vínculos e não como uma somatória de participantes que se limitam a um esforço de aprendizagem. Para uma fácil referência, vamos interligar os momentos do grupo e a utilização de técnicas, como:

(1) formação do grupo e criação de sentimento de identidade – técnicas de interação, trocas com base na identificação, e de incremento do sentimento de grupo e dos vínculos,
(2) trabalho sobre as diferenças, formação de normas e objetivos: conhecer as diferenças para trabalhar os conflitos e medos que elas trazem e incrementar a riqueza que proporcionam para o diálogo: técnicas reflexivas e dialógicas, psicodramáticas e de resolução de problemas,
(3) luto e elaboração de fim do grupo – técnicas que favoreçam a elaboração do trabalho de grupo, que reafirmem os vínculos, que facilitem a expressão de sentimentos em torno de "perdas e ganhos".

Entretanto, não vamos indicar esta ou aquela técnica como ideal para este ou aquele momento, uma vez que afirmamos que qualquer técnica pode, em princípio, ser usada, em seu valor metafórico ou relacional, em qualquer momento, *dependendo da ação da coorde-nação sobre a técnica.*
Por exemplo, é mais provável que se use o "telefone sem fio" para uma reflexão sobre a informação. Mas, uma adaptação da brincadeira pode ser usada para se fazer a despedida do grupo. Vejamos: pede-se que uma pessoa comece a brincadeira por uma frase que expresse os seus sentimentos ao término do grupo. A seguir, a frase vai passando de boca a boca, entre os participantes. O conjunto de "erros" acontecidos dirá... sobre os sentimentos que existem no grupo.
Algumas perguntas são recorrentes: quem deve sugerir e aplicar as técnicas? A coordenação pode participar ou deve sempre se manter

à parte? Em nossas experiências com grupos, os participantes também podem trazer sugestões de atividades e técnicas e mesmo agir como co-coordenadores na aplicação de uma técnica, desde que em um tempo delimitado da sessão. Ou seja, o participante pode ser, por um momento, uma liderança no grupo e colaborar com a coordenação. Mas, a *condução* do grupo não lhe é entregue.

Também a coordenação pode, eventualmente e de forma ligeira, participar de uma técnica. Isso se dará *se e apenas se* essa participação for intencionada como um estímulo à participação do grupo. Nesse caso, a coordenação deve evitar os depoimentos pessoais, declarações de crenças e envolvimentos sentimentais. Por exemplo, podemos brincar em uma brincadeira inicial de interação, para facilitar a participação de todos. Mas devemos nos resguardar de dar a opinião pessoal em uma técnica reflexiva. Podemos – e devemos – oferecer ao grupo um agradecimento e uma mensagem afetuosa em uma técnica de elaboração de fim de grupo. Enfim, nossa participação é pontual e limitada por uma ética da responsabilidade e do lugar da coordenação.

Assim, a coordenação não deve temer esta ou aquela técnica. Ao contrário, pode buscar sempre pensar como usá-la, dentro dos objetivos e do processo do grupo e inclusive trabalhando os conteúdos que o grupo traz como sendo o material *básico* de seu processo reflexivo. Para isto, será necessário também evitar alguns "abusos" da técnica no processo grupal.

Quem semeia vento, colhe tempestade: o abuso das técnicas no processo grupal

Assumimos que o uso das técnicas auxilia na coordenação dos grupos que se propõem a uma determinada reflexão em torno de uma questão central. Porém, as técnicas podem ser, como já dissemos acima, usadas de forma inapropriada. Abaixo, selecionamos sete situações, que servem de referência para os coordenadores de grupo.

1) Devagar se vai ao longe

É necessário tempo para que relações de confiança sejam desenvolvidas no grupo. E esse tempo é o tempo do grupo! Não espere que uma técnica crie essas relações do nada. Não espere que o grupo sempre esteja disposto a se engajar em técnicas que demandam intimidade física ou emocional. Os sentimentos de união, solidariedade e cooperação não são possíveis de ser "maquiados" com técnicas que vão – supostamente – criá-los. Encenar a cooperação não é o mesmo que ser cooperativo. Encenar a cooperação apenas permite que se converse sobre a cooperação, buscando os caminhos de sua construção no grupo.

Vá devagar com técnicas que exijam contato corporal ou confidências. Suporte as dificuldades de envolvimento do grupo e olhe para elas com um olhar de acolhimento e de análise. Mas, paradoxalmente, não tenha medo de propor técnicas, *desde* que você se lembre de que é o grupo que escolhe a medida de seu envolvimento.

2) Quem com ferro fere, com ferro será ferido

Use o humor, mas evite a ironia e nem pense em usar o sarcasmo, pois são formas de comunicação que ferem a relação de confiança do grupo/participante com a coordenação. O grupo pode produzir bem com uma observação bem-humorada. Uma ironia leve, mas acompanhada de afeto pode instigar e questionar de maneira suportável. Mas o sarcasmo é desprovido de cuidado e carregado de críticas.

Técnicas que enfatizam a crítica e o conflito devem ser usadas com parcimônia, isto é, devem ser usadas preferencialmente como contraponto a uma situação que o grupo precisa enfrentar. Por exemplo, um grupo tem uma posição divergente sobre a questão a ser debatida. Pode-se sensibilizar o grupo usando-se a brincadeira "cabo de guerra", onde os participantes, divididos em 2 subgrupos, puxam as duas pontas de uma corda, em antagonismo. Depois, conversa-se sobre esse antagonismo na brincadeira e no grupo, focalizando a questão de fundo. Note-se que o uso da técnica deve vir reiterado pela explicação: não se brinca com o conflito pelo conflito, mas pelo desejo de se negociar e encontrar uma solução para o mesmo.

3) Para bom entendedor, meia palavra basta

A reflexão no grupo é um processo que a ele pertence e não precisa se "encaixar" na expectativa da coordenação para ser uma boa reflexão. Não meça a reflexão com o "metro" da coordenação e sim com o do próprio grupo: o que lhe parece pouco pode ser muito para outrem e, muitas vezes, o esforço emocional de refletir sobre questões vivenciadas faz desse "pouco" um "muito" a ser interiorizado e trabalhado. Assim, não espere das técnicas que tenham uma única resposta aceitável. Seja flexível na compreensão do que o grupo elabora.

4)Não vá com muita sede ao pote

Quando a coordenação está muito ansiosa, transmite essa ansiedade para o grupo. Também quando está indiferente, transmite essa indiferença. É necessário que a coordenação do grupo aprenda a escutar com flexibilidade, controlando a sua ansiedade, mas se interessando pelo grupo, dentro de seus limites.

Tampouco abuse do poder de mobilizar sentimentos que as técnicas trazem. Prefira uma intervenção mais leve e delicada que uma passagem súbita a grandes emoções: o choro dos participantes *não* é sempre sinal de que a sessão de grupo foi boa. Às vezes, são "lágrimas de crocodilo" e podem trazer uma "ressaca" emocional no grupo, aquela sensação de que "não deviam ter se envolvido tanto" e um conseqüente retraimento. Porém, se o choro acontecer não tema o mesmo.

Técnicas muito sofisticadas podem produzir frustração e sentimento de fracasso. Atividades que exijam raciocínio matemático e rápido, controle motor fino, e outras habilidades nem sempre fáceis, devem ter seu uso reavaliado. Use, de preferência, técnicas que fazem sentido no contexto cultural e na linguagem do grupo. Se puder simplificar, não complique.

5) Quem desdenha quer comprar

Se, por um lado, não devemos forçar o grupo a se engajar em uma técnica, por outro, não devemos nos impressionar pela resistência que ela provoca. Adultos são reticentes, no início, para brincar. Pensam que isto é "perda de tempo". Podem estranhar a metodologia utilizada porque ela desmancha a relação professor-aluno que supunha iria encontrar no grupo. A resistência a uma brincadeira pode ser também sinal de que ela encerra alguma questão que toca fundo no participante. Se o coordenador percebe isso, pode fazer um comentário, dar uma sugestão. Por exemplo, uma mulher de 50 anos não queria entrar em uma brincadeira dizendo que "era coisa de criança". Foi aceito que ela ficaria apenas olhando o grupo brincar. Mas, enquanto o grupo brincava, a coordenadora fazia algumas observações para essa senhora, tais como, "você gostava de brincar quando criança?", "está vendo que vocês também podem brincar?", etc. Ela, aos poucos, foi relaxando e se permitindo entrar na brincadeira.

6) Quem tudo quer tudo perde

Não preencha toda a sessão de grupo com técnicas, pois isso atrapalha o trabalho de reflexão sobre a *palavra*. Se uma técnica é suficiente para provocar uma discussão, fique com ela. Se você planejou mais de uma, isso não tem importância, deixe para outra vez.

7) Uma andorinha só não faz verão

Lembre-se sempre que o processo do grupo envolve a coordenação e o grupo. Não se culpe por tudo, não se isente de toda responsabilidade. O grupo é ativo em seu processo. A melhor coordenação é aquela que consegue, democrática, reflexiva e dinamicamente, ajudar o grupo a crescer o seu crescimento. Não há técnicas que levem o grupo "disfarçadamente" para o seu processo. Não busque, através da técnica, um "jeitinho" de *fazer sentir, fazer pensar, fazer fazer*. Esses ganhos seriam superficiais e provisórios. É preciso que o grupo se aperceba de sentimentos, idéias e decisões. Você não tem que "levar o grupo ao seu processo", só precisa acompanhá-lo e "acompanhá-lo" significa mostrar, indagar, incentivar, oferecer, etc. Mas não significa escolher por ele o seu próprio vôo e o seu próprio verão.

Em Roma como os romanos – a adaptação de técnicas de grupo na área da saúde

Nesse item, vou tentar construir uma estratégia simples de adaptação de técnicas que possa ser usada pelos coordenadores da equipe interdisciplinar em saúde. Como todo "esquema", este terá as suas falhas, que poderão ser compensadas pela operatividade da coordenação.

1. Tome uma atividade qualquer que envolva recursos variados (música, poema, desenho, pintura, argila, brincadeiras rítmicas, jogos, etc). Por exemplo, a brincadeira do "espelho". Nela, os participantes, em dupla, imitam os gestos um do outro, como se um fosse a pessoa que está em frente ao espelho e o outro fosse a imagem no espelho. Analise os aspectos metafóricos que a atividade oferece. Por exemplo, no caso do "espelho", podemos pensar nos sentimentos e idéias associados ao "ser modelo" para alguém e "copiar alguém". Isto tem alcance para a psicologia individual e para os comportamentos na cultura.
2. Reflita sobre o objetivo que a técnica terá segundo o processo do grupo, o momento, a questão a ser discutida, etc. Por exemplo, em um grupo onde discutimos as dificuldades de seguir uma dieta e ao mesmo tempo ter uma vida social. Pense nas diversas emoções que essa questão pode levantar e pensamentos que podem estar associados: por exemplo, timidez, vergonha, revolta e dificuldades de se incluir em um grupo social.
3. Associe as possibilidades da técnica (vista em 1) com os aspectos da questão (vistos em 2) e *dê o foco*. Por exemplo,

sugira a brincadeira do espelho (não explique muito, deixe ser vivenciada). Após a brincadeira, converse um pouco sobre "ser modelo" e "ser cópia", sentimentos, vivências e pensamentos associados. Faça uma passagem para a situação de convívio social e use para refletir sobre as dificuldades específicas nessa situação: quando você não pode comer o que todos estão comendo, você se sente incomodado por não poder ter a mesma imagem que todos? Como se sente sendo diferente? Etc.

Esse esquema, muito básico, deve ser pensado sempre no contexto do processo do grupo e orientado pela reflexão teórica, já trabalhada nesse curso. Por fim, para não perder o "estilo" desse texto, gostaria de passar ao nosso "sétimo selo": uma reflexão sobre os limites da coordenação na proposição de uma técnica.

Em casa de ferreiro, o espeto é de pau

Esse ditado popular nos lembra de nossos limites, ainda que sejamos muito "conhecedores" de alguma coisa. Isso porque esse conhecimento tem limites racionais e irracionais, como dificuldades emocionais, e correlatas.

Como coordenadores de grupo, precisamos ter a humildade de reconhecer os erros. Muitas vezes é bom dizer para o grupo que tal ou qual forma de proceder não foi "uma boa idéia" e que gostaríamos de reconstruir a relação. Muitas vezes devemos dizer a alguém que gostaríamos de ter escutado melhor, entendido melhor, em outro momento. Ao contrário de atrapalhar a relação, essa atitude costuma melhorá-la. Quando você sugerir uma técnica, e esta "der errado", não disfarce. Converse abertamente com o grupo sobre isso. Muitas vezes, nessas circunstâncias, descobrimos que o nosso conceito de "errado" não é o mesmo do grupo! Ou, então, teremos a oportunidade de refazer.

É preciso também reconhecer que temos as nossas preferências por técnicas determinadas: sentimo-nos mais à vontade com umas do que com outras. Isso não é um problema. Não há mal em usar mais algumas técnicas do que outras, se isto é produtivo também para o grupo. Mas, se nos sentimos excessivamente incomodados por alguma técnica, devemos nos perguntar por que e aproveitar para um questionamento interno, que nos faça crescer.

Paradoxalmente, temos também de ser humildes com os nossos acertos. Porque eles também são circunstanciais e provisórios. Se nos orgulhamos demais, podemos perder a medida das coisas e o fluxo dos acontecimentos. Nada como analisar a nossa relação com o grupo, para melhorar nossa atuação como coordenadores. Afinal, sendo humanos, teremos nossos erros e acertos. Coordenadores são apenas coordenadores. Coordenadores não são – nem precisam ser – o modelo perfeito de quem sabe conviver em grupo, sem qualquer problema. Somos sujeitos aos conflitos e dificuldades como todos. É sempre bom lembrar: “em casa de ferreiro, o espeto é de pau”.

Mas, que funciona... Funciona!

Bibliografia

1. AFONSO, Maria Lúcia M.(org). *Oficinas em dinâmica de grupo: um método de intervenção psicossocial*. Belo Horizonte: Edições do Campo Social, 2002.

2. RADCLIFFE-BROWN, A. R. *Estrutura e função na sociedade primitiva*. Petrópolis: Vozes, 1973.

3. HUIZINGA, J. *Homo ludens: o jogo como elemento da cultura*. São Paulo: Perspectiva, 1993.

4. KNAPPE, P. P. *Mais do que um jogo – teoria e prática do jogo em psicoterapia*. São Paulo: Agora, 1998.

5. MELLO Filho, Júlio de. Contribuições da escola de Winnicott à psicoterapia de grupo. In OSÓRIO, L.C. *Grupoterapia hoje*. Porto Alegre: Artes Médicas, 1986.

6. WINNICOTT, D. *O brincar e a realidade*. Rio de Janeiro: Imago, 1975.

7. YOZO, R. Y. *100 jogos para grupos – uma abordagem psicodramática para empresas, escolas e clínicas*. São Paulo: Agora, 1996.

Tarefas

Individuais

1. Elabore uma questão sobre a utilização de técnicas de grupo na área da saúde que você gostaria de ver respondida no texto deste módulo.
2. Com base na Oficina que você já criou na tarefa anterior, ou com base em um trabalho já efetuado com grupo, escolha uma técnica de dinamização de grupo, diga como aplicá-la em sua Oficina e justifique: como aproveitar bem essa técnica dentro dos objetivos e processo do grupo? Se quiser, use o esquema sugerido nesse texto.
3. Faça um pequeno relatório, de até 2 páginas, e mande para sua tutora.

Em grupo

Conversem sobre as atividades individuais realizadas, trocando as suas questões, sugestões e idéias. Façam um relatório (que mandarão para a tutora) de até duas páginas refletindo sobre dificuldades ou facilidades encontradas na criação e adaptação de técnicas na saúde.

Exemplos de tarefas do texto 5 e comentários

Tarefa 5 – Ellen Midori Ribeiro dos Santos

Este texto focalizou pontos importantes do processo em grupo e que levantam dúvidas quanto a “probleminhas” que podem surgir, mas que podem atrapalhar toda a construção da oficina.

Compreendi que apenas estabelecer técnicas e seus procedimentos, sem contextualizá-las e enriquecê-las através do incentivo ao diálogo, é esperar que a técnica faça seu trabalho sozinha, e não apenas com o papel que ela possui, que é um meio de trabalho da coordenação para incitar a reflexão acerca do tema escolhido. Confesso que estava esperando mais da técnica do que ela pode oferecer, talvez pela insegurança, que é natural “aos marinheiros de primeira viagem”.

A coordenação é fundamental para o êxito do processo para que os objetivos sejam alcançados de forma plena, onde se deve ser capaz de trabalhar o humor e a ironia a favor do grupo, de esperar que este grupo se encontre e reflita antes da discussão final e principalmente ser capaz de promover o processo dialógico e a reflexão. É fácil teoricamente... Um ponto que me chamou a atenção é que se deve submeter a técnica a um processo de diálogo, e não este último a uma técnica.

Parte 1 da tarefa: Algo que percebi na utilização de grupos e que gostaria que fosse um pouco mais discutida é que, em grupos que objetivam trabalhar aspectos fisiopatológicos de uma determinada afecção e suas conseqüências no indivíduo, bem como formas de adaptação desta, percebe-se que processos que trabalhem aspectos mais psicológicos são muito mais aceitos e fáceis de trabalhar que técnicas que pretendam promover o conhecimento de aspectos específicos da doença. Sentimentos de angústia e negação são visíveis em participantes. Na área da saúde, uma das funções que são atribuídas à enfermagem é o desenvolvimento de grupos de assistência (hipertensos, diabetes, planejamento familiar, doenças crônicas em adolescentes e crianças, etc). Tive a oportunidade de assistir um curso de capacitação do PSF para enfermeiros e notei muita ansiedade por parte dos participantes quanto aos métodos de trabalho com seus pacientes e de como trabalhar todos estes aspectos em conjunto.

Também, ao conversar com um aluno de Psicologia sobre o assunto, refletimos que muitas vezes um psicólogo conseguiria um meio mais eficaz, mas que, no entanto, seu curso não promove o conhecimento de aspectos patológicos, procedimentos e terapêuticas, e ficou este impasse, no ar... Ele até brincou que o psicólogo é quem deveria estar coordenando estes grupos, mas depois ficou esta dúvida.

Acho que o certo é que a coordenação reúna no mínimo estes dois profissionais, ou que a Psicologia, e vejo um campo legal para a profissão, promova capacitação para os profissionais... Mas a realidade nem sempre permite que isto aconteça.

Parte 2: Escolhi a técnica proposta para o segundo encontro:

Objetivos

Identificar e promover um maior conhecimento das participantes a respeito do *Diabetes Mellitus*.

Procedimentos

a) Através do método "Associação Livre" será pedido para escreverem em uma folha sobre: "O que é diabetes para você?" (Este fato promoverá o reconhecimento de alguns sentimentos a respeito da doença). O coordenador, após ler o que foi escrito pelos participantes, fará uma discussão sobre o que foi exposto e posteriormente fará uma "aula" expositiva com material audiovisual sobre o tema, sempre relacionando com alguns problemas relacionados e mencionados.
b) Separar-se-ão dois grupos, distribuindo-se fichas com alguns sintomas relacionados ou não com a doença e também com alguns sentimentos (positivos ou negativos), e uma tela para

que ali coloquem as fichas, como quiserem. Um grupo trabalhará hiperglicemia e outro hipoglicemia. No início, o coordenador avaliar e corrige, quando necessário, as escolhas, e faz uma discussão para o grupo enfocando a importância de se saber reconhecê-los e resolvê-los. Este trabalho trará lembranças de algumas situações passadas. Posteriormente, os sentimentos escolhidos por cada um serão postos para o grupo dizendo a razão de sua escolha. Neste momento o coordenador procurará trabalhar os sentimentos expostos incitando a explanação de suas vivências a respeito deste problema.

Esta técnica tenta trabalhar o lado fisiológico concomitantemente aos aspectos psicológicos, e destes levantar reflexões acerca do que realmente é o diabetes e quais as conseqüências que ele traz para a vida das pessoas.

A associação livre permite reconhecer o grau de conhecimento das pessoas a respeito da doença, bem como alguns sentimentos e vivências destas pessoas com a doença. Assim, cada participante, ao mostrar o que escreveu aos outros e expor suas idéias ao grupo, abrirá espaço para o diálogo e a identificação com as falas de outras pessoas.

A aula expositiva pretende mostrar estes aspectos que disse nem sempre conseguem muita adesão das pessoas... Mas que são importantes para o grupo, pois vai esclarecer pontos que o grupo certamente não sabe, ou pior, sabe incorretamente. A eficácia pode estar em como este coordenador irá conduzir a “aula”... Talvez... O texto deste módulo me trouxe isto como ponto importante.

A segunda parte tenta trabalhar um aspecto importante do diabetes que é reconhecer os sintomas, identificá-los e resolvê-los... Isto é importante, pois os dois extremos são muito prejudiciais à saúde. Mostrar sentimentos será importante para uma maior identificação dos participantes.

O objetivo central foi misturar pontos às vezes enfadonhos, a outros de maior aceitação, e assim conseguir um trabalho integral no grupo.

Tarefa 5 – Sueli Rodrigues Burgarelli

1. Conforme o próprio texto diz, algumas técnicas podem desencadear vivências intensas, carregadas de emoção e afetividade. Suponhamos uma situação onde a realização de uma técnica mobilize especialmente um participante do grupo, de maneira que este se ponha a chorar muito. Qual seria a postura da coordenação que poderia ser considerada condizente com a situação e com suas possíveis implicações? Penso que tal postura necessariamente passaria pelo respeito à experiência da pessoa (e do grupo). A pergunta é: seria o caso de se propor uma socialização da experiência, no sentido de se compartilhar com o grupo o que está sendo vivenciado por aquela pessoa? Acredito que, dependendo da forma como isso é proposto, o grupo terá maior ou menor autonomia e maturidade para tomar a decisão. Além disso, penso ser importante considerar também o momento do grupo e o grau de intimidade alcançado até então. Obviamente não há regras rígidas; mas socializar seria uma boa alternativa?
2. A técnica escolhida para ser objeto desta análise foi proposta para o 6º encontro da oficina, encontro este que pretende trabalhar a iniciativa, além de esboçar um primeiro passo no restabelecimento do contato dos participantes com a comunidade. Trata-se da técnica do “relógio do cotidiano”, onde os participantes serão convidados a representar as divisões do tempo vividas por cada um, em seu dia-a-dia: o que faz, a que hora, com quem, como, etc. Que tempo dedicam para si, para o trabalho, para a família, para o lazer, etc.? Como e com quem isso é vivido? Esta técnica possibilita aos participantes pensar em seu cotidiano, em sua rotina, em como seu dia é organizado (e por quem é organizado), e com quem é compartilhado. Paralelamente, permite pensar também sua relação consigo mesmo, o que pode facilitar muito a retomada do contato comunitário. A reflexão e discussão em grupo, após

a realização da técnica, podem se dar em torno do tema "como eu organizo meu dia, e em que medida essa organização depende da minha iniciativa?". Dessa forma, o objetivo de trabalhar a iniciativa fica também contemplado, na medida em que a técnica possibilita a facilitação de processos reflexivos acerca do cuidado consigo mesmo, assim como sobre o compartilhamento de experiências cotidianas com as pessoas próximas. Na medida em que os participantes puderem refletir sobre a organizar sua experiência cotidiana, processos de reflexão e ressignificação de seu papel em sua rotina e de suas possibilidades de iniciativa podem ser facilitados. A aposta é no sentido de que todo esse processo de reflexão, discussão e ressignificação dessa experiência cotidiana possa contribuir para o início do processo de retomada dos vínculos comunitários dessas pessoas.

Comentário – Juliane Rosa Paulino

Prezada Sueli,

Você explora muito bem a técnica do "relógio do cotidiano", correlacionando o objetivo específico do encontro mencionado com os recursos de que a técnica dispõe, com as reflexões que ela pode suscitar, com o momento do processo grupal que ela pode facilitar. Na sua exposição, a técnica está claramente situada: ela não é o centro, não é um fim, é "um através", uma das "possibilidades" de que o coordenador dispõe no manejo do processo grupal.

Quanto à questão mencionada, concordo com você que não existem regras rígidas e que a intervenção de um coordenador deve pautar-se primeiramente pelo respeito à experiência da pessoa e do grupo em questão, levando em consideração o momento e o grau de intimidade alcançado pelo grupo. Considero, assim, que na situação de vivências intensas expressas por um participante do grupo, carregadas de emoção e afetividade, a proposição de socialização da experiência é sim muito importante, pois, como nos afirma VIELMO, encontram-se em operação processos transferenciais no âmbito da interação grupal, tendo em vista o conflito (*"na situação interativa e/ou da relação com a tarefa"*) que essa pessoa denuncia (papel de porta-voz) através de algo que é vivido como particular.

Um abraço,

Juliane.

Tarefa 5 – Kelma Soares Medrado

Quando o grupo apresenta grande dificuldade de elaborar e conectar os significados que uma técnica traz para seu contexto, o que o coordenador pode fazer? Apontar para uma síntese ou deixar para que, no decorrer de todo o processo grupal, as elaborações ocorram? Tenho medo de atropelar o processo do grupo e, ao mesmo tempo, de deixar o produto do grupo sem uma conclusão, uma amarração.

1) O tema de minha oficina foi a sexualidade humana e a técnica que escolhi relatar é a do *presente*. Foi uma técnica criada por mim e por um amigo para um trabalho que fizemos e escolhi trabalhá-la no momento de discutir os métodos anticoncepcionais. A técnica se desenvolve da seguinte maneira: para cada método anticoncepcional do qual o coordenador dispõe, ele embrulha uma informação sobre outro método anticoncepcional e os embala como presente. É apresentada ao grupo, que será dividido por duplas, uma caixa de presentes de onde cada dupla irá retirar seu "presente". O grupo é convidado a discutir as informações de seu embrulho e o método contido nele. Assim que todas as duplas terminam suas discussões, abre-se um círculo onde todas irão explanar sobre o que conversaram. Então, os outros colegas vão completando as informações das duplas que têm um determinado método do qual outra possui a informação. E o aprendizado se dá pela troca.

O tema da sexualidade ainda leva as pessoas a reações de constrangimento. Com esta técnica, procuramos criar um clima de surpresa e acolhimento para os métodos anticoncepcionais, pois estes se tornam presentes que os adolescentes manipulam no ambiente de sua dupla. Comentários, surpresas e curiosidades e o aprendizado da informação se fazem, sobretudo, na troca com seu par. O momento de compartilhar com o "grupão" exige um pouco mais de sistematização da informação e talvez menos ressonâncias serão comentadas, mas certamente elas não se perderão no debate da dupla. Nesse momento a coordenação também pode incentivar os participantes a colocarem suas dúvidas e opiniões a respeito dos métodos. Dessa forma, a técnica promove o conhecimento da informação e proporciona um espaço para o relato de sentimentos e idéias sobre o tema de maneira a deixar o adolescente mais à vontade.

Comentário – Sara Deolinda Cardoso Pimenta

Kelma,

Sua tarefa está muito bem elaborada. A questão que você apresenta é pertinente, articulando o uso da técnica, a ação do grupo e o papel do coordenador. Nem sempre um grupo encontra numa técnica o estímulo capaz de mobilizar seu potencial reflexivo. Ao coordenador cabe compreender o papel da técnica quanto aos seus limites e potencial relativos às necessidades e momento do grupo. Nesse sentido, deve permanecer tranqüilo, atento às condições do grupo naquele momento, sem forçar uma síntese, nem tampouco antecipar possíveis interpretações. Não convêm sugerir conclusões, mas estimular associações com a experiência, significados, interpretações e elaborações.

A técnica descrita por você, parece-me bastante interessante e eficaz para facilitar o aprendizado e a interlocução no grupo de adolescentes, quanto aos métodos contraceptivos.

Com meu abraço,

Sara.

Tarefa 5 – Marina Lima de Azevedo

1) Foi colocado no texto que os coordenadores devem procurar usar técnicas que façam sentindo no contexto cultural e na linguagem do grupo, simplificar e não complicar, na medida em que, técnicas muito sofisticadas podem causar frustração e sentimentos de fracasso. Ao ler as técnicas de dinamização de grupo percebi que muitas delas utilizam a escrita como instrumento. Na área da saúde – principalmente pública – freqüentemente, atendemos pessoas cujo nível de escolaridade é baixo, sendo muitas analfabetas. Minha questão, então, é: o que fazer diante dessa realidade; não usar técnicas que utilizam a escrita, adaptá-las, ajudar as pessoas que não sabem escrever...? Outra questão que tenho sobre as técnicas de dinamização é se podemos criar novas técnicas de acordo com os objetivos que temos para trabalhar em determinados grupos, e se isso for possível, como validá-las e avaliá-las? As técnicas conhecidas, "tradicionais", passaram por algum tipo de avaliação, discussão ética...?
2) Técnica: Espaço em Comum – De olhos fechados, os participantes fazem um círculo, bem juntos. O coordenador dá instruções para que se mexam, ora um braço, dois braços, uma perna etc. A sensação de invadir ou partilhar do espaço do outro é provocada.

Acredito que essa técnica seria interessante para a oficina que elaboramos no módulo 4, que é uma oficina voltada para os familiares dos usuários do serviço de saúde mental.

Apresentaria a técnica primeiramente, sem explicar maiores detalhes. Cada um seria convidado a falar sobre o que sentiu enquanto fazia o exercício, se gostou ou não, se sentiu à vontade, ou invadido, em algum momento, se teve facilidade, dificuldade, incômodo, prazer, etc.

Num primeiro momento, poderíamos, através dessa técnica, discutir no grupo o que é o espaço de cada um, como esse é delimitado para cada pessoa – meu espaço, espaço do outro – como cada um se sente compartilhando o espaço, que dificuldades sentem. Poderíamos, dessa forma, partilhar diferentes formas de vivenciar a mesma questão. Conversar sobre esse espaço que não é apenas físico, mas também psíquico. Perceber as diferenças: nas pessoas gostam mais de contato físico e/ou social, algumas pessoas falam abertamente de suas questões pessoais, outras são mais recatadas, sentem mais necessidade de ter um espaço próprio, de ter privacidade, enquanto outras se sentem à vontade para dividir, compartilhar.

Partindo dessa vivência poderíamos, então, em um segundo momento falar como é essa questão – espaço, compartilhar – no próprio grupo, o que facilita e o que dificulta o compartilhar. Aqui podem aparecer questões como: dificuldades de relacionar com o outro ou em grupo, medo de expressar suas opiniões, vergonha, timidez, entre outras. Aqui, também, poderíamos abordar a questão do respeito às diferenças, o que seria respeitar ou desrespeitar o espaço do outro, limite, invasão, etc.

Num terceiro momento poderíamos, então, refletir sobre como essas questões aparecem na vida familiar de cada um, como lidam com a questão do espaço – tanto físico quanto psíquico – dentro de casa. Como é o compartilhar de opiniões, idéias e sentimentos entre os membros da família. Poderíamos conversar também, sobre como entendem o espaço da pessoa portadora de doença mental na família, e na sociedade em geral: há um espaço para essa pessoa? Tentando fazer aqui um paralelo com as questões discutidas anteriormente: respeito, limite, etc.

Comentário Sara Deolinda Cardoso Pimenta

Marina,

Sua tarefa demonstra um investimento reflexivo sobre o uso de técnicas e seu papel como auxiliar no processo de comunicação, interpretação, re-significação e elaboração de experiências no processo grupal.

Realmente, várias técnicas utilizam a linguagem escrita, mas há muitas alternativas valendo-se de imagens, sons, linguagem corporal e oral. Como exemplo temos técnicas que envolvem seleção de figuras, colagens, desenhos, dramatizações e outras formas que permitem passar de uma linguagem a outra. Podemos e devemos criar e utilizar outras técnicas, desde que estejamos atentos para seus limites e potencial como instrumento facilitador nos diversos momentos do grupo. A validade de seu uso se situa na adequação ao contexto do grupo, e uma mesma técnica pode ser oportuna ou inoportuna. Cabe à coordenação da oficina estar sensível, atenta e, orientada pelos objetivos e processo desencadeado, discernir o que é mais adequado para aquele momento. Pode ocorrer que, ao utilizar uma determinada técnica, a coordenação se depare com sua inadequação àquele momento. A questão é ter capacidade de reconhecer e reconduzir o processo com tranqüilidade. Mais adiante estaremos refletindo sobre as implicações éticas.

Quanto à técnica que você aponta, a sua conveniência depende do grupo e do momento em que se propõe utilizá-la. Penso que seria mais adequado quando o grupo já tivesse seus vínculos construídos, mas só o processo pode dizê-lo com segurança. Ao solicitar que o grupo se manifeste sobre a experiência, é importante se ater ao que sentiram, de forma ampla, e não sugerir possíveis sentimentos. Certamente o "segredo" está em como a coordenação atuará, facilitando a expressão, a articulação com a experiência cotidiana, indagando, sugerindo e facilitando associações.

Com meu abraço,

Sara.

Técnicas de grupo aplicadas à saúde

Nesta parte, indicamos algumas técnicas e seu possível uso em trabalhos de grupo na saúde. Entretanto, caberá à coordenação do grupo – e ao próprio grupo – encontrar novos usos para as técnicas já conhecidas, adaptá-las ou criar novas técnicas, com os materiais disponíveis, e dependendo dos objetivos do trabalho. A "dica" é sempre facilitar a sensibilização, a comunicação e a re-significação pelos participantes de suas experiências e dos conhecimentos novos que vão sendo trazidos para o grupo. Os jogos e as técnicas são usados para levantar "temas-geradores", que proporcionem a reflexão necessária sobre as questões de saúde, cotidiano e qualidade de vida. Com base nessa sensibilização e reflexão é que novas informações serão apresentadas, discutidas e assimiladas. Esse processo se dá a partir da dinamização das relações no grupo, favorecendo a comunicação e a aprendizagem. Uma boa dica é preferir criar o seu material com o grupo, sempre que houver tempo para tal, do que já levar tudo pronto e com respostas dadas. O manuseio do material, ainda que este não fique tão "bonito" quanto aqueles comprados prontos ou preparados com antecedência, é mais propício à aprendizagem. Ao final, apresentamos uma pequena bibliografia sobre técnicas de grupo.

1. Abraço em si mesmo

De pé ou assentados, os participantes recebem instruções da coordenação para relaxarem tórax, braços e cabeça. Aos poucos, levantam o corpo e abraçam a si mesmos, cruzando os braços à altura dos ombros e fazendo um "balancinho", como se embalando um bebê.

2. Abraço de "X"

Todos andando pela sala. O coordenador vai dizendo "abraço de (diz um número)", de cada vez variando o número, ora será "abraço de 3", ora abraço de 2", ora "abraço de 10", ora "abraço de um", etc. A cada fala do coordenador, as pessoas dão um abraço no número correspondente de participantes. Depois de cada abraço, o coordenador fala "andando de novo" e o grupo anda. Depois, de novo, "abraço de ...", e assim por diante. Pode terminar com o "abraço de um", com cada um se abraçando, ou com um "abraço de todos" e todo o grupo se dando um abraço.

3. Abrigo subterrâneo

Em situação de guerra, existe um abrigo subterrâneo onde só poderão entrar 6 pessoas. Mas há 12 do lado de fora. Cada sugrupo discute para decidir quem vai para o abrigo. Criar uma lista de 12 pessoas, de forma que haja situações que podem causar ambivalências de opinião no grupo e entregá-la para que o grupo decida "quem vai para o abrigo". Por exemplo: uma criança de 6 anos, com hiperatividade; uma enfermeira de 34 anos, que não pode ter filhos; uma professora de ensino fundamental casada com um violinista e que só aceita ir se o marido for também; etc, etc. Valores e prioridades aparecem. O grupo mostra um processo de discussão e tomada de decisão com muitos elementos para reflexão.

4. Abrindo janelas

Preparar frases que possam expressar gostos e qualidades dos participantes de um grupo, mas que não tenham um final ainda (exemplo: "a coisa que eu mais gosto de fazer no fim de semana é...", ou "quando eu me aposentar, quero realizar um projeto de...", ou "quando eu era jovem, tinha o hábito de...", etc). A coordenação lê as frases, uma por uma, e os membros do grupo, conversando, em círculo, as completam, para falar de si.

5. Anúncio de jornal

Começar trabalhando com anúncios de jornal (empregados que se oferecem). Escrever um anúncio de jornal oferecendo-se para um emprego. O que vai dizer? Que informações são importantes?

Podem-se, depois, juntar todos os anúncios da sala em um mural onde possam compartilhar e comentar.

6. Árvore da saúde

Desenhar uma árvore com raízes, tronco, galhos, folhas e frutos. Pensar que esta é a "árvore da saúde": o que deveria estar na raiz desta árvore? E no tronco? Etc. Conversar sobre o que é importante para que a pessoa viva uma vida saudável, tanto no que diz respeito aos recursos existentes quanto aos seus hábitos e informação.

7. Associação livre em grupo

Com caneta e papel, cada um escreve tudo que lhe vem à mente, a partir de uma "palavra-geradora", que pode ser escolhida pelo grupo ou pela coordenação. Essa palavra pode ser relacionada à questão de saúde discutida no grupo. Pode-se escrever individualmente, ou ir passando a folha de mão em mão, no grupo, para que todos escrevam na mesma folha. A partir do registro pode-se montar um quadro com o conteúdo levantado. Discutir.

8. Atravessando um rio

Faz de conta que a sala é um grande rio. O coordenador desenha no chão com giz (ou marca com fita crepe) pedras imaginárias. Cada subgrupo (ou dupla, trios...) terá que atravessar, de mãos dadas, um rio de crocodilos, pulando nas pedras imaginárias, sem deixar o grupo se desfazer.

9. Auto-estima

O coordenador distribui uma folha de papel para cada participante e diz frases de acontecimentos que têm impactos negativos e positivos sobre as pessoas. Em primeiro lugar, as frases que lembram os impactos negativos, como "você perdeu o emprego", "seu pai brigou com você", etc. A cada frase dita, os participantes rasgam um pedaço do papel, de tamanho correspondente à importância que a frase expressa para a sua auto-estima. As frases se sucedem até que a folha esteja toda rasgada. Então, o coordenador começa a falar frases associadas ao fortalecimento da auto-estima, como "você conseguiu passar de ano na escola". A cada frase dita os participantes procuram nos pedaços rasgados de suas folhas aquele que corresponde em tamanho à importância que o fato tem para eles. As frases se sucedem até que "reconstruam" sua folha. Discussão sobre a auto-estima. O que faz com que se sintam bem ou mal?

10. Auto-imagem

Em uma folha com 3 colunas, cada um escreverá: na primeira coluna, como se vêem (características, defeitos e qualidades, etc.), em uma segunda coluna, como acha que outros o vêem (idem). Comparar a auto-imagem com a imagem que acha que tem. São distantes? Gostaria de aproximá-las?

11. Balanço na balança

Desenhar uma balança grande. O grupo é solicitado a fazer uma avaliação (sobre o grupo, sobre um curso, etc). De um lado da balança, escrevem os pontos positivos. Do outro, os negativos. Para que lado a balança vai pesar? Discutir.

12. Batata-quente

Elabora-se uma pergunta no grupo. Um objeto (bola de papel, caixa de fósforos, etc) é jogado para cada pessoa que, assim que o recebe, dever dar uma resposta e, imediatamente, jogar o objeto para outra, e assim sucessivamente.

13. Bate-papo em dupla

Formam-se duplas, e cada um se apresenta falando de si, de sua vida, seu cotidiano e expectativas em relação ao grupo. Essa conversa pode ser apenas para autoconhecimento e conhecimento do outro. Mas pode também servir para escolher temas-geradores no contexto da vida do participante.

14. Bingo

Preparar cartelas com informações básicas sobre a questão de saúde que está em foco no grupo. Fazer as fichas para sorteio com as perguntas correspondentes às informações das cartelas. Dividir o grupo em subgrupos e dar uma cartela para cada subgrupo. Sortear as fichas com perguntas de dentro da sacola e ler em voz alta. Os subgrupos vão procurar as respostas em suas cartelas e marcá-las com feijãozinhos. Ganha quem completar a cartela primeiro. Conversar sobre as informações.

15. Caixinha de surpresas

Cada pessoa escreve um tipo de problema ou questão que gostaria de discutir no grupo, sem colocar seu nome. Os "bilhetinhos" são colocados em uma caixa e misturados. Cada participante retira aleatoriamente um dos bilhetes e responde, dizendo o que faria ("se fosse eu") caso estivesse no lugar da pessoa ou enfrentasse o mesmo tipo de problema. Discute-se. O grupo faz um levantamento dos tipos de problemas e soluções que mais apareceram e sua relação com a vida dos participantes.

16. Cartão do grupo

Cada pessoa recebe um cartão em branco e uma caneta. Os participantes então vão escrever mensagens uns para os outros nos cartões de cada um. Pode ser feito com os cartões circulando no grupo como um todo, ou deixar que cada um escolha o participante de quem gostaria de receber uma mensagem, formando duplas ou trios.

17. Cartões divertidos

Preparar cartões, no qual haja cartas com perguntas e outras com respostas para essas perguntas. Os alunos ficarão em círculo. As cartas são distribuídas e os alunos vão apresentando as perguntas e encontrando quem tem as respostas. Outra opção é ter cartas com perguntas que permitam respostas "objetivas" (por exemplo, sobre aspectos orgânicos da doença) e outras com perguntas que permitam respostas mais "subjetivas" (por exemplo, com sentimentos envolvidos ou hábitos do cotidiano). Outra opção é distribuir as cartas em branco e pedir que cada um escreva a sua pergunta. Embaralhe. Distribua. Cada um responderá à pergunta encontrada na carta que tirou. Etc.

18. Chuva de idéias

Diante de uma situação-problema (por exemplo, como conseguir que a sua criança tome o remédio), os participantes são solicitados a dar todas as idéias que lhes vierem à mente, sem censura. A coordenação anota. Depois, o grupo revê, uma por uma, suas idéias, conversa e escolhe quais podem mesmo ser "boas idéias" para aquela situação.

19. Colagem

Com revistas e jornais usados, cada subgrupo vai recortar gravuras sobre um tema combinado e montar uma colagem em uma folha de papel craft grande. Cada subgrupo mostra o seu trabalho para o "grupão", explicando o que fez.

20. Coelhinho, sai da toca

O coordenador marca no chão, com fita crepe ou giz, as "tocas" dos coelhinhos, em um círculo. Cada pessoa fica em uma toca e uma pessoa fica no meio do círculo. A um sinal do coordenador (palmas ou o comando "coelhinho, sai da toca"), as pessoas devem trocar de lugar, sempre procurando ocupar uma "toca". Quem ficar de fora, sai da brincadeira. A cada rodada, o coordenador tira uma "toca", até que só reste uma pessoa no grupo: o ganhador.

21. Contorno do corpo

Um dos participantes se deita sobre uma grande folha de papel craft e os outros contornam o seu corpo na folha, usando lápis de cera. Usar o desenho para conversar sobre o corpo, partes do corpo, funcionamento, mitos e fantasias. Por exemplo, sobre a gravidez, sobre educação sexual ou sobre imagem do corpo e dieta, etc.

22. Corrida em câmara lenta

Dispor o grupo em duas filas paralelas. O coordenador dá um sinal para que os primeiros de cada fila apostem uma corrida. Ao retornarem, tocam na mão do parceiro seguinte e este continuará a corrida, até que todos passem pelo processo. Vence quem chega por último. Assim, todos devem "correr em câmara lenta". Durante a corrida, precisam estar sempre movimentando, isto é, quando um pé estiver no chão, o outro, automaticamente deverá ser levantado.

23. Crachás

Cada integrante escreve seu nome (ou o recebe do coordenador, se não souber escrever ainda) num pedaço de papel. Mostra o seu nome aos outros participantes do grupo e fala um pouco sobre si mesmo.

24. Dança maluca

Ao som de uma música "alegre" dançar com as partes do corpo, uma de cada vez: com a mão direita, a mão esquerda, com as duas mãos, a cabeça, o pé, etc. Pode ser feito em roda ou com as pessoas espalhadas pela sala.

25. Dar e receber (1)

Sentados em círculo, todos estendem as duas mãos. O coordenador explica que a atividade lembra o dar e receber em grupos. Então, sugere que cada participante estenda as mãos: a direita estará com a palma voltada para cima e a esquerda com a palma voltada para baixo. Dessa forma, as mãos se encaixam na roda: a palma virada para cima "recebe" a palma (de outra pessoa) que está virada para baixo. Depois, invertem-se a posição das mãos direita e esquerda, e novamente o grupo se dá as mãos, trocando de posição no dar e receber.

26. Dar e receber (2)

Em duplas, cada participante conversa sobre – e faz uma pequena lista – aquilo que poderia dar (em termos de qualidades pessoais, habilidades, conhecimentos, etc.) para o grupo e aquilo que gostaria de receber. Pode-se conversar no "grupão", levantando as "riquezas" e "necessidades" do grupo como um todo e fazendo um quadro de suas possibilidades e necessidades.

27. De olhos fechados

Formam-se duplas. Em cada dupla, um tem os olhos vendados. O outro ficará como guia. Combinam a forma como se comunicarão, pois a atividade é realizada em silêncio. A comunicação se dá pelo toque na cabeça (pare), ombros (direita e esquerda) e costas (em frente). Após alguns (+- 1 a 2) minutos, trocam-se os papéis. Discutir. Fazer a atividade em ambiente seguro.

28. Defeitos e qualidades

Em duplas, ou em pequenos grupos, cada participante faz uma pequena lista incluindo dois defeitos e duas qualidades que acredita ter. Conversam. Os "defeitos" e as "qualidades" podem ser apenas falados, em grupos que ainda não sabem escrever.

29. Desenho de um homem (ou menino) e de uma mulher (ou menina)

O grupo – ou subgrupos – desenha os bonecos, relacionando cada parte do corpo a uma palavra. Muito usado para discussão em educação sexual.

30. Desenho coletivo

Em subgrupos, todos os participantes desenham livremente em uma única folha de papel grande. Mas não poderão conversar, apenas gesticular. Como farão? Cada um ficará em seu cantinho? Vão compartilhar o espaço? Será que farão um desenho conjunto? A interação do grupo se evidencia. Conversa sobre cooperação e competição, o fazer junto, etc.

31. Ditados populares

Levar ditados populares escritos em pequenas fichas, espalhadas sobre a mesa (ou no chão). Cada pessoa escolherá um ditado popular que lembre uma situação vivida com relação à sua condição de saúde e/ou tratamento. Conversam no grupo sobre essas situações. Pode-se limitar o tempo, para que todos tenham oportunidade de falar. A coordenação busca compreender as preocupações do grupo, estimular a comunicação e o apoio mútuo, bem como trazer informações que possam esclarecer o grupo.

32. Dominó (1)

Em círculo, os participantes recebem uma folha de papel, dividida por um traço ao meio. Não poderão conversar, apenas gesticular. Cada participante vai desenhar ou escrever, na metade direita da folha, uma mensagem para o colega à sua direita. Na metade esquerda, vai responder (por desenho ou escrita) à mensagem que recebeu do colega à sua esquerda. Forma-se um dominó do grupo. Pode-se, agora, conversar a respeito, no "grupão". Para os grupos que não sabem escrever, pode-se fazer o dominó com desenhos. Outra opção é criar o dominó com perguntas e respostas sobre determinado assunto na área da saúde. Assim, ao brincar, o grupo aprende e reflete, podendo também colocar suas questões.

33. Embalagens

Pedir ao grupo que traga embalagens de produtos utilizados (caixa de gelatina, farinha de trigo, etc) e montar uma pequena feira. Pode-se conversar sobre alimentação, nutrição e hábitos no cotidiano.

34. Escravos de Jó

Ao ritmo da música *Escravos de Jó*, são passados dois objetos, de mão em mão, sendo que uma das regras da "brincadeira" é que haja sintonia entre o movimento dos objetos e o ritmo da música – para isso, deve haver também sintonia entre os membros do grupo.

35. Espaço em comum

De olhos fechados, os participantes fazem um círculo, bem juntos. O coordenador dá instruções para que se mexam, ora um braço, dois braços, uma perna etc. A sensação de invadir ou partilhar do espaço do outro é provocada e deve levar poucos minutos. Conversar.

36. Espelho

Em duplas, um participante será uma pessoa na frente do espelho e o outro será o espelho. A pessoa faz gestos e o espelho reflete. Após alguns minutos (2 a 4), troca-se de papéis. Conversa: o que mais gostou de ser, pessoa ou espelho? É difícil ser modelo para alguém? É difícil "copiar" o outro?

37. Estátua (1)

Uma pessoa é a "argila" e a outra a "artista" que cria na "argila" uma estátua que expressa algo que o escultor percebe sobre a outra pessoa: sua "mensagem". Para tal, o "escultor" vai colocar a "argila" em uma dada posição (levanta o braço, cruzar as pernas, etc.) e a "argila" ficará imóvel nessa posição, por alguns minutos (2 a 4). O escultor pode dar um nome para a sua estátua. Depois, troca-se de papéis. Conversa. Como é procurar influenciar o outro? Como é ser influenciado?

38. Estátua (2)

Andando pela sala, livremente. Quando o coordenador/educador disser "Estátua", todos param e ficam "imobilizados" na posição em que estiverem. O coordenador diz "andando" e todos andam. E assim por diante.

39. Estrela

Os participantes desenham uma estrela de cinco pontas. A estrela contém, em seu centro, uma questão (ou pergunta, ou palavra) sobre a qual se desenvolverá uma reflexão. Em cada ponta da estrela, deverão colocar aquilo que (1) observam, (2) pensam, (3) sentem, (4) como gostariam que fosse e (5) o que fazem em relação àquela questão. Conversam.

40. Eu no grupo

Cada participante desenha o grupo e a si mesmo no grupo. Pode fazer isso desenhando as pessoas ou representando-as através de plantas, bichos, etc. Conversa: como se sente no grupo?

41. Feira de talentos

Descobrir os talentos de cada um (não apenas cantar, desenhar, mas também cozinhar, costurar, etc). Combinar um dia em que se fará uma "feira de talentos" no grupo. Nesse dia, cada um apresentará o seu talento. Organizar com uma comissão composta pelos participantes.

42. Flor

Em uma folha de papel, desenhar uma flor com o centro e 3 pétalas. No centro, será colocada uma questão para reflexão. Cada pétala representa o que "penso", o que "sinto" e o que "faço" a respeito daquela questão. Os participantes podem conversar em duplas ou pequenos grupos, tomando notas ao lado de cada pétala da flor. Para quem não sabe escrever, a técnica pode ser apenas verbal.

43. Foto-imagens

Os coordenadores levam notícias ou fotos pertinentes ao tema do encontro. No chão, em círculo, distribuem as "foto-imagens" que vão sendo passadas de mão em mão. Cada um escolhe uma imagem com a qual se identificou ou que mais o impressionou. Conversam. Uma variação é deixar que o próprio grupo recorte as imagens de revistas velhas, colocando-as no centro da roda. A seguir, escolhem as imagens e conversam sobre elas.

44. História coletiva

Em círculo. O coordenador inicia uma história, com uma ou duas frases. A "dica" é iniciar a história com alguma implicação sobre a questão que se quer discutir. Por exemplo, "Era uma vez uma jovem de 23 anos que descobriu que estava com diabetes, e não sabia nada a esse respeito... Então, ela...". Após a primeira frase do coordenador, cada participante vai acrescentando uma frase, de sua imaginação, à história. O coordenador anota cada frase. Assim, sucessivamente, a história vai sendo construída. Criatividade e humor, bem como sentimentos negativos e tristezas podem aparecer, para serem objeto de conversa, orientação e reflexão. Boa situação para levantar temas geradores sobre saúde, tratamento, autocuidado, medicação, etc.

45. História inacabada

O coordenador leva uma história para o grupo (pode ser uma fábula, um pequeno conto, uma crônica inventada justamente para se introduzir determinada questão), mas não conta o final da história. Em vez disso, pede que o grupo discuta e lhe dê um final. Se tiverem dificuldade de chegar a um consenso, deixar que surjam diferentes finais e conversar.

46. Interação com mímica

Cada componente do grupo (ou subgrupos) recebem do coordenador uma tarefa que deverá expressar em mímica, no círculo. Exemplo: diga qual o resultado do jogo de futebol de ontem ou explique como foi o seu domingo.

47. Jogo das palmas

O grupo anda pela sala. Ao comando do coordenador (através de palmas, por exemplo) subgrupos são formados de acordo com o número de palmas. Exemplo: quatro palmas = formar subgrupos de quatro pessoas. Comentar.

48. Jogo de balões

Cada participante recebe um balão que vai encher de ar e, simbolicamente, de "expectativas". Podem-se colocar pedacinhos de papel com essas expectativas escritas, dentro do balão, antes de enchê-lo. Se o grupo não souber escrever, basta pensar sobre a expectativa. Com os balões cheios, todos os jogam para cima, uns para os outros. O grupo não pode deixar cair os balões. Quando um balão cai, quem o deixou cair deve estourá-lo e ler em voz alta o papel que estava dentro dele (ou dizer que expectativa tem). Uma variação dessa brincadeira é colocar no balão perguntas sobre um tema-gerador que o grupo vai discutir. Para grupos grandes, pode-se reduzir o número de balões, permitindo que haja tempo para as questões. Depois de estourar os balões, sentar para responder às perguntas. Conversar.

49. Jogos infantis adaptados para jovens e adultos

São de uma grande riqueza: cabra-cega, passar anel, brincar de roda, coelhinho-sai-da-toca, etc. Os adultos gostam de relembrar suas brincadeiras de infância. Servem para integração, criatividade e também para levantar temas-geradores. Crie a sua adaptação.

50. Jogo da memória

Recortar gravuras de revistas – ou preparar fichas – e criar um "jogo da memória". Junto das gravuras, colocar fichas com informações sobre a questão de saúde em discussão no grupo. Colocar todas essas fichas (gravuras e informações) com a face para cima, para serem vistas, no meio do círculo. Deixar que os participantes tomem alguns minutos para tal. Depois, virá-las com a face para baixo. Pedir aos participantes que lembrem: onde está tal figura? Onde está tal informação? Não colocar muitas fichas, inicialmente. Aumentar aos poucos o grau de dificuldade.

51. Lanche coletivo

Os lanches são previamente combinados e têm um significado dentro do processo do grupo. Todos os participantes contribuem em sua preparação. São aproveitados como situações que vão dar temas-geradores para o processo do grupo. Ou simplesmente, para uma despedida afetuosa.

52. Linha da vida (ou linha do tempo)

Os participantes recebem uma folha e canetinhas ou giz-de-cera. Vão traçar uma linha que represente a sua vida, ou um período dela. A linha pode ser colorida, forte, tênue, pontilhada, grossa, cheia de altos e baixos ou contínua, etc. Podem marcar os momentos mais relevantes – conquistas, perdas, mudanças... Depois, conversar a respeito. Pode-se usar esta técnica em torno de um foco mais restrito, como "na adolescência" ou comparando dois momentos de vida.

53. Mala coletiva

O grupo vai viajar junto e deve montar uma mala única. O que vão levar? Podem montar a mala em uma caixinha onde coloquem tiras de papel com os nomes ou desenhos do que vão levar. A coordenação pode dar ênfase, no caso, a uma questão de saúde. Se é uma viagem para tratar da saúde, o que deverão levar? Se é para uma praia, onde deverão cozinhar para si mesmos, o que levar? Etc. Uma variação é quando o coordenador lê uma lista de elementos, dentre os quais o grupo escolhe para compor a sua mala.

54. Memórias e heranças

Os participantes vão deixando "heranças" uns aos outros, dizendo: "eu quero que você guarde para sempre "*x*" (sendo que *x* será uma frase, pensamento, sentimento ou experiência vivida pelo grupo que possa ser significativa para o sujeito)". Variação: trazer poemas, letras de música etc, para deixar aos outros de "heranças". Mais usado no final do processo do grupo, como despedida.

55. Nó de gente

As pessoas fazem um círculo e decoram quem está do seu lado direito e esquerdo. Depois de algumas voltas livres pela sala, todos param e refazem o círculo inicial dando as mãos, mas sem saírem do lugar, formando assim um nó. As pessoas sempre de mãos dadas têm o desafio de desatar o nó feito com os próprios braços.

56. Nome e característica pessoal

O grupo se dispõe em círculo e cada integrante faz a sua apresentação da seguinte forma: fala o seu nome e em seguida fala uma característica sua com a primeira letra de seu nome. Exemplo: Raquel risonha.

57. Nomes em roda

Em círculo, o primeiro participante diz seu nome. O segundo repete o nome do primeiro e diz o seu próprio. O terceiro repete os dois primeiros e diz o seu, e assim por diante, formando assim uma corrente de nomes. Se o grupo for muito grande, dividir em subgrupos.

58. Nome e gesto

O grupo se dispõe em círculo e cada integrante fala seu nome e simultaneamente faz um gesto. Em seguida, os outros integrantes do grupo repetem simultaneamente o nome e gesto apresentados, até que todos falem.

59. Orquestra

Cada participante do grupo escolhe um instrumento musical com o qual se identifica. Ficam em roda. Faz-se a mímica do instrumento. Escolhe-se uma música bem simples, por exemplo, do folclore. Cada um experimenta "tocar" a sua música, imitando o som de seu instrumento. Depois, o coordenador "monta a orquestra": instrumentos de sopro ficam juntos, de cordas idem, etc. Passa a reger a orquestra: todos juntos executarão a mesma música, imitando seus instrumentos. O coordenador brinca de aumentar e diminuir o som, mais rápido e mais devagar, etc.

60. Painel em grupo (1)

Pedir aos participantes que tragam uma figura (objeto, etc) com que se identifiquem. Formar duplas, cada qual mostra a sua figura e expõe a razão da sua identificação. As duplas se apresentam para o "grupão". Em uma grande folha, montam o "painel do grupo": um sentimento de grupo , reforçado através da percepção das similaridades e diferenças.

61. Painel em grupo (2)

Com colagens e outros materiais (hidrocor, giz de cera, etc) o grupo vai montar um painel sobre alimentação, dizendo "o que gosto", "o que não gosto", "o que posso" e "o que não posso". Conversar a respeito.

62. Palestra interativa

É uma exposição de conteúdos que a coordenação faz, mas sempre buscando sua articulação com as opiniões e dúvidas do grupo, e a partir de suas experiências, com conteúdos informativos/esclarecimentos sobre o tema em discussão.

63. Passeio na floresta

As pessoas vão andando pela sala como se estivessem em uma floresta. A coordenação vai sugerindo cenas, acontecimentos, em jogo de imaginação: cuidado com a árvore, buscar um abrigo porque vai chover, etc. O grupo deve proceder como se estivesse encenando a cena.

64. Personagens (1)

Escrever o nome de personagens com o número compatível dos participantes. Fixar um nome de um personagem nas costas de cada um. O participante não sabe que personagem tem pregado em suas costas. Através de mímica (sem verbalização), o grupo procura fazer com que cada participante identifique o "personagem" que está afixado em suas costas.

65. Personagens (2)

Cada participante indica um personagem com o qual se identifica. Conversam: por que se identificam?

66. Quadro comparativo

Uso de folha grande para registrar e visualizar os pontos sobre um tema-gerador, levantado em uma discussão do grupo. Por exemplo, comparar a adolescência de ontem e a adolescência de hoje: Como era e como é? O que nossos pais podiam fazer quando eram adolescentes? Que interesses tinham antes e têm, hoje, os adolescentes?

67. Quatro-cantos

O coordenador prepara quatro folhas, tendo escrito em cada uma o nome de uma cor (verde, amarelo, azul, vermelho) colocada em um dos cantos da sala. Os participantes sentam-se em círculo. O coordenador prega nas costas de cada participante um papel com o nome de *uma* das cores (procura ter o mesmo número de papéis com cada cor), mas sem que este saiba que cor está pregada nas suas costas. O grupo recebe a tarefa: cada participante deve se dirigir para o canto da sala cuja cor coincida com aquela que está pregada em suas costas. Não podem conversar, apenas gesticular. Como fazer? A única solução, que o grupo deve descobrir por si mesmo, é a cooperação: um leva o outro para o seu canto, até que todos consigam.

68. Receita especial

Combinar com os alunos (ou levar) de levar os ingredientes de uma receita para fazer em sala: limão, água e adoçante, por exemplo. Fazer juntos a limonada deixando que todos participem e provem da limonada. Conversar sobre nutrição, nutrientes, etc. Escrever juntos "receitas" apropriadas para a sua condição de saúde, buscando opções dentro do cotidiano dos participantes e de seu poder aquisitivo.

69. Reflexão em dupla

Conversa em dupla, para discutir pontos de vista sobre temas específicos. Pode ser feita com instruções quanto a tempo, turnos de fala, etc. Serve para interação, reflexão e levantar temas-geradores.

70. Relógio do cotidiano

Em um (ou mais) relógio(s), representar as divisões do tempo vividas por cada um, em seu dia a dia: o que faz, a que hora, com quem, etc. Que tempo dedicam para si, para o trabalho, a família, o lazer, etc? Como e com quem isto é vivido?

71. Re-poema

Recortar as frases de um poema e entregá-las ao grupo (em pequenos grupos) para formar um (outro) poema que já não precisa ser o original. Cada grupo cria a sua obra, dentro da sua percepção, sensibilidade e lógica: criatividade e valorização das diferenças.

72. Saída

O grupo faz uma roda fechada, dando-se as mãos. Uma pessoa, que fica dentro do círculo, tentando sair. Os outros procuram impedir. Conversar.

73. Sentimentos

As pessoas fazem expressões faciais a partir de palavras-geradoras, como tristeza, raiva, preocupação, alegria. Conversar sobre o que nos dá tristeza, alegria, etc. Trabalhar com os sentimentos envolvidos no cuidado da saúde de cada um, diante da doença, do tratamento, das limitações, etc. Conversar sobre as formas de se enfrentar esse problema e trazer informações que possam capacitar as pessoas para o autocuidado.

74. Se eu fosse um(a)... (bicho, planta, cor, livro, etc.)

Em círculo, cada participante diz o bicho com que acha que se "parece". Esta "semelhança" é explicitada em termos das características pessoais.

75. Sessão de autógrafos

Andando todos pela sala. Cada participante tem um lápis/caneta e uma folha de papel. Encontram-se e um escreve o seu nome no papel do outro até que todos tenham recebido e dado bastante "autógrafos".

76. Semelhanças e diferenças

Em círculo, cada participantes diz em que é parecido com alguém do grupo e em que é diferente. Falam, sucessivamente, até que todos tenham participado.

77. Situação no espaço

Cadeiras bem próximas, formando uma roda. De olhos fechados, as pessoas se levantam, andam, voltam e sentam-se. Esticam as mãos para frente, para o lado direito e depois esquerdo, seguindo as instruções da coordenação. Sentimentos de grupo afloram: contato, invasão, troca. Deve durar poucos minutos e ser feita em ambiente seguro.

78. Sons e brincadeiras

Cada pessoa faz um som, gesto e/ou palavra que representem o que significa, para si, estar no grupo. O participante do lado direito, repete o som/gesto/palavra do anterior e acrescenta os seus. E, assim, sucessivamente, até chegar ao primeiro novamente.

79. Telefone-sem-fio

Escolhe-se um número de voluntários no grupo, que sairão da sala por pouco tempo. O coordenador chama de volta a primeira pessoa e lhe diz em voz alta, para que o resto do grupo ouça, uma mensagem de uma ou duas frases. Essa mensagem já pode ser relacionada a uma informação em saúde. Chama a segunda pessoa que. A primeira repete a mensagem para a segunda. A seguir, esta dirá a mensagem para a terceira, e assim sucessivamente. Conversar sobre as distorções de informação na área da saúde e a importância do autocuidado.

80. Teia de gente

Os participantes formam um círculo. O coordenador segura um rolo de barbante por uma das suas pontas e joga o rolo para um dos participantes, que deverá dizer seu nome, uma característica (ou uma coisa de que gosta, uma avaliação sobre o trabalho, uma mensagem final para o grupo que está se despedindo, etc.), segurar no barbante e jogar o rolo para outro participante, que fará o mesmo, até que o grupo tenha formado uma "teia" de barbante e de gente. Se o grupo for muito grande, pode-se pedir um grupo de voluntários, que ficará no meio do círculo composto pelo grupo todo.

81. Tic-tic-tac-bum

Combinar uma seqüência de sons e gestos (por exemplo, o primeiro som – tic – corresponde a bater palma, o segundo a bater a mão na perna, etc). Em roda, cada participante diz uma sílaba e faz o gesto correspondente, ao mesmo tempo. A seqüência deve fluir no grupo, em ritmo cada vez mais apressado. Quem errar, sai da roda. Conversar.

82. Trabalho com argila

Formar objetos com a argila, livremente. Esses objetos podem "representar" alguma coisa, por exemplo, o corpo masculino e feminino, o corpo antes e depois de tal cirurgia, um seio onde vou buscar compreender o auto-exame, etc. Também se pode fazer uma "exposição de arte" através da argila. Conversar.

83. Troca de bilhetes

Todos recebem papel e caneta para escrever uma mensagem para outro membro do grupo. Depois, os bilhetes são lidos. A troca é identificada.

84. Uma coisa de que gosto e uma que eu gostaria de mudar

Em duplas, ou pequenos grupos, cada um reflete sobre algo que gosta em si mesmo e algo que gostaria de mudar. Conversam.

85. Uma comida, uma planta, um esporte

Cada participante escreve no papel o nome de um carro, uma flor e de um esporte. Ao escrever, ninguém deve ver o que consta no papel do outro. Juntar todos os papéis, misturar e redistribuir. Cada pessoa do grupo tenta identificar quem escreveu o quê. Conversam sobre as escolhas.

86. Verdades e mentiras

A coordenação prepara frases sobre um tema, tanto frases com informações corretas quanto outras com informações incorretas. O grupo vai jogar o jogo de dizer "o que é verdade" e "o que é mentira". Discutir. Informar. Contextualizar a informação.

Bibliografia de referência para técnicas em dinâmica de grupo

ANTUNES, Celso. *Manual de técnicas de dinâmica de grupo de sensibilização de ludopedagogia.* Petrópolis: Vozes, 1996, 10a. edição.

FRITZEN, S. *Exercícios práticos de dinâmica de grupo*. Petrópolis: Vozes, 1982.

GONÇALVES, Ana M. e PERPÉTUO, Susan C. *Dinâmica de grupo na formação de lideranças*. Rio de Janeiro: DP & A, 2002, 7a. edição.

MACRUZ, Fernanda e outros. *Jogos de Cintura*. Belo Horizonte: Escola Sindical 7 de Outubro, 1992, 2a. Ed.

PAULA, Henrique de. *Relações Humanas – Caderno de Atividades*. Petrópolis: Vozes, 1995.

YOZO, R.Y. *100 Jogos para grupos – uma abordagem psicodramática para empresas, escolas e clínicas.* São Paulo: Ágora, 1984.

TEXTO 6

Como conduzir uma oficina

Maria Lúcia M. Afonso

No módulo anterior, conversamos sobre o planejamento da Oficina, preparando o terreno para sua realização. Agora, mais do que nunca, é preciso lembrar ao coordenador que é necessário ter flexibilidade e adaptar o planejamento inicial à realidade e às particularidades do grupo com que vai, efetivamente, trabalhar. Vamos falar da execução da Oficina, isto é, de como iniciar, conduzir e finalizar um trabalho com grupo na saúde, construindo esse argumento em torno do papel do coordenador.

O papel do coordenador

Como vimos na fundamentação teórica, a principal função do coordenador da Oficina é mediar a realização dos objetivos do grupo (ou tarefa externa) através do trabalho com as relações e a experiência no grupo (tarefa interna). Assim, o coordenador do grupo precisa estar atento às diferentes dimensões da comunicação e da interação no grupo, que certamente envolve a reflexão, mas também as emoções, consciente e inconsciente. Também estará atento ao grupo, como um todo, e aos participantes do grupo.

O coordenador terá um papel ativo, mas não intrusivo. Pode propor, mas não impor. Tem um papel importante de acolhimento e incentivo ao grupo para que se constitua como grupo, buscando a sua identidade. Ajuda o grupo a esclarecer seus objetivos e a superar os entraves emocionais e as defesas diante deles. Atua como dinamizador dos processos de aprendizagem e relacionais do grupo.

É preciso enfatizar que a Oficina não é uma terapia e nem uma aula, mas tem uma dimensão educativa e uma dimensão clínica, que se inter-relacionam. Assim, a coordenação busca articular na Oficina a reflexão e a emoção, os aspectos conscientes e inconscientes, em suas dimensões educativa e clínica.

A dimensão educativa é aquela que incentiva o processo de aprendizagem do grupo, a partir de sua experiência e de acordo com a sua demanda, de uma forma democrática. De acordo com ela, a coordenação:

- incentiva o grupo a buscar informações;
- incentiva o grupo a expor opiniões e experiências;
- esclarece dúvidas, estereótipos e confusões sobre saúde/doença;
- incentiva as trocas de experiência e a comunicação no grupo;
- sugere atividades e técnicas de dinamização;
- oferece informações e cuida para que sejam discutidas no grupo;
- ajuda o grupo a sistematizar informações e reflexões com base na experiência;
- acompanha a aprendizagem de cada membro.

Em sua dimensão clínica, a Oficina na área da saúde inclui a compreensão e elaboração das dificuldades emocionais e relacionais sentidas pelos participantes diante daquelas questões que são o foco da Oficina e que, de alguma forma, têm a ver com sua saúde e a qualidade de vida. Assim, a coordenação:

- Acolhe e respeita os participantes no grupo, para que desenvolvam um sentimento de pertencimento ao grupo.
- Busca incentivar tanto a individuação quanto a grupalização.
- Sensibiliza o grupo para as questões relevantes a serem trabalhadas.
- Faz perguntas sobre a experiência dos participantes, incentivando depoimentos.
- Ajuda a esclarecer a experiência e a refletir sobre ela.
- Dinamiza a comunicação no grupo, com ou sem o uso de

técnicas, facilitando a formação de vínculos entre os participantes, o apoio mútuo, a cooperação e a mediação de conflitos.

- Usa, com parcimônia, a "devolução em espelho", isto é, "devolver" perguntas e comentários para o grupo como uma forma de incentivar a reflexão e a autonomia, em vez de dar respostas prontas.
- Questiona o grupo, de maneira ponderada, promovendo a reflexão sobre questões pertinentes.
- Faz interpretações sobre o comportamento do grupo e de seus participantes, desde que essas interpretações possam ser compreendidas e trabalhadas no grupo, sempre de acordo com o foco da Oficina.
- Aceita as manifestações emocionais dos participantes, no sentido de acolhê-las e trabalhar a sua relação com o foco da Oficina.
- Aceita as manifestações emocionais dos participantes em relação à figura do coordenador, buscando compreender e trabalhar seus significados, isto é, trabalhar a transferência.
- Procura compreender e trabalhar, fora da Oficina, como as suas próprias idéias, emoções e reações ao grupo podem estar influenciando a condução da Oficina, isto é, trabalhar a contra-transferência.

Como dissemos, a Oficina tem uma dimensão ou *potencialidade terapêutica*, na medida em que facilita o *insight* e a elaboração sobre questões subjetivas, interpessoais e sociais. Também tem uma dimensão ou *potencialidade pedagógica*, na medida em que deslancha um processo de aprendizagem, a partir da reflexão sobre a experiência. Possibilita a elaboração do conhecimento desenvolvido sobre o mundo e do sujeito no mundo, portanto, sobre si mesmo. Essas dimensões são interligadas no "foco" de intervenção, como foi descrito no módulo anterior.

O "foco" circunscreve limites para o trabalho, sendo que se busca maior consciência em torno de problemas, *insight* sobre os conflitos psíquicos, elevação da auto-estima e melhoria sintomática.

Na Oficina, a circunscrição de tempo e a definição de foco evitam a excessiva mobilização afetiva e fortalecem a relação com o coordenador. A temática escolhida, a partir de uma demanda, também focaliza para o grupo conflitos e investimentos afetivos associados à temática. O trabalho do coordenador deve ser sensível a esta dinâmica, mas restrito quanto à interpretação, para não levantar conflitos de forma indiscriminada e inútil.

Trabalhar com um foco aponta para limites, mas, também, possibilita mudanças dinâmicas, uma diminuição de angústia e melhor *insight* sobre a temática abordada. Pode acontecer a elaboração de alguns conflitos na rede transferencial do grupo.

Não podemos negar que existe o risco de se estimularem condutas meramente adaptativas ou de gerar, em torno do foco de reflexão, uma produção intelectualizada, mais do que elaboração. No entanto, o respeito ao processo grupal, o manejo da rede de transferência e a facilitação da comunicação no grupo são elementos que minimizam tais riscos.

Finalmente, é interessante dizer que a coordenação pode se beneficiar do uso de duplas de coordenadores que se apóiem mutuamente e dividam as responsabilidades. Isto possibilita melhor observação do grupo, uma segunda opinião, a possibilidade de dar atenção individualizada em certos momentos e casos. Mas é importante, nesse caso, que a dupla mantenha uma reflexão sobre a sua atuação e relação como coordenadores, para evitar desgaste no grupo devido a possíveis conflitos... da coordenação! Também é importante que haja pelo menos um coordenador estável, com quem o grupo fará um vínculo mais estável. Desde que esteja sempre presente, a coordenação pode convidar pessoas para atuar como dinamizadores eventuais, promover uma tarefa específica, promover uma palestra, etc. Nesse sentido, equipes interdisciplinares podem se organizar para exercer a co-coordenação e, nesse caso, nem sempre é essencial que a principal coordenação seja do profissional da psicologia!

De fato, dependendo do tipo de grupo (breve ou longo), e principalmente da dimensão (educativa ou clínica) que nele prevalecer, os diferentes profissionais da área da saúde podem compartilhar sua coordenação. Isto, evidentemente, trará diferenças na condução. E diferenças podem ser bem vindas!

Propondo e iniciando a Oficina

A proposta de uma Oficina pode ser iniciada por diferentes caminhos:

1) promover palestra em uma instituição ou comunidade e pedir aos interessados que se inscrevam em dado horário e lugar;
2) pedir aos profissionais de saúde que encaminhem seus pacientes, sem obrigatoriedade, para a Oficina;
3) contatar os pacientes de uma lista de espera e oferecer-lhes o trabalho de grupo como preparatório para o tratamento de saúde ou como apoio durante esse tratamento;
4) contatar familiares que acompanham os pacientes e lhes oferecer a oportunidade de participar das Oficinas, também conhecendo as suas expectativas a respeito;
5) fazer a divulgação por algum meio impresso, radiofônico ou televisivo, etc.

O importante é saber se haverá, de um lado, sensibilização e aceitação por parte das pessoas que possivelmente se interessariam pela Oficina e, de outro lado, condições institucionais para realizá-la. A Oficina não pode ser imposta, como já dissemos. Também é importante que a proposta de trabalho esteja clara e que algumas condições ou pré-requisitos estejam definidos. Se, por exemplo, os coordenadores selecionam os participantes de uma fila de espera, deverão ter claro quais serão as exigências para participar da Oficina, que tipo de apoio pode ser oferecido e que relação a Oficina tem com o atendimento pelo qual os pacientes esperam. Assim, o contrato do grupo pode ser feito com clareza e confiança.

Seguindo os critérios estabelecidos para a sua Oficina, os coordenadores farão uma avaliação sobre a possibilidade de participação de cada paciente. Essa avaliação pode ser mais simples, em alguns casos, como no caso de uma Oficina sobre dieta para hipertensos, ou mais complexa, como no caso de grupos de portadores de HIV. Uma vez feita a avaliação, os coordenadores farão o registro dos participantes e, caso haja algum procedimento de controle de saúde, tomarão as medidas necessárias, como, preenchimento de ficha de saúde, controle de peso ou de taxa de glicose, etc. Esses dados poderão, com muito proveito para nossa metodologia, ser comparados com dados colhidos ao final da Oficina.

O grupo deve se realizar sempre que possível em um lugar onde a privacidade dos participantes seja respeitada. Na área da saúde, as Oficinas tendem a ser homogêneas, em torno da especificidade do problema de saúde tratado.

Uma vez selecionados os participantes e feitos os contatos e as combinações iniciais, a Oficina terá início e este é o momento em que o coordenador tem de estar muito atento à importância do seu papel no processo do grupo.

Os processos da Oficina e a atuação do coordenador

Na área da saúde, a Oficina visa oferecer uma estrutura onde o grupo possa viver um processo de elaboração de suas questões, trabalhando ao mesmo tempo a sua experiência e a informação, e buscando, de maneira integral, "sentir, pensar e agir".

No processo de comunicação – em níveis consciente e inconsciente – o grupo estará vinculado à realização da "tarefa", isto é, à elaboração da questão central escolhida. Para isto, os participantes se dispõem – em menor ou maior medida – à revisão de suas representações de mundo e experiências. Assim, o processo do grupo é, ao mesmo tempo, coletivo e individual. O grupo serve de continente para esse processo de revisão e para as ansiedades e medos que possa provocar.

Esse processo ocorre porque existe uma relação entre o campo grupal e o campo social e porque, no processo de comunicação do grupo, há um constante trabalho que inter-relaciona linguagem e identidade. A coordenação do grupo mobiliza, facilita e incentiva esse trabalho.

O grupo se constitui em um circuito de trocas sociais, simbólicas e afetivas que envolve relação e comunicação. É preciso então abordar e analisar os elementos que dificultam essas trocas, tais como os filtros ideológicos, os tabus e zonas de silêncio, que estão presentes em dimensão consciente e inconsciente.

O grupo é o contexto da intervenção e a matriz de comunicação. A intervenção trabalha as distorções de comunicação, sem pretender, entretanto, que a comunicação seja totalmente livre, uma vez que a vida afetiva do grupo não para nunca de se produzir e, assim, de interferir com o "nível da tarefa". O grupo oferece a possibilidade de sensibilização e revivência de situações e relações, e também da sua reflexão e elaboração.

A comunicação só se realiza através da interação, o que implica buscar determinações de contexto, papéis e expectativas sobre as subjetividades dos participantes e sobre suas relações, para que possam refletir sobre as censuras impostas à sua comunicação. Isto é, considerar um processo de intervenção onde os sujeitos participam de sua própria mudança, na medida em que *desenvolvem a consciência sobre a produção de sua consciência, buscando autonomia.* O participante do grupo é visto como sujeito e objeto de seu processo de elaboração.

A forma como problematizamos o mundo e as respostas que procuramos para os problemas formulados têm seu fundamento, abertura e limite na linguagem, na sociedade e na cultura. Em outras palavras, podemos dizer que o vínculo social é estruturante do nosso psiquismo e está presente em suas realizações. Como vimos, no campo grupal, também se fazem presentes os papéis sociais, as ideologias, as instituições e, enfim, a identidade social do sujeito. Um pai que reflete sobre a experiência de ser pai de filho adolescente está ao mesmo tempo refletindo sobre a relação pai-filho em seu contexto, as representações de adolescência e paternidade, entre outras coisas. Uma gestante com diabetes que se informa sobre os riscos do parto, também coloca seus medos e anseios diante da maternidade, seu papel de mãe e suas relações familiares. E, assim, na matriz de comunicação grupal, surgem diferentes narrativas que se entrecruzam e se confrontam buscando construir uma identidade grupal que facilite as mudanças dos participantes em relação às próprias questões.

Tendo tudo isto em consideração, podemos distinguir algumas formas de intervenção do coordenador que mobilizam e canalizam as potencialidades do grupo. É preciso lembrar que a nossa reflexão não emerge automaticamente da experiência, mas que essa experiência precisa se tornar objeto de nossa reflexão, para que possamos aprender com ela. Sugerimos, então, que a Oficina trabalha em uma seqüência que interliga a sensibilização, o esclarecimento e a sistematização, a elaboração das experiências e as tomadas de decisão:

1) O trabalho com grupos na área da saúde necessita da *sensibilização* dos participantes em relação ao tema de saúde abordado.
2) O trabalho com grupos na área da saúde busca mobilizar, *esclarecer e sistematizar* as experiências dos participantes, no que diz respeito aos temas de saúde abordados, visando proporcionar o *insight*, a reflexão e a elaboração.
3) O trabalho com grupos na área da saúde necessita *elaborar a experiência*, na medida em que as reinterpreta usando novas informações e formas de relação.
4) O trabalho com grupos na área da saúde necessita transformar as *representações* (crenças, estereótipos, preconceitos, etc) *e identidades* sociais (percepção de si nas relações e papéis sociais), através das vivências do grupo.
5) O trabalho com grupos na área da saúde busca provocar *processos de decisão* em relação às questões de saúde

abordadas, incentivando o autocuidado, a adesão ao tratamento, a busca da qualidade de vida.

Acreditamos que será mais fácil para o coordenador desempenhar seu papel se estiver atento às fases do grupo e contar com recursos de dinamização desse processo. O uso da técnica visa à *re-vivência* e à *re-flexão* em um *circuito de comunicação* que vai do individual ao coletivo. O processo de *elaboração* é essencialmente um processo de comunicação.

É preciso, então, diferenciar entre as técnicas e o *processo mesmo do grupo*. A *dinâmica do grupo* se configura como um processo vivido pelo grupo e explicado por uma teoria de grupo. As técnicas, muitas vezes chamadas de maneira simplificada de "dinâmicas", configuram estratégias, jogos, atividades que motivam a ação e comunicação, no sentido de facilitar, esclarecer e elaborar o processo grupal. Em conseqüência, as técnicas devem ser adequadas ao processo do grupo e o coordenador deve, em suas proposições, respeitar esse processo, tendo sempre em mente uma ética de condução do grupo. Teoria, técnica, intervenção e ética devem, portanto, estar reunidas no trabalho.

O uso de técnicas não deve ser aleatório, ou seguir apenas o desejo do coordenador, mas deve estar conectado ao processo grupal, à reflexão central do grupo, à tarefa. Do nível lúdico passamos ao reflexivo. Nesse sentido, também não há "respostas certas" que um grupo deva dar a uma situação, mas sim uma abertura dialógica. O que o grupo traz deve ser escutado com cuidado e, em observações aparentemente simples, podem existir significados importantes. As técnicas ajudam a criar no grupo uma estrutura que (a) promove abertura perceptiva, (b) permite a expressão de sentimentos e idéias, (c) permite a encenação de relações, (d) permite que o sujeito se veja em situações não cristalizadas no cotidiano, (e) permite sensibilização e disposição para a apreensão de novos significados.

As técnicas propostas podem ter objetivos de sensibilização, interação, reflexão, sistematização, mediação de conflitos, entre outros, mas sempre se referem ao processo vivido pelo grupo em sua dimensão afetiva e social.

As fases do processo grupal e a atuação do coordenador

Tendo por referência as fases do grupo, podemos apontar que a Oficina segue três momentos básicos: formação de sentimento e identidade de grupo; surgimento de diferenças e construção de condições de produtividade do grupo; e fim de grupo. Esses "momentos" não seguem uma seqüência rígida. Cada grupo passa por eles de maneira própria e, em um mesmo grupo, pode haver movimentos de avanços e regressão. Em vários momentos, o grupo pode ter que voltar a elaborar seu sentimento de identidade e suas identificações, ou a lidar com suas diferenças, a elaborar seus lutos, em ciclos próprios. O coordenador atento perceberá o movimento do grupo em torno desses momentos.

1a. Fase: formação de sentimento e identidade de grupo

Relacionado aos processos de afiliação e pertencimento, nesse momento, o grupo está às voltas com a construção de sua rede de vínculos e identidade. Pode apresentar dificuldades iniciais, como dispersão, desconfiança, dúvidas. Ao se iniciar o movimento de união, há forte tendência para negar as diferenças entre os membros, o que é uma defesa contra a dispersão e uma tentativa de construir a coesão. Nesse primeiro momento, a coesão pode tomar contornos autoritários. Tanto as diferenças internas quanto as externas – do grupo com outros grupos – são mal suportadas e o grupo pode tentar excluir ou discriminar quem for diferente, criando muitas vezes o fenômeno do "bode expiatório". É importante enfatizar que o coordenador nunca deve forçar a participação, ou a interação, ou a reflexão, sob pena de obter justamente o efeito contrário.

O coordenador busca acolher o grupo, facilitando os laços e identificações, sem oferecer uma imagem romântica, falsa, de si mesmo. Por outro lado, busca oferecer oportunidades de participação para todos, sem obrigá-los, e se opõe às escolhas de bode-expiatório, no sentido de questioná-las e buscar refletir com o grupo sobre elas.

Nessa fase, há forte transferência para com a figura do coordenador, do qual o grupo espera instruções. O coordenador aceita o seu lugar de co-pensador do grupo, isto é, de alguém que reflete junto, porém não de diretor, e volta para o grupo a responsabilidade pelo processo, colocando-se à disposição para facilitá-lo. Também ocorrem movimentos de identificação no interior do grupo, com os membros procurando "pares", embora a conversa pareça superficial, pois os laços de intimidade são ainda precários. O coordenador procura perceber o movimento do grupo através dessa pretensa "superficialidade", incentivando as relações e buscando seu aprofundamento.

O coordenador indica ao grupo que é possível construir laços e caminhar para o trabalho conjunto. Nesse sentido, estimula a troca de experiências e o trabalho com duplas, trios, retomando-o depois dentro do coletivo grupal. Assim, estimula as trocas intersubjetivas e o sentimento do grupo. Por outro lado, evita personalizar suas intervenções ou tornar-se o centro delas. Reenvia as questões do grupo para o grupo, pondo em causa a responsabilidade do grupo para consigo mesmo, mas de uma maneira paciente e constante. Deve ter tolerância para com o que às vezes parece "perda de tempo" no grupo, pois isto pode significar toda uma preparação para a produtividade.

É importante notar que o processo de Oficina pode intensificar a primeira fase do grupo e pressioná-lo em direção à segunda fase pelas seguintes razões: (a) a Oficina tem um tempo delimitado e o grupo, ciente disso, se prepara para agir dentro de sua agenda de trabalho, (b) a coordenação incentiva a interação através de técnicas lúdicas e propõe temas, incentivando o grupo a produzir e, (c) o enquadre facilita a atuação mais ativa do coordenador, sendo que o grupo se vê lançado mais cedo no processo de descobrir e lidar com suas diferenças.

Nessa primeira fase, vamos dar atenção especial a dois pontos: o primeiro encontro e o contrato grupal.

No primeiro encontro, o coordenador se preocupará em ouvir o grupo, conhecer expectativas, desejos e sugestões, bem como desde o início promover a interação e o conhecimento entre os participantes. O primeiro encontro é importante como marca inicial que se imprime no trabalho e que tende a ser buscada novamente nos momentos de dificuldade do grupo.

Também desde o primeiro encontro o coordenador busca combinar o contrato com o grupo: regra do sigilo, respeito à palavra de todos, compromisso com os horários e dias estabelecidos, e outras combinações. Eventualmente, o grupo precisará voltar a essas regras, para fortalecê-las ou transformá-las.

2a. Fase: aparecimento de diferenças e construção de condições de produtividade do grupo

Para prosseguir, o grupo precisa construir sua rede de identificações e incrementar os processos de cooperação e comunicação. O coordenador ajuda a: pensar regras e papéis, dividir tarefas, trocar experiências, buscar informações.

Nesse momento, o aparecimento de diferenças e de algumas frustrações é inevitável. As diferenças aparecem porque o que leva cada um a querer pertencer ao grupo é não apenas o desejo de pertencimento – fazer-se igual – mas também o desejo de reconhecimento – sentir-se especial e único. Além disso, a própria realização da tarefa exige que os participantes se impliquem em atividades e decisões, dividam tarefas, reconheçam habilidades e características de cada um, e mostrem diferentes pontos de vista e histórias de vida. Esse movimento do grupo pode gerar tanto prazer quanto medo.

O coordenador sublinha as diferenças, enfatizando o que trazem de produtivo para o grupo: as experiências e reflexões de cada um servem à experiência e reflexão dos outros. Os limites de cada um são ilustrativos e mesmo constitutivos dos limites dos outros. A riqueza da interação começa a emergir. O coordenador propõe jogos e técnicas que facilitem a comunicação e a reflexão em torno dos temas a serem trabalhados e, daí, procura sistematizar as posições existentes no grupo, mediar conflitos, levar o grupo a reconhecer sua produtividade. Nesse sentido, estará procurando trabalhar a matriz de comunicação dentro do processo grupal.

Ao mesmo tempo, o aparecimento da diferença também provoca defesas e angústias. O coordenador procura explicitar essas dificuldades, escolhendo forma e momento de intervenção, pois a interpretação só opera quando pode ser "ouvida" e processada. O grupo é incentivado a se tornar mais independente da coordenação, sendo que os membros podem atuar como "interpretadores" uns para os outros, fortalecendo a rede e incrementando o estabelecimento de transferências. Essa é a riqueza do grupo que o coordenador acompanha e facilita. O coordenador escuta e aceita sugestões de atividades e apóia o grupo na busca de autonomia, buscando analisar dificuldades na direção mesma dessa autonomia.

Quando o grupo está enfrentando o desafio de suas diferenças, e aprendendo a usar os próprios recursos, também está formando uma "mentalidade grupal", um consenso mínimo em torno da tarefa, e criando as condições para a produtividade, cooperação e aprendizagem. É preciso lembrar que mesmo os grupos mais produtivos encontram, vez ou outra, dificuldades e medos, vivendo momentos de estagnação ou mesmo de regressão. Conseguindo superar esses momentos, volta à produtividade.

3a. Fase: o final de grupo – elaboração do luto e avaliação do processo grupal

O enquadre da Oficina define um número de encontros e um cronograma. Assim, o fim do grupo coincide com o fim do cronograma e não com um processo interno de finalização. Daí ser necessário "trabalhar" esse fim, para que a produtividade da Oficina possa ser sentida como positiva pelo grupo e como algo que os participantes possam levar para outras esferas de seu cotidiano.

O final de um grupo pode estar associado com sentimentos de satisfação ou insatisfação com a produtividade em torno da tarefa. Além disso, envolve sentimentos de ansiedade e melancolia pela perda das relações e dificuldades em perceber como a Oficina poderia ter desdobramentos no cotidiano. Nesse momento, é comum aparecer no grupo reações defensivas tais como recusa a participar, atrasos, confrontos com a coordenação, polarização de opiniões e outras. Muitas vezes são manifestações do sentimento de estar sendo abandonado.

É importante que o grupo saiba quantos encontros pode esperar ter e que seja lembrado com alguma antecedência da aproximação do fim da Oficina, para que possa deixar aflorar e trabalhar os sentimentos evocados. Enquanto os participantes não conseguem compreender seus sentimentos de frustração e abandono com o fim do grupo, podem ter reações emocionais diversas, como regressão, agressividade com o coordenador, arrependimento, dispersão, ausências e sonolência. É importante mostrar a relação dessas reações com o sentimento de perda para que possam ser elaboradas e o grupo consiga sistematizar também os ganhos, o processo de crescimento que pode ser "aproveitado" em outras vivências e contextos.

Um "desligamento progressivo" pode ser sugerido, isto é, a combinação com o grupo de ter ainda alguns encontros cada vez mais espaçados no tempo, para um acompanhamento dos resultados e – por que não? –, para "matar as saudades" de um grupo que foi tão importante!

O trabalho do grupo será avaliado em relação (a) ao processo grupal, isto é, à formação de identidade, comunicação, cooperação, aprendizagem e rede de vínculos, à forma do grupo lidar com suas lideranças e seu funcionamento interno, (b) em relação à tarefa, sua realização no contexto, e (c) em relação à contribuição do grupo para o seu contexto e, inversamente, ao impacto do contexto sobre a produção do grupo. Esses ângulos de avaliação dependerão também do grupo e serão realizados dentro de sua perspectiva, com sua linguagem e da forma como achar mais adequada. No módulo seguinte, vamos apresentar como avaliar uma Oficina.

Bibliografia

AFONSO, Maria Lúcia M. *Oficinas em dinâmica de grupo – um método de intervenção psicossocial*. Belo Horizonte: Edições do Campo Social, 2002.

PICHÓN-RIVIÈRE, E. *O processo grupal*. São Paulo: Martins Fontes, 1998.

Tarefas

Individual

Utilizando os elementos trabalhados no texto dessa unidade, refletir sobre a sua própria atuação como coordenador de grupo. Mesmo que você ainda não tenha experiência com grupos, proceda como se estivesse avaliando as suas possibilidades de vir a ser coordenador: quais são/seriam suas maiores habilidades? e dificuldades? o que deixa você com muitas dúvidas? que tipo de situação acha difícil de enfrentar? Como poderia trabalhar isto visando seu aprimoramento? Com suas reflexões, elabore um texto de cerca de 2 páginas e mande-o para a sua tutora.

Em grupo

Em reunião de equipe, discutir o texto apresentado e levantar as principais habilidades e dificuldades de cada membro da equipe na (possível) função de coordenar grupos. Que dificuldades foram apresentadas? Que possibilidades? Que dúvidas? Que sugestões vocês gostariam de fazer para o crescimento da equipe? Façam um pequeno roteiro com essas dificuldades, facilidades e dúvidas e mandem para a tutora do curso.

Exemplos de tarefas do texto 6 e comentários

Tarefa 6: Sueli Rodrigues Burgarelli

Para a realização desta tarefa, tomarei como parâmetro de avaliação do papel de coordenador a experiência de coordenar um grupo de alunos no projeto de organização comunitária do qual participo. Tratava-se de um grupo composto de mais ou menos 7 pessoas, orientadas e organizadas em torno de uma tarefa bem definida: escrever e realizar um projeto de pesquisa que abordasse as relações entre mídia e violência. A coordenação desse grupo foi partilhada com outra pessoa, e diretamente supervisionada pelo professor que coordena o projeto. Com relação às habilidades, acredito possuir abertura para o trabalho flexível com o grupo. Abertura para a escuta, para o diálogo, para a mudança de planos, para a crítica (ou retorno interpessoal). Considero-me capaz de facilitar a comunicação no grupo, garantindo um espaço onde todos possam se expressar, buscando a elaboração das diferentes expressões, e ajudando o grupo nos momentos de entrave através do trabalho conjunto, da cooperação. Acredito também ser capaz de perceber sutilezas no processo do grupo, incluindo suas reações e relações com a(s) figura(s) de autoridade. Além disso, considero-me apta a aprender com o grupo, com seu processo e com suas dificuldades. Também considero uma habilidade o fato de sentir profundamente respeito pelo humano e desejo de facilitar processos verdadeiramente coletivos, capazes de contribuir positivamente para a experiência de cada um. Em se tratando das dificuldades, penso que a maior delas é conseguir concretizar uma liderança verdadeiramente democrática. Isso porque o desejo de não ser autoritária muitas vezes me impele no sentido contrário, e a coordenação acaba por ficar *laissez-faire* demais, solta demais. Sei que isso é tão prejudicial para o grupo quanto a liderança autoritária, mas sinto que ainda tenho esta tendência, reforçada pelo receio de impor algo ao grupo. Posso ter dificuldades também com a questão de limites, no sentido de identificá-los e lembrá-los ao grupo. Obviamente esta dificuldade está intimamente relacionada à primeira. Tenho dúvidas principalmente em relação a como lidar com os componentes emocionais exacerbados que podem surgir no grupo. Em que situações seria interessante incentivar ou deixar espaço para isso? Em que momentos não? Como lidar com uma situação onde o(s) coordenador(es) se encontrem afetivamente mobilizados, de maneira a poder interferir no processo do grupo? Considero cruciais estes momentos de trabalho com a afetividade e as emoções, e minhas dúvidas em relação à coordenação de uma oficina giram basicamente em torno deste tema. Uma possível variação é encontrada no caso do trabalho com grupos de pacientes psicóticos. Em caso de surto, como reagir? Quais cuidados seriam necessários para evitar o desencadeamento de um surto durante o trabalho grupal? São dúvidas que certamente serão objeto de estudo, uma vez que de fato pretendo trabalhar com essas pessoas. Com relação às situações difíceis de enfrentar, seriam principalmente as citadas no último parágrafo. Além destas, uma situação onde houvesse confronto direto no grupo, marcada por momentos conflitivos entre dois ou mais participantes, seria difícil para mim. Seria preciso considerar em que medida poderia ser interessante "deixar rolar" ou não (isso dependeria do grau de intimidade do grupo). Esta dificuldade poderia ser trabalhada, com relação a meu papel na coordenação, através da consideração da importância da emergência dos conflitos, uma vez que estes, latentes, jamais poderão ser trabalhados. Seria um aprendizado rico no sentido de acolher bem e valorizar não apenas os momentos de prazer e alegria do grupo, mas também os momentos de dificuldade e sofrimento. O processo grupal é composto de ambos os momentos, e negligenciar qualquer deles é prejudicar imensamente o desenvolvimento e o caminhar do grupo. Uma atitude desta natureza seria, portanto, desrespeitar o grupo e seu processo.

Comentário – Juliane Rosa Paulino

Prezada Sueli,

Você é extremamente clara quando fala do que considera ser suas habilidades e dificuldades como coordenadora de grupos. Acredito que você vem fazendo escolhas muito importantes e desenvolvendo um processo intenso de construção do seu estilo profissional. Você demonstra isso na maneira cuidadosa que vem elaborando suas tarefas, na dedicação a esse curso, nas questões formuladas por você. Gostaria de voltar então à proposta metodológica de oficina, conforme apresentado pela Lúcia Afonso, no texto do módulo 06, e assim podermos abordar algumas questões apresentadas por você. Vejamos:

> Na Oficina, a circunscrição de tempo e a definição de foco **evitam uma excessiva mobilização afetiva e fortalecem a relação com o coordenador**. A temática escolhida, a partir de uma demanda, também **focaliza para o grupo aqueles conflitos e investimentos afetivos associados a esta temática**. O trabalho do **coordenador deve ser sensível a esta dinâmica,** ***mas restrito quanto à interpretação, para não levantar conflitos de forma indiscriminada e inútil***.
>
> Trabalhar com um foco aponta para limites mas, também, possibilita mudanças dinâmicas, uma **diminuição de angústia** e melhor *insight* sobre a temática abordada. Pode acontecer a elaboração de alguns conflitos na rede transferencial do grupo.
>
> Não podemos negar que existe o risco de se estimular condutas meramente adaptativas ou de gerar, em torno do foco de reflexão, uma produção intelectualizada mais do que uma elaboração. No entanto, **o respeito ao processo grupal, o manejo da rede de transferência e a facilitação da comunicação no grupo são elementos que minimizam tais riscos**.

As reflexões desenvolvidas por FÁTIMA VIELMO (1997-1998) em seu texto "Transferência e Contratransferência na Situação Grupal" *(página da Sociedade Brasileira de Dinâmica de Grupo - SBDG - 1997-1998) podem também nos ajudar na abordagem de suas questões. Ela afirma que: " (...) as circunstâncias pessoais de cada indivíduo colocam-no em disponibilidade para assumir o papel de porta-voz de um conflito, que é vivido como próprio, mas que na verdade denuncia um conflito na situação interativa e/ou relação com a tarefa. Neste momento opera-se o processo transferencial (...)". (Andaló, Carmen S. de A. "O papel de coordenador de grupos. Psicol USP, 2001, vol. 12 n. 1).*

VIELMO considera ainda nesse mesmo texto que: "(...) A dialética indivíduo-grupo,torna-se compreensível através do conceito de porta-voz. A pessoa assume o papel de porta-voz, através de uma dificuldade pessoal, serve de veículo para explicitar uma problemática emergente do grupo e que, como sinal, nos remete às relações infra-estruturais implícitas, nas quais estão comprometidos todos os integrantes do grupo (...)".

Outro aspecto que considero importante clarear é que o coordenador, conforme nos aponta ANDALÓ (2001), "***por não estar imerso na situação vivida****, consegue ter uma visão de distância que lhe permite captar aspectos mais amplos e profundos*".

Um abraço,

Juliane.

Tarefa 6 – Renata Grossi Dias

Dizer como seria a minha postura como coordenadora de uma dinâmica sem nunca ter feito isso é muito difícil para mim. Um dos motivos é porque ainda estou num processo de conhecimento das minhas potências e limitações através de psicoterapia individual.

"*É preciso enfatizar que a Oficina não é uma terapia e nem uma aula. Mas que ela tem uma dimensão educativa e uma dimensão clínica, que se inter-relacionam*". Eu não sei dizer e não consigo ver uma distinção tão clara assim do que seria uma dimensão clínica não terapêutica.

Quanto à dimensão educativa, não imagino que teria muitos problemas. Inclusive, quando elaboramos a oficina, em alguns encontros programamos palestras informativas por profissionais que poderiam dar informações em maior conteúdo e mais precisas.

Não sei como me posicionaria diante das emoções vindas do grupo. Diante de afeto e expressão de boas emoções acho difícil que alguém sinta insegurança. Porém, diante de manifestação de agressividade e até mesmo violência, não sei se reagiria bem. Outra coisa que me deixa com certo mal-estar é o silêncio. No texto, as situações expostas são de um grupo em funcionamento e não sei se meu estado ansioso constante me permitiria agir de forma adequada diante do silêncio ou de um trabalho que fica travado, que não flui bem.

A dinâmica sendo realizada com 2 coordenadores me parece mais interessante. Um motivo é a questão da insegurança que eu acho que sentiria ao coordenar a minha primeira dinâmica. Mais um coordenador me faria me sentir mais segura porque ele poderia não só observar o grupo e trocar idéias comigo, mas também observar meu comportamento diante do grupo e me ajudar a entendê-lo.

Eu não sei quais seriam os elementos da avaliação. Essa avaliação seria feita em que momento? O que me deixa mais em dúvida é: se a avaliação é feita no primeiro encontro, como seria a proposta? Não sei se me expressei bem, mas acho que, do texto todo, o que ficou meio duvidoso pra mim foi mesmo a questão da avaliação.

A questão da elaboração, da identificação, etc, é complicada, é um processo relativamente longo que na oficina deve ocorrer no tempo do programa. Não sei se isso seria possível com todos os participantes. Acho que uns se envolvem mais que os outros, etc. Mas ao mesmo tempo, as tarefas propostas já têm o objetivo de promover esse processo. Acho que isso é uma coisa difícil de trabalhar, mas deve ser também o que mais gratifica o coordenador.

Comentário – Deborah Akerman

A dimensão clínica está presente em todos processos terapêuticos, mas também em outras modalidades de intervenção, como nas oficinas, na supervisão e até na sala de aula. O que vai diferenciar as redes e matrizes de comunicação é o contexto institucional, dado pelo objetivo do grupo, contrato estabelecido, papel do coordenador, entre outros aspectos. Na oficina o coordenador não fará interpretações de linguagem que possam abrir conexões psíquicas individuais, da mesma forma que num processo terapêutico, embora provoque *insights*. O que faz a diferença aqui é o lugar que o coordenador ocupa. Ele não é um lugar vazio e possibilita a partir de sua postura uma dada forma de interação no grupo. No caso da oficina, apesar de observar aspectos individuais, ele vai incentivar a interação grupal em torno das questões temáticas definidas pelo foco. Suas observações podem ajudá-lo a devolver para o grupo alguns pontos de obstrução da comunicação, propondo atividades ou técnicas que possibilitem ao grupo refletir sobre o tema.

O silêncio do grupo é mesmo causador de constrangimentos, mas com o tempo pode-se distinguir entre os "silêncios": de angústias, de reflexão, de inibição, de descanso, de elaboração, etc. Ele não será necessariamente interrompido pelo coordenador. Em grupos é muito comum que algum membro assuma o lugar de porta-voz, rompendo aquele momento. Ao mesmo tempo é importante que o grupo sinta confiança no coordenador e no grupo para manter-se em silêncio quando necessitar. A experiência vem com o tempo. Dá mesmo muita insegurança pensar em trabalhar com grupos. Um grupo é uma matriz de comunicação bastante complexa. O coordenador não está sozinho.Ele tem as teorias que embasam sua atuação, um lugar institucional e a ética como parceiros nessa empreitada.

O importante é começar, estudar muito, poder contar com supervisão e uma equipe de trabalho disposta a crescer.

No próximo módulo poderemos aprofundar as questões que você levantou sobre avaliação. Até lá,

Um abraço,

Deborah.

Tarefa 6 – Marina Lima de Azevedo

Acredito que o trabalho em grupo é de uma grande riqueza, tendo muito a oferecer quando nos propomos a fazer um trabalho que vise uma reflexão acerca de uma dada realidade, estimular o compartilhar de experiências, a busca de novas aprendizagens, novas formas de se apreender uma problemática, etc. Nesse sentido, acredito que minha primeira "habilidade" como coordenadora é essa, a de acreditar nas várias possibilidades de um trabalho feito em grupo. Como coordenadora, sinto facilidade em acolher e respeitar os participantes, trabalhar no grupo as diferenças, levantar questionamentos de maneira ponderada, respeitar o ritmo de cada um, e do próprio processo grupal. Contudo, encontro muitas dificuldades ao coordenar um grupo. Uma grande dificuldade é saber como trabalhar a transferência no grupo. São muitas subjetividades operando ao mesmo tempo. O coordenador é, principalmente no início, a figura de referência, e é ele que recebe todas as demandas, tantos individuais quanto as do grupo. Os participantes do grupo – que ainda estão em processo de construir vínculos, sentimento de pertencimento e identidade – têm uma forte transferência com a figura do coordenador, colocando-o no lugar de mestre, ou seja, no lugar daquele que vai dar ordens e instruções. Na minha experiência, o que percebo, é que sair do lugar de "diretor" e realmente se colocar como "co-pensador", isto é, no lugar daquele que vai refletir junto com o grupo e não ditar regras e tarefas, não é simples. O que eu sinto é que mesmo quando a proposta é a de uma coordenação democrática – onde se procura oferecer oportunidades de participação para todos, onde se busca implicar os participantes nas questões trazidas, responsabilizar o grupo pelo seu processo – muitas vezes, a palavra permanece centralizada na figura do coordenador. Em muitos momentos, a dinâmica do grupo do qual participo, se assemelha a um jogo de pingue-pongue, onde jogam: coordenador *versus* participantes. Um participante se dirige ao coordenador, esse se dirige aos participantes, que por sua vez se dirigem novamente ao coordenador. Diante dessa questão, lendo o texto, pensei em como poderia trabalhar esse ponto visando meu aprimoramento. Algumas reflexões me levaram a pensar que talvez a falta de habilidade para manejar essa situação esteja ligada à dificuldade de indicar ao grupo as possibilidades de se construirem laços fortes entre eles, de realmente fazer um trabalho conjunto. Nesse sentido, o texto indica que as técnicas nas quais as questões são discutidas em duplas, ou grupos pequenos, para depois serem retomadas no "grupão", podem estimular a troca de experiências, facilitando a construção de vínculos entre os membros do grupo. A construção e o fortalecimentos desses vínculos levam, justamente, a uma retirada do coordenador como figura central: ele deixa de ser, portanto, a maior ou única referência para o grupo.

Comentário – Sara Deolinda Cardoso Pimenta

Marina,

Sua tarefa apresenta uma reflexão consistente, revelando que você tem se debruçado sobre os desafios de se trabalhar com grupo. Estamos na sexta tarefa e sinto sua dedicação nesse tempo de curso.

Você inicia destacando o potencial do trabalho com grupos. Realmente, o grupo se constitui num campo privilegiado para o alcance de novas situações e realização de mudanças significativas.

De fato, ser coordenador de grupos não é tarefa fácil, se almejamos um papel de co-pensador, co-construtor, num processo fundado na comunicação circular, na interlocução dinâmica entre os integrantes do grupo, inclusive o coordenador.

Trabalhar a intersubjetividade, os elementos transferenciais, requer atenção e sobretudo ciência quanto aos limites de uma oficina. Como você mesma diz, não é simples, mas devemos buscar sua realização com simplicidade, e sobretudo, realizarmos permanente auto-reflexão na perspectiva de trabalharmos também os elementos contratransferenciais. Sem dúvida, é desafiador.

Ao final da tarefa você inicia uma boa elaboração sobre as questões que levanta, indicando que está em processo reflexivo. Que você prossiga nessa dinâmica, essencial à evolução do seu aprendizado.

Com meu abraço,

Sara.

Tarefa 6 – Rafaela Assis de Souza

As experiências que tive como coordenadora de grupo foram durante os estágios do Internato Rural e em Vespasiano, ambos com grupos reunidos pelo Programa Saúde da Família (PSF).

Diferente da clínica psicoterápica individual, percebo que o sujeito tem no grupo um ponto de apoio muito mais acessível e imediato, podendo se sentir mais seguro na mudança. Vejo isso não apenas como uma vantagem para o sujeito que participa do grupo, mas também como elemento facilitador do meu trabalho como coordenadora, vendo o grupo como elemento que se acrescenta à minha intervenção terapêutica e/ou educativa. Em meu trabalho, procuro estar atenta a esse caráter suportivo que o grupo adquire, e incentivá-lo constantemente. Penso que essa crença na capacidade do grupo de acompanhar um indivíduo no seu processo de desenvolvimento seja uma habilidade que venho desenvolvendo ao longo da minha formação em psicologia, procurando compreender de que forma o sujeito se relaciona com a coletividade a sua volta durante seu processo de desenvolvimento e mudança.

O trabalho com grupos é objeto de grande interesse para mim por possibilitar a participação do coordenador como coadjuvante num processo de educação, reflexão e desenvolvimento psicológico dentro de um contexto grupal, de apoio e convivência interpessoal. No grupo, me coloco muito mais próxima de meus "clientes/pacientes" do que em atendimentos de consultório. Sinto-me mais próxima da natureza de cada um quando os percebo em interação com outras pessoas. O diálogo me parece mais fluído, movimentado pelas falas de cada membro que dão colorido especial à dinâmica grupal.

Durante a coordenação, me vejo surpreendida com a riqueza dos conteúdos que emergem a partir da proposição dos temas para reflexão. Percebo o quanto um mesmo tema pode ser visto de pontos de vista tão diferentes e o quanto é preciso que eu, como coordenadora, esteja preparada para perceber a repercussão disso em cada grupo. Quando se propõe um mesmo tema em diversos grupos, essa diversidade é premente. A cada grupo, um novo desenho se faz em torno daquele tema e cabe a mim percebê-lo e trabalhar a partir do que emergir.

Dessa maneira, no planejamento de uma oficina, é primordial que eu não caia na tentação de planejar também o movimento que o grupo dará ao tema. Mesmo sabendo que tal movimento é algo próprio daquele grupo e que só acontecerá diante do fenômeno grupal, minhas ansiedades como coordenadora às vezes me fazem querer prever o que irá acontecer. Com isso, o risco de que eu sinta que minhas expectativas diante do trabalho foram frustradas é grande, podendo inclusive me impedir de realizar um trabalho de maior qualidade, caso me restrinja a tentar levar o grupo a atender ao que eu esperava dele. É claro que, por menos ansiosa que me apresente à coordenação de um grupo, certas expectativas sempre irão existir. O grande problema é a dificuldade de superar a frustração de não ver o grupo se desenrolando como o esperado e passar a intervir de maneira que tente levar o grupo ao caminho que havia pensado. Controlar minha expectativa, mais do que desafio a ser superado, é uma necessidade de constante reflexão ao longo de minha atuação como coordenadora.

Na prática, algumas situações me deixam ainda muito insegura para trabalhar, por menos imprevistas que sejam. Fico sem saber como intervir em momentos em que alguém se põe mais exaltado diante do grupo ou quando se estabelecem desentendimentos entre os membros. Nessas ocasiões, onde meu papel como coordenadora seria o de tentar contornar a situação de forma mais enérgica e ao mesmo tempo democrática, sinto que a dificuldade está em não conseguir muitas vezes chegar a uma decisão que satisfaça a todos os envolvidos. Quando é preciso criticar alguém ou tomar uma atitude mais severa, por mais certa que esteja de estar tomando uma decisão justa, certa insegurança sempre aparece.

Penso que todas essas dificuldades aparecem muito em virtude da pouca experiência e da necessidade de me deparar com situações novas, a cada momento. Acredito que ao longo do tempo, quando o papel de coordenadora estiver instituído tanto em mim quanto no ambiente em que trabalho, tais dificuldades sejam cada vez mais contornáveis.

Comentário – Flávia Lemos Abade

Olá, Rafaela!

Sua reflexão sobre seu papel como coordenadora ficou excelente! A construção de nossa formação profissional passa pela práxis e pela reflexão sobre a práxis. E você faz isso muito bem!

Ao avaliar o grupo precisamos igualmente perceber os processos grupais e as mudanças que foram facilitadas por eles: seja no âmbito individual seja no âmbito coletivo. Você propôs parâmetros de avaliação para o próprio coordenador avaliar o grupo, mas você também pode pensar em instrumentos para que o próprio grupo também se avalie.

Parabéns pelos trabalhos que você vem desenvolvendo!

Um abraço,

Flávia.

TEXTO 7

Como avaliar uma oficina

Maria Lúcia M. Afonso

A avaliação da Oficina é um desafio que envolve a combinação de duas dimensões igualmente importantes mas muito diferentes em natureza: uma mais objetiva, que é a realização da chamada "tarefa externa", isto é, dos objetivos que o grupo se propôs a alcançar na e/ou através da Oficina, e uma dimensão mais subjetiva, a realização da "tarefa interna", isto é, do crescimento que o grupo obteve em seu processo e suas relações internas.

Dentro dessas duas dimensões, um trabalho em grupo na área da saúde precisa impulsionar mudanças positivas tanto para o grupo quanto para cada indivíduo que dele participou. Abaixo, vamos apontar referências para essa avaliação. São referências tiradas da teoria e usadas com finalidade didática. Assim, os coordenadores de grupo precisam saber relativizar essa "lista" para que ela realmente venha a ajudá-los a avaliar cada Oficina em sua especificidade.

A realização dos objetivos do grupo na área da saúde, tendo em vista a saúde de cada participante e os ganhos da Oficina como um todo

Iniciando por um exemplo, podemos dizer que uma Oficina sobre "o autocuidado no diabetes" precisa trazer benefícios para cada um dos participantes no que diz respeito ao "autocuidado". Assim, é interessante definir alguns parâmetros com os quais avaliar o progresso de cada um no grupo, como saber fazer a auto-aplicação da insulina, conseguir regular a sua dieta, incluir exercícios físicos em sua rotina, etc. O conjunto desses elementos poderá se constituir em uma referência para se observar a melhoria da qualidade de vida e do autocuidado de cada participante.

Porém, é preciso lembrar que cada paciente tem características e ritmo próprios. Assim, se esses parâmetros vão ser avaliados, o melhor é fazer a comparação, para cada pessoa, no início e ao final da Oficina, e mesmo algum tempo (por exemplo, um mês) depois de sua realização. Assim, pode-se ter uma boa idéia de quanto cada pessoa apresentou uma evolução no que diz respeito ao autocuidado, isto é, ao foco do trabalho do grupo.

Daí é fácil entender que avaliar o grupo, como um todo, no que diz respeito ao foco de seu trabalho implica avaliar o conjunto dos seus membros. Se a Oficina foi capaz de impulsionar mudanças positivas para cada um e significativamente positivas para alguns, ela pode ser considerada, por sua vez, positiva.

Para cada Oficina, segundo o seu foco, os coordenadores podem até mesmo construir uma pequena escala de avanços significativos de cada indivíduo e, com ela, avaliar o grupo como um todo.

A primeira grande pergunta que a avaliação coloca, então, nesse momento é: *a oficina cumpriu os objetivos propostos?*

No entanto, a avaliação da realização da tarefa externa deve andar par a par com a avaliação da chamada "tarefa interna", pois só assim os coordenadores poderão entender o que significou a Oficina para cada grupo.

A realização da tarefa interna, isto é, os ganhos do processo grupal considerando o grupo como um todo e cada um de seus participantes

Apesar de envolver muitos aspectos subjetivos, a "tarefa interna" também encontra referências para sua avaliação, tal como abaixo especificado:

a) Os vetores do processo grupal

Vamos começar pelos seis vetores do processo grupal, tal como foram conceituados por Enrique Pichón-Rivière em seu "grupo operativo":

- **Pertencimento:** como cada membro se implicou na Oficina? Houve, na Oficina, um clima de acolhimento e de escuta? Cada membro participou, à sua maneira, do processo do grupo? Que dificuldades surgiram e como foram abordadas? Os participantes criaram vínculos afetivos e de confiança entre si e com a coordenação?
- **Comunicação:** houve, no grupo, predominância de comunicação aberta entre seus membros, isto é, foram capazes de expressar suas idéias, questões e sentimentos sobre os temas tratados? Houve trocas de experiências significativas? Houve processo compartilhado de reflexões e conhecimentos? Que papel cada um teve na rede de comunicação do grupo? Que diferenças individuais foram observadas? Que dificuldades surgiram e como foram abordadas?
- **Cooperação:** os participantes mostraram interesse pelos colegas e respeito às suas falas? Mostraram afeto e disponibilidade para dar apoio aos companheiros e lhes oferecer sugestões? Conseguiram ajudar uns aos outros a compreender e avançar na tarefa externa? Que dificuldades surgiram e como foram abordadas?
- **Aprendizagem:** os participantes avançaram na compreensão do tema abordado? Houve apoio mútuo nessa aprendizagem? Fizeram uma inter-relação entre os conteúdos aprendidos e as experiências no cotidiano? Conseguiram situar as novas informações em sua vida cotidiana? Indicaram que estavam usando as novas informações e reflexões em sua vida cotidiana

e em seu autocuidado? Que dificuldades surgiram e como foram abordadas?

- **Tele:** os participantes se mostraram motivados para compreender os seus problemas e os problemas dos companheiros e para buscar formas de melhorar sua qualidade de vida? Confiaram no grupo como um lugar ou instrumento apropriado para buscar melhorar a qualidade de vida? Mostraram-se ligados entre si e comprometidos como um grupo com a realização de sua tarefa externa? Mostraram ter vinculação com os coordenadores e confiar neles? Que dificuldades e resistências surgiram e como foram abordadas?
- **Pertinência:** houve uma boa *sensibilização* dos participantes para os problemas de saúde abordados? Que sentimentos e emoções foram vividos e relatados? Houve *reflexão* sobre os problemas de saúde abordados? O grupo conseguiu trazer boas idéias que contribuíssem para esse autocuidado? Conseguiram dar sugestões para as particularidades de cada caso? Houve o esclarecimento de dúvidas? Houve *elaboração* do problema, com real mudança dos sujeitos envolvidos? Houve avanços no autocuidado de cada participante?

b) A atuação do coordenador

Como foi a atuação do coordenador no que se referiu:

- ao acolhimento e integração de cada membro e do grupo?
- à construção de um clima de confiança e de respeito no grupo?
- à construção da Oficina junto com o grupo?
- ao acompanhamento dos casos e do grupo como um todo?
- ao incentivo e facilitação da comunicação e da cooperação no grupo e da participação de cada membro?

- ao caráter mais ou menos democrático da coordenação (ou *laissez-faire*, ou autoritário)?
- ao incentivo à aprendizagem no grupo, possibilitando que os participantes fizessem questões, articulassem as informações à sua própria experiência e tirassem conclusões?
- ao uso pertinente de técnicas de dinamização de grupo?
- à atenção às fases do grupo: formação de identidade e vínculos, interação com as diferenças e com a tarefa, a elaboração do fim do grupo?
- ao trabalho articulado, no que diz respeito à Oficina, com os colegas da equipe de saúde?
- às dificuldades que surgiram na Oficina, sua abordagem e manejo?
- ao encaminhamento apropriado dos casos que assim precisaram.

A Oficina dentro de seu contexto

É preciso lembrar que as referências até agora colocadas têm uma finalidade pedagógica e não precisam ser tomadas como um índice rígido de avaliação. Cada grupo tem as suas particularidades... Assim, o que pode ser avaliado como bom para uma Oficina pode ser pouco para outra. A Oficina existe dentro de um contexto e de condições objetivas e não podemos avaliar um processo de grupo sem levá-los também em consideração. Assim, cada coordenador pode relativizar a avaliação de sua Oficina se perguntando:

- De onde veio a demanda para a Oficina?
- Houve apoio institucional? Apoio da comunidade?
- Foi a primeira vez que se realizou a Oficina?
- Como as particularidades da coordenação deram um "rosto" para a Oficina?
- Que dificuldades e facilidades foram encontradas?

- Como superar essas dificuldades e consolidar os avanços conseguidos?

Bibliografia

AFONSO, Maria Lúcia M. *Oficinas em dinâmica de grupo – um método de intervenção psicossocial.* Belo Horizonte: Edições do Campo Social, 2002.

CASTILHO, Áurea. *Liderando grupos – um enfoque gerencial.* Rio de Janeiro: Quality Marketing, 1999.

Tarefas

Individual

Com base nos elementos especificados neste texto, construa uma tabela com itens para a avaliação da Oficina cujo projeto vocês já construíram. Avaliem se a oficina foi válida ou não, de acordo com os itens sugeridos. Você pode escolher "dar uma nota" para cada item ou deixar um espaço para uma avaliação qualitativa. Mandar a sua tabela para o tutor do curso, e levá-la, também, para a reunião de sua equipe.

Em grupo

A equipe deve se reunir e fazer a comparação dos trabalhos feitos individualmente, sobre a avaliação da Oficina planejada, visando chegar a uma tabela unificada para a equipe. Mandar a "tabela de avaliação" para a tutora.

Exemplos de tarefas do texto 7 e comentários

Tarefa 7 – Ellen Midori Ribeiro dos Santos

Para avaliar a tarefa externa

Houve maior demonstração de conhecimento sobre a diabetes pelas participantes ao longo dos encontros?

Houve demonstração de interesse do grupo, como um todo, sobre os aspectos que se relacionavam à doença?

Houve demonstrações positivas do grupo ao longo dos encontros?

Ao formular perguntas sobre temas relacionados, percebeu-se apreensão do conhecimento pelo grupo?

Avaliar as taxas de glicemias das gestantes em seu acompanhamento, durante os encontros. Houve melhora?

- Esta avaliação pretende perceber se houve melhora no conhecimento das participantes a respeito do diabetes e se a melhora foi passada ao cotidiano. Primeiro avalia-se se houve aumento do conhecimento sobre a doença. Depois, avaliar a variação da glicemia é importante, pois qualquer atitude de autocuidado seja na dieta, seja na insulinoterapia ou medicação ou outros cuidados, implicará diretamente nas taxas de glicemia da gestante.

- Aliam-se a esta interpretação as respostas da auto-avaliação da gestante para comparar com a percepção do avaliador.

Para avaliar a tarefa interna

Houve crescimento gradativo de afinidade no grupo?

Houve demonstrações negativas por parte de alguma participante a respeito do trabalho em grupo?

Houve algum encontro onde foi notada a dispersão das participantes (comportamentos negativos, conversas, etc.)?

O grupo conseguiu trabalhar em conjunto quando isto era solicitado?

Houve trocas de experiências nas discussões?

Avaliação individual: a) demonstrou interesse pelo trabalho? b) Conseguiu expor pelo menos uma vez no encontro, seus sentimentos ao grupo? c) Tinha algum conhecimento dos temas tratados, que pudesse causar desinteresse na participação? d) existia algum participante que conseguia influenciar positiva ou negativamente o grupo?

- Aqui, pretende-se perceber se a tarefa interna atingiu seu objetivo. A avaliação individual é importante para reconhecer a influência de alguma pessoa, que, sozinha possa interferir no andamento do grupo.
- Aliar a avaliação individual é de extrema importância, pois ninguém melhor que a própria pessoa para dizer se conseguiu trabalhar no grupo e promover reflexões positivas para o cotidiano.

Mais importante: as participantes deverão responder um questionário de autoavaliação que abordará questões que avaliarão a tarefa externa e interna do grupo, como:

Sobre o coordenador

Conseguiu promover integração e diálogo no grupo?

É assíduo e pontual?

Demonstrou interesse na preparação da oficina e seus procedimentos?

Observou-se afinidade e vontade de aplicar este trabalho ao grupo?

Mostrou-se autoritário alguma vez?

Mostrou preconceito a algum relato feito?

Tinha conhecimento necessário sobre a fisiopatologia da doença para coordenar este grupo?

Dava espaço para indagações?

- Fica óbvio que questões que avaliem capacitação e interesse devam andar juntas.
- Avaliar aspectos pessoais como autoridade é importante, pois é característica da personalidade do coordenador que pode ser mais bem trabalhada se identificada.
- Serão entregues no questionário questões que avaliem o coordenador.

Comentário – Juliane Rosa Paulino

Prezada Ellen,

Você articulou bem as dimensões das tarefas externa e interna na avaliação, preocupando-se inclusive em reservar espaço para a avaliação relativa à condução pelo coordenador. Mas não ficou claro como você pensa toda a operacionalização: a avaliação é processual e será realizada coletivamente a cada encontro ou/e ocorrerá uma avaliação individual ao final da oficina, a ser feita tanto pelos participantes, quanto pelo coordenador? Em relação à tarefa interna, acho importante você reler os vetores do processo grupal e melhorar as questões elaboradas. Sugiro investir mais também na avaliação do contexto, pois a avaliação da tarefa externa, na oficina proposta, está intimamente ligada ao trabalho conjunto com uma equipe multiprofissional na área da saúde. Ou você como enfermeira, e coordenadora da oficina, poderá acompanhar todo o processo de avaliação dos participantes em relação à tarefa externa?

Outra questão: a avaliação deve envolver dois eixos – os participantes do grupo e a coordenação. É essa a sua proposta? A avaliação quanto à condução do coordenador deve ser feita pelos participantes, mas também pelo próprio coordenador, em forma de uma auto-avaliação, quando este se pergunta quais são suas facilidades e dificuldades ao longo do acompanhamento do processo grupal.

Fique à vontade e aproveite a oportunidade nesse finalzinho do nosso curso: dê uma olhada em outras tarefas de alunos da Psicologia – interdisciplinaridade em construção aqui também, não é?... Da mesma forma, que eu, particularmente, tenho aprendido muito com você, Ellen, acho que pode ser interessante você fazer uma pesquisa nas tarefas dos outros alunos. Aproveite... O objetivo do curso é esse mesmo: ser interativo.

Um grande abraço,

Juliane.

Tarefa 7 – Sueli Rodrigues Burgarelli

A título de avaliação da Oficina, será distribuído para cada participante um questionário (tabela) cujo objetivo é avaliar, segundo a experiência de cada um, a Oficina no que se refere à tarefa externa (realização dos objetivos que o grupo se propôs) e também à tarefa interna (crescimento do grupo quanto a seu processo e relações internas). Dessa forma, pretende-se ter acesso ao que cada participante tem a dizer sobre sua experiência no e com o grupo. Além disso, o último encontro do grupo será reservado para a avaliação geral da Oficina, estruturada a partir de questões levantadas pelos coordenadores e realizada com base na discussão do grupo. Nesse momento serão também consideradas as dimensões objetivas e subjetivas da Oficina.

Avaliação geral da Oficina	Excelente	Muito Bom	Bom	Regular	Ruim	Péssimo	Sim opinião
Sua motivação para participar da Oficina							
"Clima" da Oficina							
Espaço para participar à sua maneira							
Forma de lidar com as dificuldades							
Vínculos dos participantes entre si							
Vínculos entre participantes e coordenação							
Comunicação: espaço para expressar idéias, questões e sentimentos sobre o tema tratado							
Trocas de experiências significativos							
Processos de reflexão e conhecimento							
Seu papel na rede de comunicação do grupo							
Compreensão do tema abordado							
Apoio mútuo na aprendizagem							
Coerência das novas informações com a vida cotidiana							
Relevância das novas informações e reflexões para a autonomia							
Motivação para compreender seus problemas e problemas dos companheiros							
Motivação para buscar formas de melhorar sua qualidade de vida							
Grupo como lugar ou espaço apropriado para buscar melhorar a qualidade de vida							
Comprometimento com o grupo							
Relação com os participantes							
Relação com os coordenadores							
Confiança nos coordenadores							
Sua reflexão sobre os assuntos abordados							
Contribuição do grupo (boas idéias) para a autonomia dos participantes							
Sugestões do grupo para cada caso particular							
Esclarecimento de dúvidas							
Oficina como espaço para o compartilhamento da experiência de ser freqüentador de Centro de Convivência							
Oficina como espaço para compartilhar experiências sobre a internação psiquiátrica							
Oficina como espaço para o compartilhamento de experiências sobre os processos de re-inserção social							
Oficina como espaço para construção de estratégias para lidar com as dificuldades que surgem nesse processo							
Oficina como espaço para organizar juntos informações sobre dispositivos comunitários úteis disponíveis em BH							
Contribuição da Oficina para sua mudança em relação à autonomia							
Contribuição da Oficina para suas possibilidades de re-inserção social							
Quaisquer outros aspectos							

AVALIAÇÃO DA AUTAÇÃO DOS COORDENADORES DA OFICINA	EXCELENTE	MUITO BOM	BOM	REGULAR	RUIM	PÉSSIMO	SEM OPINIÃO
Acolhimento e integração do grupo							
Acolhimento e integração de cada participante							
Facilitação de clima de confiança e respeito no grupo							
Trabalho junto com o grupo							
Acompanhamento de cada caso particular							
Acompanhamento do grupo como um todo							
Incentivo e facilitação da comunicação							
Incentivo e facilitação da cooperação							
Incentivo e facilitação da participação de cada participante							
Abertura para as opiniões do grupo							
Incentivo à aprendizagem no grupo							
Uso das técnicas de dinâmica de grupo							
Integração com outros profissionais							
Forma de lidar com as dificuldades que surgiram na Oficina							
Encaminhamento dos casos que precisarem							
Quaisquer outros aspectos:							

Questões para a avaliação em grupo

1. A Oficina foi capaz de criar espaço para compartilhar experiências? Se sim, quais experiências foram compartilhadas?
2. Ofereceu possibilidade de reflexão e transformação? Se sim, o que foi refletido e o que foi transformado?
3. O trabalho com o grupo foi produtivo no sentido de organizar informações sobre dispositivos comunitários de BH úteis para os processos de re-inserção social? Como o grupo pretende utilizar essas informações?
4. Em geral, como foi a relação do grupo entre si e com a coordenação?

5. Como a coordenação poderia melhorar sua atuação?
6. Quais foram os principais aspectos positivos da Oficina?
7. Quais foram as principais dificuldades encontradas?
8. Com relação aos assuntos trabalhados, que sentimentos e emoções foram vividos mais intensamente?

A oficina pretende oferecer espaço para o compartilhamento de experiências dos freqüentadores de Centros de Convivência egressos de internações psiquiátricas, no que se refere, principalmente, às dificuldades encontradas em seus processos de reinserção social e às possibilidades de construção coletiva de estratégias para lidar com a situação. É também objetivo da oficina disponibilizar e construir junto com o grupo informações acerca dos dispositivos comunitários disponíveis na cidade de Belo Horizonte, no sentido de facilitar a circulação dessas pessoas no ambiente da cidade.

A oficina terá, então, três objetivos principais: (1) criar espaço para o diálogo sobre a experiência de ser freqüentador do Centro de Convivência, de ser egresso de internação psiquiátrica e de precisar lidar com questões do cotidiano com as quais essas pessoas não eram solicitadas a lidar quando internadas; (2) facilitar a elaboração e a avaliação da experiência de ser usuário da rede de atenção à saúde mental de Belo Horizonte, especialmente dos Centros de Convivência; (3) procurar e organizar com o grupo informações sobre a disponibilidade de dispositivos comunitários capazes de auxiliá-los em seus processos de reinserção social, assim como sobre os meios de acesso a tais dispositivos.

Esta proposta objetiva a expressão, o compartilhamento e a elaboração da subjetividade por meio de um suporte técnico, possibilitando o resgate do contato com o cotidiano e com a lógica comunitária. Portanto, pode ser considerada uma prática coletiva de elaboração subjetiva, que visa estimular a criatividade, a atividade terapêutica e a convivência social.

Comentário – Juliane Rosa Paulino

Prezada Sueli,

Você combina muito bem as abordagens quantitativa/individual e qualitativa/coletiva no processo de avaliação da oficina, abordando cuidadosamente suas duas dimensões: tanto ao nível da tarefa externa, quanto ao nível da tarefa interna. Seria interessante mencionar aqui, também, a avaliação coletiva e processual, ao final de cada encontro, como imaginado por você na sua proposta da oficina.

A linguagem utilizada de forma geral é muito boa, tanto no questionário individual quanto no roteiro com perguntas semi-estruturadas para discussão coletiva. Mas gostaria de saber o que você acha da utilização de termos como autonomia, vínculo, re-inserção social, no questionário individual: são termos de fácil entendimento para os participantes da oficina ou podem ser trocados por outras expressões? Durante o desenvolvimento da oficina esses termos serão introduzidos e discutidos com os participantes?

É necessária também uma auto-avaliação da coordenação em relação às suas facilidades e dificuldades no acompanhamento do processo grupal.

Um abraço,

Juliane.

Tarefa 7 – Cristiano Santos Rodrigues, Dinazilda Cunha de Oliveira, Kelma Soares Medrado, Paulo A. da Silveira Rivelli Medeiros

Uma avaliação de uma oficina que ainda não foi colocada em prática não pode ser realizada com base na observação de comportamentos e resultados, obviamente porque ainda não ocorreram. Infelizmente, a maior parte do texto oferecido neste módulo diz respeito a uma oficina já realizada e sua avaliação está diretamente ligada a dados objetivos ou objetivados pela observação. Ademais, propusemos uma oficina que se propõe a trabalhar um tema que, no mínimo, é polêmico e muito particular. Se, mesmo para as pessoas que já tiveram a oportunidade de refletir sobre a própria sexualidade, esta oficina poderia ser difícil de realizar-se, o que se dirá de adolescentes. Claro que não se trata de desqualificação da capacidade de adolescentes trabalharem o tema de uma maneira positiva. Trata-se de admitir que alguns elementos não estão previstos e outros, como a capacidade dos coordenadores, podem estar superestimados. Portanto a tabela a seguir foge ao texto desse módulo. Ela se propõe mais a ser um elemento de autocrítica em relação a um trabalho ainda não realizado. Por fim, obrigado pelos comentários feitos das tarefas anteriores.

Comentário – Deborah Akerman e Sara Deolinda Cardoso Pimenta

Cristiano, Dinazilda, Kelma e Paulo,

Vocês conseguiram criar um instrumental de avaliação para os próprios coordenadores a partir de observações que seriam feitas após a realização da oficina. Como auferir estas respostas? Quais indicadores serão criados para "medir" estas respostas? A primeira pergunta que se deve fazer é: A oficina cumpriu os objetivos? Tentando exemplificar retomamos a oficina proposta:

"Nossa oficina pretende oferecer um espaço para discussão da vivência dos adolescentes sobre sua sexualidade, levando em consideração suas angústias e inseguranças a ela relacionadas. Pretendemos oferecer também algumas informações básicas sobre os aspectos biológicos diretamente relacionados à sexualidade, mas, sobretudo, nos concentrando em dialogar com os adolescentes sobre os aspectos afetivos, sociais e históricos aí também envolvidos. Sendo assim, a oficina se dará a partir do processo dialético entre diálogo e elaboração das vivências relacionadas à sexualidade."

Então, parte dos objetivos está relacionada à oferta de informações básicas sobre os aspectos biológicos, afetivos, sociais e históricos. Como medir após a oficina se o objetivo foi cumprido? Poderiam ser criados, por exemplo, instrumentais com perguntas para que os

Item avaliado	Justificativa	Avaliação
Demanda	Necessário saber se o tema proposto realmente será útil para a melhoria da qualidade de vida dos participantes	Positiva.
Adequação das técnicas	As técnicas empregadas devem proporcionar a oportunidade de realmente trabalhar o tema proposto.	Relativa. Ela depende da predisposição do grupo, isso pode variar de grupo para grupo, e também da capacidade dos coordenadores em perceber e trabalhar dificuldades individuais ou do grupo
Tarefa interna	No caso desta oficina, ela seria a forma mais presente para a avaliação de seu sucesso ou fracasso.	Positiva se temas tidos como tabus fossem levantados pelo grupo e tratados pelo grupo sem estigmatizar algum participante ou alguém de fora do grupo. Negativa se estes temas forem ocultados por medo de preconceitos. Lembrar que as técnicas oferecidas podem dar margem a uma participação teatral, caso em que seria difícil perceber e apenas funcionaria como mais um elemento de decepção para algum participante.
Capacitação teórica dos coordenadores.	O tema proposto é bastante amplo. Existem determinantes sociais, históricos, psíquicos, entre outros possíveis. E é uma oficina para o livre questionamento. Junto com a capacidade para coordenação é necessário um conhecimento significativo sobre o tema.	Positiva caso os coordenadores possam oferecer respostas para possíveis perguntas ou que as traga em um encontro posterior. Nem sempre os coordenadores interferirão na dinâmica do grupo. Mas, não faz sentido perceber que um conhecimento que tem por base uma crendice ou preconceito vem se reproduzindo naquele grupo e não interferir.
Capacitação prática dos coordenadores.	Nesta oficina podem ocorrer inibições, exposições, ou mesmo alguma forma de violência psíquica. Em algum momento os participantes podem preferir ocultarem-se a mostrarem-se e, neste caso, trabalhar de forma teatral. É necessário que os coordenadores estejam cientes dessa possibilidade e de como interferir nestes casos.	Positiva caso não haja decepções ao final da oficina. Caso em que o que era dificuldade para algum participante torna-se ainda mais problemático, visto que uma oportunidade que mostrava-se promissora tornou-se, ao final, inútil. Pior ainda se esta decepção inibir a busca por outras formas de conscientização sobre sexo e sexualidade. Talvez fosse necessário que os coordenadores se submetessem a esta oficina para perceberem os seus pontos frágeis, tanto das técnicas quanto os seus próprios.
Aprendizagem	Uma vez que a oficina oferece uma gama de informações sobre sexualidade e saúde, este é um ponto em que a avaliação de sua eficácia pode ser mais facilmente vista.	Positiva se o conhecimento adquirido durante a oficina for exposto de uma forma natural ao seu final. Claro que algum constrangimento pode ainda resistir. Não se muda completamente em sete encontros de uma hora e meia.

membros do grupo respondessem, onde pudessem ser avaliadas estas mudanças. Para tanto o mesmo instrumental, poderia ser aplicado no início da oficina, para servir de comparação. Como vocês colocaram, a aprendizagem talvez seja mesmo mais fácil de ser avaliada, mas vocês propõem também como objetivo a oferta de espaço para discussão de angústias e inseguranças e aqui os depoimentos dos participantes seriam importante fonte. O último encontro, em que vocês propõem uma avaliação, também servirá para medir o cumprimento destes objetivos. Como vocês descreveram um objetivo para cada encontro avaliar a técnica é analisar seus efeitos no grupo: propiciou reflexão, o grupo "soltou" a palavra? Lembrem-se que uma mesma técnica pode ser usada para vários objetivos. Depende da costura, da tradução que o coordenador vai oportunizar após as metáforas produzidas pelas técnicas. Neste caso, como o texto nos coloca, a avaliação da comunicação, da cooperação e da mobilização no grupo é importante indicador da postura da coordenação. É necessário ainda levantar as dificuldades encontradas pelos coordenadores: Que situações foram difíceis de enfrentar?

Alguns indicadores quantitativos também podem ser pistas para esta avaliação da tarefa interna do grupo, tais como o número de faltas nas oficinas, desistências, número de perguntas trazidas para os coordenadores, etc. A demanda pode ser avaliada, por exemplo, pela procura ou número de inscritos.

Em resumo uma avaliação deve buscar traçar perguntas e definir quem e como serão respondidas, além dos dados quantitativos que serão monitorados.

Esperamos ter clareado mais o processo de avaliação como uma etapa importante da oficina. Até a próxima,

Com o nosso abraço,

Deborah e Sara.

TEXTO 8

Grupos que fazem grupos: um bate-papo sobre a equipe interdisciplinar na saúde

Maria Lúcia M. Afonso

Preocupada em melhor se organizar para trabalhar com o paradigma da promoção da saúde, uma equipe interdisciplinar resolveu entender melhor o próprio funcionamento como *equipe*. Através de leituras, análise da prática, e buscas na internet, os profissionais reuniram informações relevantes e iniciaram uma reflexão. A equipe era composta de uma médica, um dentista, uma psicóloga, um enfermeiro e uma assistente social.

Felizmente para nós, leitores, a equipe tomou a iniciativa de gravar e transcrever a fita, cujo texto é aqui apresentado, com a sua permissão. Só não conseguimos identificar quem era quem na fita... Mas isto não é o mais importante, não é mesmo?

(Início da fita...)

- E aí, gente? Quem quer começar?

- (silêncio)

- Olha aí, o gravador já está funcionando... (risos, olhares)

- Ah, então eu começo. Acho que tem uma primeira pergunta que é realmente a primeira: uma equipe de trabalho pode ser considerada como GRUPO?

- Pelo que estudei, a equipe é um grupo, sim, e pode ser analisada com os mesmos elementos que analisamos os grupos. Nós já estudamos isto juntos, lembram? Tem o pertencimento, a motivação, o clima, a cooperação e a competição, a comunicação, o poder e a liderança, o contexto institucional... Usualmente, a equipe tem um tamanho pequeno, em torno de 5 a 7 membros, como a nossa equipe, cada qual com papéis e funções delimitados em torno de um objetivo em comum...

- Lembro, lembro. Mas não acho que precisamos repetir tudo, aqui. Vamos começar pela especificidade que define a equipe, que é o fato dela ser um GRUPO DE TRABALHO.

- É... E como grupo de trabalho, é especialmente preocupada com a eficácia de suas ações. A equipe precisa de um grau elevado de articulação de papéis para o máximo de eficácia. Veja só que diferença isso já faz com o os nossos grupos de pacientes!

- Uma diferença enorme: a tarefa que une o grupo de pacientes é o auto-cuidado, mas o que une a equipe de trabalho é um objetivo institucional que exige competências específicas.

- Isso quer dizer que precisamos ser totalmente altruístas?

- Depende do sentido que imprimirmos ao termo "altruísta". Como grupo, a equipe motiva os participantes também pelos seus interesses individuais, que são importantes para manter o dinamismo da equipe... desde que associados ao objetivo do grupo. Sem dúvida, nós podemos nos realizar através da competência e do desenvolvimento profissional, ao mesmo tempo em que conseguimos "cuidar" do outro. Ou seja, não somos santos nem monstros: somos profissionais da saúde ligados por uma ética do cuidar.

- É, mas não podemos esquecer que a equipe de saúde está inserida em uma instituição e diretamente relacionada aos objetivos desta. Antes mesmo que a equipe existisse, os seus objetivos e estratégias básicos estavam definidos. Por isso mesmo, a equipe é uma parte da instituição extremamente sensível ao movimento institucional, às crises e mudanças, ao fortalecimento e crescimento da instituição. Seus ideais estão em relação com os da instituição. Isto implica em que tanto a equipe precisa se esforçar para se apropriar desses ideais quanto a instituição deveria estabelecer espaços e momentos para a reflexão e desenvolvimento desses ideais. Buscando a sua estruturação sobre o mapa já dado pela instituição, a equipe constrói um clima de trabalho, com suas características próprias e, aos poucos, vai constituindo sua história.

- E essa história está também dentro do contexto da história dos serviços de saúde. Se estamos defendendo um novo modo de atuar, a promoção de saúde, isto tem a ver com a história da saúde no país. Ninguém cria a sua história fora do contexto. Mas, no contexto, podemos ter uma participação crítica e ativa.

- Aqui no livro está dizendo que a eficácia de um grupo de trabalho requer uma boa utilização de recursos, que as decisões devem ser tomadas com base em consenso, que deve haver flexibilidade de processos, criatividade na execução da tarefa, equilíbrio entre necessidades pessoais e interpessoais, grupais e institucionais. Sem esquecer um ponto essencial, que é a boa comunicação entre os membros e a participação de todos.

- Nossa, a julgar por essa imagem toda linda... A gente, ainda, tem muito a caminhar...

- Ah, eu acho que o que a teoria faz é oferecer referências para esse caminhar. Nenhuma equipe do mundo vai ser tão certinha e perfeita. A teoria ajuda a gente a caminhar e a caminhar sempre.

- Pois é, aqui no livro, também diz que, toda vez que houver uma questão a resolver, a equipe deve adotar uma estratégia em 3 momentos: primeiro, definir o problema em sua natureza e amplitude; segundo, promover, discutir, selecionar e escolher idéias de como lidar com o problema; e, terceiro, organizar, fazer e avaliar a ação e, então, se necessário, refazer.

- É, mas é só nos livros mesmo que a coisa é tão certinha assim!

- Ainda bem que é certinho, pois assim a gente pode ter base para conversar sobre o nosso processo. Sabe de uma coisa? O livro também discute problemas surgidos nas equipes.

- Ah, então, vamos falar de alguns problemas, também. Com tanto “dever ser” na teoria, como ficamos nós, que simplesmente “somos”? E olhe que somos problema, também.

- Ótimo. Eu me lembro de que, quando entrei aqui no Programa, eu estava também entrando em contato com a proposta de promoção de saúde. Fiquei muito animada. Mas, quando vim para a nossa primeira reunião, fiquei um pouco intimidada, pois todos já pareciam ter tanta experiência, e eu... Fiquei com medo de abrir a boca e ser criticada. Acho que esse é um problema porque a teoria diz que a equipe precisa dar espaço para a individuação, o crescimento individual do profissional e, ao mesmo tempo, para a grupalização, o crescimento do grupo como um todo. E, naquela época, pelo menos para mim, uma coisa não juntava com a outra de jeito nenhum!

- Para você ver, o seu medo acabou provocando uma percepção distorcida. Eu comecei aqui no mesmo dia em que você começou. E nós nem nos falamos, um com o outro, né? A equipe também tem aqueles medos básicos dos quais nos fala a teoria do grupo operativo: medo da perda e medo do ataque. Ambos fundidos no “medo à mudança”. Afinal, é uma mudança e tanto em nossa vida começar a trabalhar no Programa, não é mesmo?

- É, além do mais, uma característica marcante da equipe de trabalho é que ela é criada, em concepção, estrutura, papéis e competências, antes mesmo de ter agregado seus membros. Ou seja, é uma criação institucional que vai ser "preenchida" por pessoas. Como todo grupo, a equipe apresenta fases em seu processo, fases que são influenciadas por esse nascimento no "seio da instituição".

- É. Logo ao serem "colocados juntos", os participantes ainda precisam desenvolver a confiança uns nos outros, visando a eficácia de desempenho dos papéis que são articulados.

- Que nem a gente, que custou para começar a trocar opiniões...

- Pois é, é porque a confiança não é um efeito "natural" das competências institucionalmente definidas. Está submetida também ao relacionamento interpessoal, que pode ajudar a desenvolver ou pode atrapalhar o seu desenvolvimento e a sua sustentação. Se a equipe não desenvolve um mínimo de laços de confiança, vai desempenhar a sua tarefa em um patamar baixo de produtividade e satisfação, com uma estrutura fragilizada, onde os conflitos são mal disfarçados e existe pouca criatividade devido ao medo de crítica e perseguição.

- Ainda bem que esse não é o nosso caso, senão nem estaríamos aqui fazendo essa discussão.

- É, ainda bem! Porque se a equipe desenvolve uma confiança básica entre seus membros, passa a buscar uma estrutura de trabalho onde cada qual possa se desenvolver. Assim, sobre o mapeamento básico provido pela instituição, os membros da equipe reconhecem sua contribuição singular e criam caminhos possíveis de desenvolvimento. Apropriam-se do espaço de produção, buscando as possibilidades oferecidas pela instituição, ou então os espaços vazios, os interstícios das regras, onde a ausência de controle permite a criatividade.

- Mas isso não é um pouco contraditório com a funcionalidade dos papéis?

- Parece que é, mas não é. Em outras palavras, precisa existir uma funcionalidade na divisão dos papéis e tarefas. Mas, se esta funcionalidade for muito alta, trará a repetitividade e a monotonia. Se for muito baixa, trará a desconfiança e sentimentos de frustração.

- E a frustração pode gerar reações muito variadas na equipe, não é mesmo? Especialmente nessa sociedade onde a nossa identidade está tão vinculada ao trabalho! E em uma equipe de profissões de nível superior, vinculadas ao status e identidade social de cada um.

- Pois é, e aí a gente tem de pensar nas duas dimensões do grupo de novo: ele é trabalho e é relação. Não apenas a frustração com o trabalho, mas, também, a frustração com as relações internas no grupo pode provocar um desencanto com o ideal do grupo, assim como uma des-identificação com a tarefa, até mesmo uma reação de apatia, é... desinvestimento, mesmo.

- Hum, Hum. Se a motivação para a tarefa foi, inicialmente, individual, depois ela se apóia também na rede de relações no grupo. Mas isto se dá tanto consciente quanto inconscientemente, né?

- É, é claro que é. Mas, a gente acaba percebendo isso na prática do dia a dia. Existem sinais de quem algo não vai bem na equipe: constantes dificuldades de comunicação, gafes, esquecimentos, fofocas, stress e irritabilidade, entre outras coisas.

- Aí não há remédio senão conversar e procurar a solução. Não se trata de buscar abolir toda competição, mas sim de regular a competição por meios de regras eticamente aceitáveis no grupo.

- Vocês já repararam que quando as relações internas da equipe não vão bem, os grupos de pacientes logo percebem esse clima? Igual a crianças que percebem que os pais não estão bem, mesmo quando estes disfarçam... Disfarçar não adianta muito, não.

- Aliás, muitas vezes, o problema começou por uma questão não tão importante. Outras vezes, foi justamente porque houve muitas expectativas positivas na equipe!

- Como assim "positivas"? Essa eu não entendi.

- É... Podem existir tantas expectativas que o grupo fica paralisado e não consegue caminhar. Se não consegue também se aliviar um pouco dessas expectativas, começa a buscar "a culpa" do que não foi realizado em si mesmo ou em "bodes expiatórios". Um mínimo de expectativas fragmenta as relações, mas um grau exagerado de expectativas estressa o sistema. Esse excesso de expectativas funciona como o vinagre no vinho sobre os vínculos emocionais no grupo. Existe frustração e controle dos membros uns sobre os outros, com o risco de se estabelecer um círculo vicioso. Nesse caso, é preciso recuperar a história do grupo, seus vínculos, redimensionar as expectativas, encontrar novas referências para propor objetivos e avaliá-los.

- Que interessante! O processo de grupo tem muitas situações paradoxais. Eu estou me lembrando de outra situação, assim, paradoxal, que pode causar stress no grupo: é quando a natureza da tarefa do grupo exige um alto grau de estruturação das funções e das competências. Nesse caso, o grau de exigência interna das relações também aumenta, e de controle também, lógico. Mas, nem sempre os profissionais se dão conta disso. E, muitas vezes, pensam que o problema é meramente pessoal. Então, é preciso refletir um pouco mais sobre a própria natureza do trabalho desempenhado: sua estrutura, tensões e contradições.

- Eu acho que os bons projetos também encerram tensões. Como estamos nos esforçando para fazer uma coisa diferente, também colocamos pressão uns nos outros e em nós mesmos. Nesse momento, em vez de acusações mútuas, o grupo precisa é de mútuo apoio.

- Ah, indo por esse caminho, eu também estou me lembrando que a natureza da tarefa também influencia a comunicação no grupo, muitas vezes direcionando-a no dia a dia. Daí, pode provocar afastamentos e aproximações entre as pessoas. O grupo que quiser funcionar democraticamente terá de fazer um esforço para não cristalizar essa rede de comunicação, tal como determinada pela tarefa, e tentar promover a circulação da palavra e da informação entre todos.

- Por falar nisso, a comunicação é um ponto chave. O desenvolvimento de uma linguagem comum, com um quadro de referência de valores e regras é fundamental. E, assim também, o sentimento de lealdade dos membros para com o grupo, buscando articular o sucesso pessoal com o grupal.

- Eu li que a boa comunicação no grupo atinge várias dimensões. É claro que não existe uma comunicação totalmente transparente. Mas, é preciso trabalhar sobre aquilo que entrava a nossa comunicação, tanto no terreno das relações de trabalho quanto no terreno das relações interpessoais. Não é que precisemos ficar fazendo profundas confidências entre nós, sobre nossa vida privada. Mas, é preciso conseguir comunicar os sentimentos e pontos de vista que foram provocados pela própria situação de trabalho e que interferem nela. Senão, quando a gente assusta, as relações de trabalho se tornam complicadas!

- Ah, mas tem horas que eu prefiro ficar calado a brigar...

- Pode até ser bom esperar um bom momento para falar. Porém, acontece de a gente esperar... esperar... e o momento não chega! É um dilema. O melhor é que a equipe tenha momentos definidos para conversar e que essa conversa tenha regras e mediação na própria equipe. Daí, a gente não terá tanto medo de "perder os limites"...

- A comunicação na equipe tem dois tipos de "direção": grupal e bilateral. A gente sempre tem pessoas com quem a comunicação flui melhor. Por outro lado, é preciso não perder a comunicação do grupo com o grupo. Não é fazer panelinha e nem fazer panelão. É deixar a comunicação circular, assim do pequeno para o grande e do grande para o pequeno, sempre no grupo.

- É, sim... E quando o grupo consegue uma comunicação melhor, também aumenta a sua produtividade e a satisfação de seus membros! Mas, eu sempre tive uma dúvida...

- Qual?

- Será que o contrário também não é verdade? Quando a produtividade cai, ou a satisfação anda baixa, será que a comunicação não fica também um pouco "avariada"? (risos).

- Se a gente for ser fiel à teoria, verá que tudo no grupo é interligado. Então, você está coberto de razão: uma coisa afeta a outra, que afeta a outra e a outra. Para o mal e para o bem!

- O que você quer dizer com isso?

- Quero dizer que se os problemas surgem dessa maneira, as soluções também surgem assim. Então, se estivermos com um problema de comunicação, mas um aumento na produtividade acontece... A coordenação do grupo deverá tomar cuidado para isso não incrementar a competitividade e sim mostrar ao grupo que vale a pena retomar os seus vínculos, refazer seu contrato...

- É mesmo. E, se temos um problema de produtividade, podemos rever a motivação para o trabalho, o pertencimento ao grupo, os vínculos...

- E se a gente tem dificuldade de cooperar, talvez valesse a pena incrementar a comunicação... É uma ciranda!

- Mas, isto fica um pouco confuso. Onde e quando começar a agir com uma equipe que apresenta problemas?

- O maior problema mesmo é que a gente quer sempre tocar na ferida diretamente. Isso dá certo às vezes e às vezes não. É preciso ter flexibilidade e tentar perceber qual é o ponto mais fraco e também o ponto mais forte do grupo. Não adianta tentar "remendar" onde a coisa está mais desgastada, ou ficar "malhando em ferro frio", sempre no mesmo ponto, sem sair do lugar.

- Você não está recomendando "colocar panos quentes" no conflito, não? Eu sou contra isso!

- Não se trata de "colocar panos quentes". Trata-se de buscar a melhor estratégia para chegar ao conflito. Às vezes, o caminho mais longo é o melhor. A coordenação do grupo deve buscar onde é o ponto sensível por onde os componentes do grupo se mostram capazes de ouvir uns aos outros e de reconstruir suas relações. É preciso chegar ao conflito. Mas, isso pode ser feito por caminhos variados.

- É, e é preciso lembrar que isso é uma coisa comum de acontecer, em qualquer grupo, especialmente em equipes de trabalho, onde as expectativas mútuas e institucionais provocam tensão, tantas vezes...

- E se o grupo não tiver uma coordenação?

- Usualmente, as equipes têm uma coordenação, seja fixa ou temporária... De qualquer maneira, há sempre alguém que tem uma liderança. Essa pessoa poderia dinamizar o grupo para enfrentar a sua crise... É claro que o líder é uma pessoa sujeita a todos os problemas dos outros, também. Mas, se ele vai desenvolvendo essa consciência...

- E na equipe também tem os outros "papéis" de grupo, não tem? Eu quero dizer "o porta-voz", o "bode-expiatório", etc.

- Ah, tem sim. Quando a equipe não está trabalhando bem em conjunto, então, aí é que surge mesmo alguém como "bode-expiatório". Pode ser alguém que esteja mesmo com dificuldades no trabalho, e aí "junta o frio com o gelado". E pode ser alguém que tenha dificuldades pessoais... É uma situação difícil. Mas, a gente aprende a ter auto-crítica e a conversar a respeito... Afinal, um ponto fundamental da equipe é ter disposição para a auto-avaliação e para efetivar as trocas internas e externas. O livro chama isso de permeabilidade de fronteiras, bonito nome, não?

- É mesmo. A gente tem de tomar cuidado para não ser uma equipe muito rígida e para não cultivar estereotipias. Quando essas dificuldades se cristalizam é difícil lidar com elas e isso gera um clima negativo no grupo.

- Cada um é um no grupo. Mas, sei lá, às vezes, não tem solução.

- A situação mais difícil é quando um membro não tem qualquer afinidade com os ideais do grupo. Aí, realmente é difícil... porém, a gente precisa tentar e ver se existe solução. O grupo não é um paraíso. E nem um inferno. Afinal, toda a nossa vida se passa neles. É só o recurso que temos, como seres sociais, para organizar a nossa vida. É preciso buscar soluções, por isso mesmo. Se formos desistir de nossos grupos a qualquer dificuldade... já pensou? Teríamos de fazer uma revolução por dia em nossas vidas.

- Por falar nos diversos grupos dos quais fazemos parte, eu sempre me pergunto, até que ponto a equipe de trabalho não é como uma família!

- Posso dar minha opinião? Sei que muita gente vai dizer que é, mas eu acho que não é. Veja só, como "grupos", todos dois têm objetivos, papéis, etc. Mas eles são muito diferentes, também. O fato de haver relações de afeto na equipe não quer dizer que sejamos uma "família". Ora, somos uma equipe com relações de afeto! Só que esse afeto, em sua natureza, alcance, desdobramentos, etc., é diferente do que se passa na família, ou mesmo no grupo de amigos. Saber essa diferença nos leva a compreender melhor e dimensionar melhor as relações interpessoais no grupo, vocês não acham?

- Você acha que não podemos ter amizade no grupo de trabalho?

- Pelo contrário. Acho que podemos ter e cultivar essas amizades. Só não podemos esquecer que esta é também uma relação de trabalho.

- Eu concordo. As relações de afeto no grupo são importantes para manter o investimento e a identificação. Porém, podem ser fonte de conformismo quando os membros concordam uns com os outros apenas por medo de perderem os seus vínculos. Sendo o pertencimento ao grupo algo precioso para o indivíduo, ele pensará duas vezes antes de apresentar um ponto de vista discordante.

- É, cada um é um no grupo... Faz diferença!

- Por aí a gente vê que quando um membro da equipe sai, ou quando entra um membro novo, toda a equipe fica balançada. Não é apenas uma "peça" de engrenagem que entra e sai. É uma transformação em toda a rede de relações que já foi construída e que precisa ser reconstruída. Felizmente, a gente está conseguindo reconstruir, vocês também não acham?

- É porque a nossa equipe está sendo cooperativa. Uma vez, trabalhei em uma equipe que era muito competitiva. Alguns profissionais mal se falavam! Antes de abrir a boca, já interpretavam mal o que o outro IRIA dizer. Toda a equipe ficou abalada com essa situação. Ah, seria bom se a gente pudesse ser sempre cooperativo e unido, não?

- Eu discordo. Ia ser uma chatice! Quer dizer, eu também penso que a cooperação é a melhor estratégia, porque permite a articulação de papéis e cria um valor afetivo da equipe para seus membros, permitindo a identificação, o pertencimento e o prazer de realização. Porém, se eu entendi bem, o movimento do grupo é dialético. Isto significa que não podemos pensar o grupo apenas pela vertente da cooperação, esquecendo da competição, ou apenas pela coesão esquecendo da dispersão. Como *processo*, o grupo tem sempre os elementos opostos, agindo em contradição e confronto, e seu movimento espelha justamente os momentos onde predominam e se articulam cada uma dessas características. Aquilo que, em dado momento, representa um problema, em outro momento, é uma solução. E vice-versa... A gente tem de pensar no grupo sempre com a *dialética dos pares de oposição*: há sempre dispersão e coesão, cooperação e competição, e assim por diante. Isso nos ajuda a não desanimar quando percebemos um problema no grupo. Não se trata de idealizar o grupo e sim de perceber o seu movimento e impulsiona-lo na direção do crescimento.

- Mas se não podemos ser sempre cooperativos, precisamos de uma referência para saber como nos conduzir na equipe, não? E também para conduzir os nossos grupos de usuários dos serviços!

- Precisamos, sim. Mas em vez de pensar que teremos uma perfeita cooperação e comunicação, é melhor pensar em ter um funcionamento democrático onde haja espaço para a discussão das diferenças, a busca de consenso ainda que provisório, a negociação e até a consciência dos limites.

- Como seria um funcionamento democrático da equipe interdisciplinar?

- Em primeiro lugar, é preciso lembrar que as definições de "democrático", "autoritário" e "negligente" não se aplicam somente a pessoas, mas a *estilos* de liderança. Um grupo não precisa ter um líder fixo. Se existem muitas afinidades e igualdade de participação, a liderança pode circular no grupo. Mas os "estilos" de liderança podem continuar a ser percebidos como tais.

- Então, a democracia interna é um jeito de funcionar!

- Claro. Pois, em segundo lugar, é preciso lembrar que o grupo democrático precisa de regras e que essas regras devem ter uma legitimidade junto aos membros, coerente com os seus valores e práticas e com os ideais do grupo, isto é, respondendo, ao mesmo tempo, a uma exigência prática e a uma exigência ética. São como dois limites que ajudam a mapear a realização possível do grupo. O funcionamento democrático do grupo deve garantir a participação de todos, dentro das regras combinadas. Este processo não é estático. Mas, também precisa de estabilidade para que a equipe consiga produzir.

- E o que um coordenador democrático deve fazer?

- O coordenador democrático procura estimular e facilitar a expressão de opiniões e o desenvolvimento das habilidades de cada membro e do grupo como um todo. Para tal, busca privilegiar a cooperação, mas não se esquecendo de que o conflito faz parte da dinâmica grupal e deve ser elaborado ao invés de reprimido. Se nota alguma dificuldade do grupo ou de alguém, tenta abordar essa dificuldade e trazê-la para uma discussão no grupo, buscando construir um consenso.

- Mas não adianta querer que todos sejam exatamente iguais...

- Não mesmo, e tampouco querer que as pessoas não apresentem contradições em relação aos seus ideais. A liderança democrática pode conversar sobre os ideais do grupo. O funcionamento democrático do grupo evita a idealização que tem uma força coerciva sobre as diferenças internas do grupo. Ao mesmo tempo, um grupo não pode deixar de ter ideais. Ou seja, trata-se de não submeter o movimento de reflexão e discussão à cristalização desses ideais, como se fosse perfeitos e acabados.

- Mas, vocês não acham inevitável que, em todos os grupos, e mais ainda na equipe de trabalho, exista uma pressão para a homogeneização de opiniões e atitudes?

- Temos de admitir que existe. A pressão grupal costuma ser um fator de conformismo, através da homogeneização de opiniões e atitudes. A pressão grupal também tende a reiterar as hierarquias já estabelecidas. Porém, existe também uma pressão não-conformista. Na direção da expressão das diferenças. A liderança que consegue mediar essas tensões no grupo está dando um belo exemplo de funcionamento democrático!

- Mas, a liderança não deveria ser a única a saber disso... O próprio grupo devia tomar consciência da importância dessa negociação interna... Há momentos, em que as identificações balançam, mesmo. Ficam frágeis. O grupo precisa então ser capaz de tratar seus conflitos e rever seus ideais.

- Bom, vamos tentar equilibrar esses ideais e o senso de realidade. Vamos pensar o seguinte: em uma equipe interdisciplinar, tanto a cooperação quanto a competitividade têm um valor estratégico no estímulo à criatividade e à produtividade. Não se esqueçam que o excesso de coesão e consenso leva ao conformismo e à apatia. Se, por um lado, é desejável a troca entre os profissionais, o nivelamento de competências e saberes pode implodir o grupo.

- Esperem aí. Vamos recapitular um pouquinho. Se eu entendi bem, o que mais caracteriza uma equipe, enquanto grupo, é a relação com a instituição e, internamente à equipe, a estrutura de autoridade/liderança e o desempenho da tarefa. As equipes podem variar em relação às atividades desempenhadas e à personalidade de seus membros. Mas, todas elas têm de lidar com questões de liderança, competências e realizações.

- Pois é, e daí a importância de que o quadro de valores compartilhados esteja em estreita associação com a tarefa. É nessa relação que é possível desenvolver um sentimento de estima recíproca e de integração do grupo.

- É mesmo... em um grupo de pacientes, ou um grupo de amigos, pode existir maior tolerância para com as diferenças de objetivos... será que isto tem a ver com aquele pressuposto de que a natureza da tarefa influencia as relações no grupo?

- Tem tudo a ver! A divisão de papéis gera obrigações mútuas em torno da tarefa. Mas também gera expectativas mútuas no terreno das relações.

- Olha, vou confessar uma coisa. Há momentos em que acho ótimo ter expectativas mútuas. Mas há outros em que elas são bem estressantes!

- Mas como não ter expectativas mútuas e dividir os papéis se a formação de cada um da equipe é diferente?

- É mesmo! Na equipe, os diferentes papéis e funções são associados a diferentes saberes e competências. Em torno da tarefa, o grupo articula seus valores e relações. Usualmente, existe uma hierarquia associada à importância assumida desses saberes e competências para a execução da tarefa.

- Nossa, e isso é uma coisa muito complicada. Você sabe que uma dissertação, recentemente defendida na UFMG, mostra que ainda existe muita hierarquia nas equipes de saúde? Não é apenas um valor difícil de ser transformado, gente, é também uma prática difícil de ser superada porque para supera-la, vamos precisar construir novas referências práticas e teóricas...

- Como quem diz: falar é fácil, fazer é difícil. Mas a gente também diz: fazer é difícil, mas quem entrou na água é pra se molhar...

- É... E na equipe de saúde, onde queremos que todos tenham igual importância, este é um dos pontos mais sensíveis. De um lado, a proposta interdisciplinar é a de articular saberes, competências e funções. De outro, há uma série de fatores que tornam esta articulação difícil, na prática.

- Mas, é claro, gente! A teoria de grupos diz que, quanto mais homogênea é uma equipe, maiores a identificação e a integração entre seus membros. Mas, tudo tem seu preço, não é mesmo? Em equipes homogêneas, a criatividade é também menor! Já nas equipes heterogêneas, há menos coesão, maior possibilidade de conflitos, mas maior criatividade e possibilidades de uma produção mais significativa. Demora-se mais para se criar vínculos e há mais dificuldade para se organizar as relações internas de poder e trabalho... Porém, quando se logra organizar... o nível é mais profundo. As relações podem se tornar mais sólidas. Engraçado como essa teoria é dialética, né?

- Pois é... Se, para todo grupo, a natureza da tarefa ajuda a compor a natureza das relações, esse princípio é ainda mais forte para a equipe de trabalho. E, para a equipe interdisciplinar, que já nasce heterogênea, a realização da interdisciplinaridade traz mais transformações ainda na natureza das relações.

- Gente, "desculpando a ignorância", eu tenho dúvidas sobre o que é essa interdisciplinaridade da qual todo mundo fala, mas ninguém explica.

- Olha! Eu li um artigo a esse respeito. Posso falar?

- Faça o favor. Estamos ouvindo.

- Então, um pouquinho de paciência, aí, que eu tenho um tanto de coisa para explicar. É o seguinte: Muitas vezes usamos os termos "multidisciplinar", "interdisciplinar" e "transdisciplinar" de forma indiferenciada, mais interessados no significado que queremos transmitir do que no rigor dos conceitos. Mas, há diferenças importantes entre eles. DOMINGUES (2001) nos explica que a multidisciplinaridade diz respeito à divisão do objeto entre disciplinas diferentes, que o recortam e trabalham, em seus diferentes aspectos, segundo pontos de vista diferentes. Porém, nesse caso, cada disciplina mantém suas fronteiras e continua separada da outra.

- Dá para dar um exemplo na área da saúde?

- Se aplicarmos essa definição à área da saúde, vemos que um paciente poderia ser atendido pela equipe inteira e, ainda assim, cada profissional o trataria separadamente. Esse paciente seria "recortado" em áreas de intervenção, fragmentado em especialidades, sem movimento na direção de sua unidade. Ou seja, o problema médico seria apenas médico e não teria nada a ver com o psicológico, o social, etc. Na interdisciplinaridade, o objeto já seria considerado em sua inteireza, porém o contato das disciplinas continuaria apenas nas suas fronteiras. Vamos tentar produzir um exemplo para a equipe de saúde: Por exemplo, o médico pede ao psicólogo que avalie se um paciente com obesidade mórbida está em condições psicológicas de fazer uma cirurgia e ao assistente social que avalie se haverá apoio sócio-familiar para enfrentar o período de recuperação. Os profissionais discutiriam o caso, tentando achar uma conduta única e para o mesmo, pensando no paciente como integrado. A interdisciplinaridade já avança na articulação das disciplinas, assumindo que elas se tocam em alguns pontos fronteiriços, que devem ser considerados quando um paciente é atendido. Porém, se o objeto pode começar a ser olhado por inteiro, os campos de conhecimento ainda estão isolados uns dos outros em algum grau. Ou seja, existe um certo grau de complementaridade entre os campos de conhecimento. Mas, não há incorporação de conhecimentos de uma disciplina na outra disciplina, nem mudanças significativas em uma área de conhecimento pelo fato de estar em contato com outra. A medicina continua apenas medicina, a psicologia continua psicologia, etc.

- Espera aí... Então, você acha que a transdisciplinaridade é possível nesse momento?

- Quando eu li o DOMINGUES (2001), eu achei que o conceito de transdisciplinaridade é bem mais exigente. Deixe-me ler um pedaço para vocês: Por transdisciplinaridade entende-se "aquelas situações do conhecimento que conduzem à transmutação ou ao traspassamento das disciplinas, à custa de suas aproximações e freqüentações. Pois além de sugerir a idéia de movimento, da freqüentação das disciplinas e da quebra de barreiras, a transdisciplinaridade permite pensar o cruzamento das especialidades, o trabalho nas interfaces, a superação das fronteiras, a migração de um conceito de um campo de saber para outro, além da própria unificação do conhecimento. Trata-se, portanto, de uma interação dinâmica contemplando processos de auto-regulação e de retroalimentação, e não de uma integração ou anexação pura e simples." (Domingues, 2001: 17)

- Você pode aplicar essa idéia à equipe de saúde?

- Pensando na equipe de saúde, seria como se houvesse uma unificação do conhecimento pelo fato de que as diversas áreas poderiam não apenas se complementar, mas também se transformar internamente pelo efeito da aproximação de suas práticas. Na transversalidade, cada profissional versaria sobre diversos conhecimentos, podendo compartilhar em maior ou menor grau os conhecimentos na equipe. No caso do paciente com obesidade mórbida seria de se perguntar o que poderia ser feito no atendimento médico que incorporasse o conhecimento psicológico, e o que no atendimento psicológico deveria ser necessariamente modificado por efeito do conhecimento médico. Então, na consulta médica, o médico atentaria para questões psicológicas e na consulta psicológica, o psicólogo teria de saber orientar e ouvir o paciente em relação às questões envolvidas no tratamento, influenciando de certa forma a abordagem de sua saúde física.

- Interessante. Mas essa definição de transdisciplinaridade é uma definição geral. É claro que caberia perguntar sobre as diferenças encontradas pela equipe de saúde, em seu esforço para se tornar transdisciplinar. Eu perguntaria, por exemplo, qual a proximidade de conhecimentos entre a odontologia e a psicologia? Entre a psicologia e a enfermagem? Entre a enfermagem e o serviço social? Entre o serviço social e a medicina?

- Entendo a sua preocupação. O conceito de transdisciplinaridade, que nos vem da filosofia, é extremamente valioso, no sentido mesmo de nos dar um valor, uma referência. Porém, é preciso pensar nas especificidades, também. Na prática das equipes de saúde, realizar a transdisciplinaridade ainda é bastante difícil, por uma série de fatores que incluem (a) a formação dos profissionais é multidisciplinar, (b) a organização do serviço se baseia na multidisciplinaridade e/ou, quando muito, na interdisciplinaridade, (c) a produção do conhecimento na sociedade ainda é marcada pela multidisciplinaridade. Entre outros fatores.

- Então, isto significa que, mesmo adotando a transdisciplinaridade como um ideal, muitas vezes as equipes se esforçam e se esforçam muito para conseguir... pelo menos, a interdisciplinaridade... E, que a transdisciplina-ridade terá de ser construída na prática com todas as suas dificuldades, encantos e desafios.

- Nossa, que aula você nos deu! Quando você foi falando, eu pensei em uma questão. Pensei que as diferenças entre as disciplinas precisam ser levadas em conta, pois se cada campo do conhecimento tem uma especificidade, a sua aproximação com um outro campo também terá especificidades. A equipe deve ser incentivada a perceber e pensar sobre essa questão e não simplesmente a apagar as diferenças, buscando "encaixar" todas as aproximações em um único modelo. O que vocês acham?

- Eu acho também que a transdisciplinaridade é uma *prática* e que as suas condições de realização dependem do tipo de problema a ser tratado. No atual contexto da saúde, talvez seja mais fácil proceder de maneira transdisciplinar em trabalhos de prevenção do que na abordagem curativa. Pode ser mais difícil proceder de maneira transdisciplinar no tratamento de afecções respiratórias do que do diabetes, etc. O que vocês acham?

- Precisamos pensar. Por agora, só consigo pensar que a equipe deve ser incentivada a perceber essas áreas de maior e menor facilidade de aproximações e mútua influência entre os conhecimentos. A construção de abordagem interdisciplinar e transdisciplinar será uma conquista, um território a ser mapeado e trilhado ao longo do processo.

- Falou bonito. Mas, existe uma questão que eu acho urgente: *Como ficam a interdisciplinaridade e a transdiscipli-naridade no caso da realização dos grupos operativos e oficinas?*

- Vou dar a minha opinião, mas é só a minha opinião. Não acho é uma resposta pronta e acabada. Acho que para fazer as Oficinas os profissionais precisam mesmo se capacitar. E essa capacitação é um pouco variada. Primeiro, as equipes podem fazer um planejamento dos grupos e os profissionais podem escolher fazer grupos socio-educativos ou operativos, dependendo de como avaliam a sua capacidade para tal. Pode haver flexibilidade nessa construção! Segundo, os profissionais que continuarem a estudar sobre grupos poderão, aos poucos, ampliar e aprofundar a sua prática. Isto independentemente de serem psicólogos, médicos, enfermeiros... Afinal, o conteúdo a ser estudado é acessível para qualquer profissional de nível superior na área da saúde.

- É claro, estudando e praticando, todos nós podemos desenvolver essa habilidade. Afinal, não me parece que estamos em um beco sem saída.

- Claro que não. As saídas não são apenas teóricas ou técnicas. As saídas são, principalmente, éticas.

- Olha, você tocou em um assunto fundamental, a questão da ética. Precisamos conversar sobre isso.

- É... mas... vamos ter que deixar esse assunto para a nossa próxima discussão, pois a portaria do prédio já vai fechar. A discussão estava tão interessante que a gente não viu o tempo passar. Mas, hoje, não dá tempo para mais nada, pois o prédio já vai fechar. Obrigada, e até semana que vem, pessoal."

(desliga o gravador).

Bibliografia

AFONSO, Maria Lucia M. (org). *Oficinas em dinâmica de grupo: um método de intervenção psicossocial*. Belo Horizonte: Edições do Campo Social, 2002.

DOMINGUES, Ivan (org). *Conhecimento e transdisciplinaridade*. Belo Horizonte: Editora da UFMG, 2001.

GAYOTTO, Maria Leonor Cunha e DOMINGUES, Ideli. *Liderança – aprenda a mudar em grupo*. Petrópolis: Vozes, 1998.

MINICUCCI, Agostinho. *Dinâmica de grupo: teorias e sistemas*. São Paulo: Editora Atlas, 1997.

MUCCHIELLI, Roger. *O trabalho em equipe*. São Paulo: Martins Fontes, 1980.

Tarefas

Individual

Escolha uma questão que mais inquieta você, como futuro profissional de saúde, quando pensa que poderá trabalhar em equipe interdisciplinar na área da saúde. Utilizando o texto, faça uma reflexão sobre as razões dessa inquietação, a sua caracterização como um "problema" e as possíveis soluções para ela. Mande a reflexão para sua tutora.

Em grupo

Retomem e compartilhem a reflexão feita, por cada membro da equipe, sobre a sua atuação (facilidades e dificuldades) como coordenador. Que facilidades e dificuldades vocês encontrariam, COMO EQUIPE, para realizar um trabalho com Oficinas? Como poderiam trabalhar sobre essas dificuldades, visando superá-las e fortalecer os pontos positivos? Façam um pequeno relatório e mandem para a sua tutora.

Exemplos de tarefas do texto 8 e comentários

Tarefa 8 – Ellen Midori Ribeiro dos Santos

Eu não serei psicóloga e sim enfermeira, e pretendo trabalhar com a coordenação de grupos de assistência a pacientes, principalmente por ter estabelecido que desejo trabalhar na área de atenção básica no nível de atenção primária à saúde. Neste nível, a enfermeira é responsável pela coordenação destes grupos de trabalho.

Este curso promoveu um crescimento pessoal muito grande e aqui já desejo agradecer a oportunidade de fazê-lo. Percebo o privilégio de ter tido este pequeno contato com este tipo de trabalho, pois muitos profissionais são obrigados a encarar a coordenação destes grupos sem um mínimo de capacitação sobre seu papel neste intuito.

Não identificar na fita qual profissional está falando, já chama a atenção para a consciência da importância do trabalho em equipe.

É importante, antes mesmo de iniciar o processo de formulação da demanda de seu grupo de trabalho e de como trabalhar seus pacientes, conhecer a fundo o que a instituição pode oferecer a esta equipe interdisciplinar. Deve-se levar em conta o espaço físico, materiais disponíveis para a realização das oficinas ou outro método de trabalho, "tipo" de paciente para o qual o trabalho será realizado (isto é fundamental pois deve-se conhecer o perfil da pessoa para quem o trabalho será todo direcionado e sua disponibilidade, capacidade e interesse de participação), etc.

Ao realizar um trabalho para perceber o que mais estressava uma equipe de trabalho na área de saúde, através de entrevistas, percebemos que o fator estressor mais evidente era a dificuldade da relação interpessoal na equipe. (Pontos dentro deste tema são falta de companheirismo, estresse e vazão das frustrações em outros profissionais, sobrecarga de trabalho, condições ruins, autoridade em relação ao profissional que "comanda", entre outros). Posteriormente, como método de intervenção, propomos uma oficina ainda a ser implementada para esta equipe. Esta disciplina me ajudou e muito na construção deste trabalho.

Citei este trabalho, para já relatar como o trabalho em equipe é problemático na área da saúde. Partindo deste princípio, tenho em mente que, ao entrar para uma equipe, terei sempre comigo a atenção nas relações interpessoais das equipes das quais farei parte.

Por isto, a minha questão mais inquietante é realmente o trabalho interdisciplinar... mais especificamente as relações interpessoais e como estas interferem nas relações de trabalho.

O trabalho em equipe deve realmente promover um sentimento de afinidade do grupo com os objetivos de trabalho e isto, às vezes, e na maioria delas, não é um ponto comum entre todos os participantes.

Tenho um interesse particular neste tema, pois minha profissão tem como uma das atribuições coordenar uma equipe de auxiliares ou técnicos de enfermagem. Na maioria das vezes percebo um profissional que promove um relacionamento vertical e unidirecional, e como ele peca nisto... Pretendo desenvolver uma coordenação horizontal e integrada, onde quer que eu esteja, e ainda não sei se irei conseguir esta proeza...

Peço desculpas se, às vezes me detenho muito na particularidade de minha profissão. É que pretendo, ao fazer isto, mostrar um pouco a você, minhas aflições de forma que consiga entender melhor o meio onde estou inserida.

Estabelecer o papel de cada um dentro da equipe já é um passo para evitar o aparecimento de divergências entre os coordenadores. Como trabalhar um grupo de pacientes, se nem os coordenadores entram em acordo? (Isto deve ser "banido" do grupo). Esta é a primeira tarefa que proponho para resolução destes problemas. Pode-se estabelecer tarefas a serem distribuídas para cada profissional e, assim, periodicamente, estas tarefas terão um rodízio para cada coordenador, e cada um participará de parte de todo o processo, sem reclamações de atribuições.

Sinto-me novamente refletindo sobre todas as etapas para o grupo de pacientes: criar laços de afinidade e reflexão, estabelecer confiança etc. Trabalhar a comunicação entre os integrantes é importante, a fim de evitar que problemas pessoais interfiram e prejudiquem o andamento do trabalho. Para tanto, especificar um tempo para reuniões e discussão no grupo periodicamente é essencial.

Conheci um grupo que visava o tratamento de crianças e adolescentes com doença renal crônica, onde existem as reuniões chamadas de pré-atendimento ambulatorial e as chamadas pós-atendimento ambulatorial, que aconteciam respectivamente antes do encontro do grupo e depois do encontro do grupo, com todos os profissionais envolvidos (nestas, são expostos, por todos os profissionais, os problemas percebidos, discute-se cada paciente a ser "trabalhado" e como está sendo sua evolução na assistência, se necessita uma intervenção mais aprofundada com visitas domiciliares e trabalho com a família, propõem métodos de trabalho para o próximo encontro.) Disseram que, depois da implantação periódica destes encontros, conseguiram um trabalho integrado da equipe para todo o grupo de assistência e diminuíram as divergências. Isto trabalhou a comunicação e a linguagem do grupo de coordenadores de forma satisfatória.

Perceber que cada pessoa tem suas peculiaridades também é importante, pois o respeito mútuo é essencial. Um grupo não necessita ser inflexível... cada um tem sua tarefa e "pronto". Perceber que alguém pode estar em um dia ruim e que o grupo pode se unir para ajudá-lo nas tarefas é igualmente necessário. Isto cria laços de afinidade e interesse com os objetivos com grupo. É fácil notar que, se alguém perde o interesse neste trabalho, dificilmente conseguirá criatividade para caminhar junto com seus pacientes e demais profissionais.

Deve-se tomar cuidado, contudo, com estereotipias que provoquem problemas... o mais legal... o mais inteligente... o mais articulado... principalmente o menos... o menos... e, por aí vai...

Relações de amizade e como estas interferem no trabalho devem ser ponto importante enfocado no grupo. "Panelinhas" e sentimentos de benefício de uns em detrimento de outros devem ser evitados. Esperar que o grupo será sempre cooperativo e que trabalhará sempre sem problemas é pura utopia... A característica que o grupo deve ter é abertura para discussões das divergências e meios de resolvê-las.

Todo grupo acaba por ter alguém que tem uma postura de liderança e, portanto, deve tomar cuidado para não ser autoritário e não menosprezar o trabalho dos outros. Assim, deve ter todas as características de um coordenador democrático... saber que opiniões divergentes sempre ocorrem mas deverá ser capaz de trabalhar todos os membros da equipe para um consenso comum. Divergências e diferenças são importantes e até estimulantes, mas em excesso são prejudiciais ao grupo. Portanto todas as diferenças existentes devem ser direcionadas para o objetivo geral do grupo.

Chama a atenção o que foi citado sobre os prós e contras de uma equipe homogênea e heterogênea. A homogeneização leva à falta de criatividade e conformismo, e a heterogeneidade abre espaço para a competitividade, hierarquia, criatividade, conflitos e talvez maior produtividade (as relações internas ficam muito mais difíceis).

O setor saúde atual ainda trabalha sob o modelo clínico de atenção e a fragmentação de serviços em atitudes que visam aspectos essencialmente curativos. O modelo epidemiológico centrado na concepção real de prevenção e promoção à saúde está sendo construído, às vezes nos currículos das universidades, e em programas de assistência promovidos pelo governo. Como exemplo, cita-se o PSF, que busca equipes de profissionais transdisciplinares, onde um profissional médico generalista é requisitado. Dificilmente consegue-se trabalhar 100% na perspectiva do PSF, pois necessita equipes que, juntas, deveriam dar conta de cuidar de toda a família (o adulto, a criança, o idoso, a mulher...). E isto só é conseguido quando coloca-se nas equipes profissionais especialistas... e isto não é o objetivo...

Conseguir trabalhar interdisciplinarmente já é uma vitória, como foi citado é mais fácil encontrar uma equipe multidisciplinar na assistência...

O processo de trabalho fica cada vez mais fragmentado e o paciente completamente perdido frente a tantas terapêuticas... e ainda tem a deficiência no processo de referência e contra-referência que impede a visão integral deste paciente...

Toda equipe deve trabalhar com o mesmo objetivo: prevenir a doença, curá-la, ou reabilitar quem já convive com ela e inseri-lo novamente na sociedade... Este processo é inibido muitas vezes pela competitividade de cada classe profissional, que deseja sempre uma fatia maior do processo. Este é um processo de difícil solução e que somente quando for resolvido promoverá um trabalho integral tanto no nível individual ou no coletivo.

Comentário Juliane Rosa Paulino

Prezada Ellen,

Realmente, como você mesma disse, *"o setor de saúde atual ainda trabalha sob o modelo clínico de atenção e de fragmentação de serviços em atitudes que visam aspectos essencialmente curativos"*. Mas a tendência atual na área da saúde tem sido criar possibilidades para o trabalho interdisciplinar/transdisciplinar, e assim, como apontado por você, *"o modelo epidemiológico centrado na concepção real de prevenção e promoção à saúde, está sendo construído às vezes nos currículos das universidades, e em programas de assistência promovidos pelo governo"*. Muito ainda deve ser feito no sentido de construir e sustentar essas novas dimensões práticas e teóricas. Desse ponto de vista, nossa contribuição é imprescindível, apontando que a mudança social precisa ser antes experienciada: através da articulação de formas de sentir, pensar e agir, não como "fazeção", mas enquanto processo de implicação das ações, afetos e sentimentos envolvidos, das representações, valores e ideais que cercam as questões que estão sendo trabalhadas. Considerando que não existe sintonia contínua entre interesses individuais e os do grupo, mas acordos possíveis, o conflito está sempre presente, mesmo no âmbito do trabalho interdisciplinar. Mas é certo também que o enfoque interdisciplinar favorece mais desenvolvimento da autonomia e elaboração dos objetivos e das relações estabelecidas na equipe de trabalho.

Certamente o estilo "emancipatório" é o que serve de base para atuação do coordenador no processo de desenvolvimento da oficina. Acho que uma das positividades do trabalho com grupos, por meio da metodologia de oficina, pode ser descoberta pelo desenvolvimento de relações no trabalho (como por exemplo, na equipe de saúde) que possam abarcar *"os sujeitos de maneira integral"* em um contexto sociocultural compartilhado.

Um detalhe: quando você diz *"isto deve ser 'banido' do grupo"*, acho que a expressão mais propícia é *"isto deve ser trabalhado no grupo"...*

Afirmo aqui meu empenho e esforço no compartilhar esse curso e todas essas idéias com você, como também meu prazer pelo contato virtual afetuoso, já que não chegamos a nos conhecer pessoalmente. Ao final do nosso curso, acho importante dizer-lhe que me senti privilegiada por ser sua tutora, e assim poder estabelecer trocas tão significativas com essa aluna tão dedicada da Enfermagem que você demonstra ser. A diferença que você representa e suas contribuições específicas – acredite! – marcaram positivamente e de forma muito particular esse nosso curso.

Agradeço-lhe por sua avaliação carinhosa e muito pertinente, Ellen. Desejo-lhe felicidades e realizações em sua vida profissional.

Um grande abraço,

Juliane.

Tarefa 8 – Sueli Rodrigues Burgarelli

Quando penso na possibilidade de trabalhar em equipe interdisciplinar na área de saúde penso especificamente em trabalhos com a saúde mental. Nesse sentido, uma questão que muito me inquieta é a relação com um campo específico de conhecimento: a psiquiatria.

Tal inquietação decorre da história da psicologia e da psiquiatria no que se refere ao saber sobre saúde/doença mental. A psiquiatria é, por excelência, a disciplina que detém o saber sobre a doença mental. Portanto, é também ela quem domina as práticas e a direção dos tratamentos. Há um monopólio do saber psiquiátrico nesse sentido. Mas cabe aqui a ponderação de que a psicologia também tem sua parcela de responsabilidade nisso. Não há um investimento suficiente em pesquisas e na formação dos profissionais. Mas, de toda forma, o fato é que o saber psicológico sobre a loucura possui, em certo sentido, uma menos-valia em relação ao saber psiquiátrico. O incremento da psiquiatria biológica na atualidade, e o incansável recurso à medicação como forma (muitas vezes exclusiva) de tratamento, e expressão desse fato. Certamente cabe à psicologia, como ciência e profissão, a tarefa de fornecer subsídios teóricos e práticos no que se refere a saúde/doença mental. Mas este fato, apesar de também me inquietar, não é o foco da reflexão aqui proposta. A inquietação com relação à psiquiatria, no que concerne ao trabalho interdisciplinar na área de saúde mental, tem a ver com a postura de alguns psiquiatras. Especificamente aqueles que se revestem de um misto de autoritarismo e desdém pela psicologia no que se refere à prática em saúde mental. Em geral a psicologia é vista como acessória. E isso me preocupa quando penso na interdisciplinaridade como possibilidade de articulação das disciplinas. Apesar de não haver dúvida quanto ao fato de que psicologia e psiquiatria se tocam em muitos pontos fronteiriços (pontos estes que devem ser considerados quando do atendimento de qualquer paciente), tenho dúvidas quanto a como isso se dá na prática. Ou se isso não ocorre, e portanto não se trata de interdisciplinaridade. Penso que o saber psiquiátrico não está muito aberto àquilo que a psicologia pode fornecer a título de contribuição. Penso também, dada a carência de investimentos (libidinais e financeiros) em pesquisas no assunto, que a psicologia não está, por enquanto, muito disposta a assumir o lugar que lhe cabe no âmbito da saúde mental. Mas considero a possibilidade de que tais inquietações venham a ser meras especulações de alguém que ainda não se encontra suficientemente inserido nesta prática. Com relação às possíveis soluções para este "problema" é possível apontar alguns caminhos. Caminhos estes que demandam trabalho e investimento, mas que de toda forma me parecem promissores. O investimento em pesquisas que assegurem a especificidade da psicologia no que se refere aos processos de saúde / doença mental é um deles. Isso tem a ver com um outro caminho, que é o da qualificação dos profissionais. Acredito que existe espaço institucional para que esses caminhos possam ser percorridos. Faltam pessoas dispostas a percorrê-los, dada sua complexidade e riqueza de obstáculos. Mas, se pretende, de fato, consolidar o saber psicológico enquanto capaz de contribuir para a compreensão e tratamento da loucura, é imprescindível trilhar esse percurso. É o que pretendo fazer enquanto (futura) psicóloga.

Comentário – Juliane Rosa Paulino

Prezada Sueli,

Realmente, muito há que se fazer no sentido da construção pela Psicologia de novas referências práticas e teóricas no âmbito da saúde mental: percursos que exigem o mesmo empenho, dedicação, e postura ética demonstrados por você durante todo o nosso curso. Um dos desafios: a interdisciplinaridade...

Um grande abraço,

Juliane.

Tarefa 8 – Paulo A. da Silveira Rivelli Medeiros

O texto toca de leve na questão dos campos de saber dos profissionais de uma equipe interdisciplinar e nas possibilidades de formação de uma equipe transdisciplinar. Quando saberes diferentes são colocados a serviço de um objetivo comum, eles podem funcionar de maneira complementar. Mas os saberes podem não ser complementares, e sim discordantes ou concorrentes. Exemplo disso é a própria psicologia. O conceito de homem com que cada uma das abordagens trabalha faz com que, às vezes, elas se pareçam, apenas usando palavras e dando relevância diferente para os mesmos fenômenos. Outras vezes as abordagens são tão diferenciadas a ponto de criarem atritos. Parece não ser uma questão de pontos de vista, mas de crença. Algo que se aproxima da fé. Não fosse assim, não teríamos uma reforma curricular se arrastando por tanto tempo. Citando Carlos Drummond: "A reforma universitária prevê o curso de reforma universitária." Não deixemos que o tom humorado deste verso nos desvie a atenção. Ele diz da dificuldade de se fazer algo que não se sabe o que é nem como fazê-lo. Por outro lado, ele é de tal forma circular que sua análise chega a ser angustiante. Cito outro exemplo antes de retornar ao eixo central desta reflexão. Em um dos primeiros períodos que cursei na UFMG, ouvi de uma professora algo assim: "Não sei por que estudam Freud. Todo comportamento tem uma base neurológica. Se ainda não foi descoberto, um dia será." Entendo que ela queria dizer: "A minha ciência tem a chave de toda explicação sobre o comportamento, a de vocês, não." Oliver Sacks, em seu livro *O homem que confundiu sua mulher com um chapéu* escreve o seguinte: ... "Todos os transportes descritos nesta seção têm realmente determinantes orgânicos mais ou menos claros (embora isso não fosse evidente a princípio, requerendo uma investigação minuciosa para sua comprovação). Esse fato em nada diminui sua importância psicológica ou espiritual. Se Deus – ou a ordem eterna – revelou-se a Dostoievski em ataques, por que outros distúrbios orgânicos não serviriam de 'portais' para o além ou desconhecido?" Parece que ele reconhece o valor de outros conhecimentos, ou melhor, desconhecimentos. Seria onde a ciência não pode ir, se houver tal lugar, que a psicologia e a teologia podem encontrar seu objeto.

Acho que já é possível determinar o que me inquieta como psicólogo envolvido em equipe interdisciplinar: a hierarquia do conhecimento e o embate de conceitos ou, como eu mesmo já disse, crenças. Suponhamos o trabalho com doentes mentais em equipe que conte com psicólogo, psiquiatra, neurologista, entre outros profissionais. Agora suponhamos que estes profissionais com formações diferentes não compartilhem as mesmas teorias sobre o adoecer psíquico. Seria possível uma transdisciplinaridade? Penso que não. Não se trata de absorver e utilizar parte do conhecimento do outro. Trata-se de negar o conhecimento do outro como possibilidade de verdade. Saídas há. Mas dificilmente se afastam de ideais um tanto românticos. É natural que cada teoria queira explicar toda a realidade e é natural homens e mulheres que fazem estas teorias evoluírem, dentro de parâmetros de cientificidade, e firmarem pés em suas posições. Afinal existem várias formas de conhecimento sobre o mesmo objeto e aceitar a teoria do outro pode implicar a necessidade de abrirmos mão de nossas convicções. E, às vezes, gastou-se uma vida inteira para adquirir convicções sobre algo. Beiramos a religiosidade.

Penso que a reflexão sobre a validade do ato de conhecer e das formas de conhecer pode ajudar os integrantes de um grupo como este a se respeitarem. E a se colocarem no mesmo patamar hierárquico quando o assunto for a validade de seus conceitos. Se ainda assim não houver possibilidade de desenvolvimento de um trabalho em grupo, melhor que se desfaça. E que cada um busque uma forma de trabalho coerente com aquilo em que acredita.

Comentário – Deborah Akerman

Paulo,

Esta preocupação que você manifesta nesta tarefa já esta presente desde a tarefa 3. Lembra-se? Você trazia a seguinte questão:

A atenção à saúde é prestada por profissionais de várias áreas. Estes profissionais podem ou não compartilhar as mesmas teorias sobre as questões que envolvem a saúde. Tomemos uma situação hipotética: um grupo de profissionais de diversas áreas é formado e tem por objetivo sugerir políticas de prevenção de doenças mentais em determinado meio social. Tais profissionais, em função de suas áreas de conhecimento, têm posições divergentes sobre diversos temas: definição de doença mental e de saúde, prioridades, técnicas, etc.

Durante o desenvolvimento do processo, cada participante mantém-se firme em sua posição por defender aquilo em que acredita. Não esquecendo que o coordenador pode ter suas preferências por determinadas abordagens. Existe o objetivo comum, mas como alcançá-lo, se as posições teóricas se tornarem um entrave?

E então eu fiz o seguinte comentário:

Sua questão me faz pensar sobre o nível de identificação necessário para que um grupo possa ser operativo. É preciso que o coordenador reflita sempre sobre o que está acontecendo no grupo. Neste caso que você apresentou, penso ser importante analisar como estão as relações de poder, quem está liderando e como está ocupando este lugar. Que tipo de rede de comunicação está sendo propiciada? Acredito que estas respostas poderão dar algumas pistas.

Para que o grupo possa operar suas tarefas internas e externas, o coordenador deve buscar fortalecer e incentivar a identificação entre os membros do grupo sem negar as diferenças e conflitos, porém ressaltando aquilo que o grupo tem em comum. Pichón-Rivière nos dá a pista quando fala do ECRO. Neste grupo que você citou, seria importante trabalhar como tarefa interna, por um bom tempo inicial, o seu ECRO, ou seja, representações, crenças, valores e práticas. Isto deve ser feito apesar das disputas internas do grupo, buscando pontos de identificação.

Eleger um ideal comum não significa o fim das divergências e conflitos. Nos grupos há forças de coesão e dispersão. Buscar uma identificação entre os membros pode tornar possível trabalhar as diferenças. É importante perceber se neste grupo a inflexibilidade dos membros não é defesa contra medos básicos. Como o grupo está se posicionando? Culpa-se um ao outro? Ataca o coordenador? Refletir sobre estas modalidades de comportamento pode ajudar ao coordenador elaborar junto com o grupo os entraves que estão ocorrendo.

Se um grupo de trabalho, depois de vários esforços se mostrar inviabilizado em sua operatividade, penso que deveria ser convidado a repensar seu lugar e ser dissolvido ou reconstituído com outros profissionais que compartilhem algum grau de identificação entre si e com a tarefa.

À luz da teoria de Pichón-Rivière, discutimos como o coordenador da equipe poderia tornar o grupo de profissionais operativos. Afinal, eles também formam um grupo e estão submetidos a todos os processos e fenômenos grupais. Penso que esta é uma parte importante da sua questão, mas vejo que ela reincidente como está, não foi respondida.

Você traz questões, que me parecem merecer considerações de caráter filosófico. A noção de "verdade" e a relação entre o discurso científico e religioso são bem exploradas por vários filósofos. Nietzsche, em "sobre verdade e mentira no sentido extramoral" afirma que: "Somente por esquecimento pode o homem alguma vez chegar a supor que possui uma "verdade"...Se ele não quiser contentar-se com a verdade na forma da tautologia, isto é, com os estojos vazios, comprará eternamente ilusões por verdades." Se você ainda não o tiver lido, acho que vale a pena para dialogar com estas questões que você está se fazendo. Penso que aqueles que considerarem suas convicções de forma tão cristalizadas, tal como crenças religiosas, como você colocou, não conseguirá participar de uma proposta dentro dos princípios que estamos propondo neste curso, estará perdendo oportunidades de construções conceituais mais coletivas.

Disputas e conflitos estão presentes em qualquer grupo, especialmente o de trabalho, mas nem sempre são acolhidos de forma operativa. Estas oposições convergidas em tarefas comuns poderiam ser a substância geradora de novas concepções formadas pelas desconstruções e reconstruções dos vários pontos de vista.Para isto os sujeitos envolvidos neste processo precisariam estar cientes, no sentido da aderência ao processo, e seguros, no medo do abandono das convicções individuais, que uma visão em comum é feita a partir da interferência de modos de agir, pensar e sentir entre os membros do grupo e não da soma das várias crenças individuais.

Paulo, ainda continuaremos a "conversar".

Não se esqueça da aula presencial nesta segunda-feira dia 30/9.
Até lá, Um abraço,
Deborah

Tarefa 8 – Aldo Ivan Pereira Paiva

Com relação à possibilidade de atuar em uma equipe interdisciplinar na área da saúde, como futuro psicólogo, acredito que a questão que mais me incomodaria nesse trabalho seria a competição entre os diferentes profissionais que atuam nessa área.

O texto dessa unidade coloca que não se deve abolir toda a competição, mas sim regular essa competição por meio de regras eticamente aceitáveis no grupo.

É colocado também que o movimento do grupo é dialético. Isto significa que não podemos pensar o grupo apenas pela vertente da cooperação, esquecendo da competição, ou apenas pela coesão, esquecendo da dispersão. Como *processo*, o grupo tem sempre os elementos opostos, agindo em contradição e confronto, e seu movimento espelha justamente os momentos onde predominam e se articulam cada uma dessas características. Aquilo que, em dado momento, representa um problema, em outro momento, é uma solução. Temos que pensar o grupo sempre com a *dialética dos pares de oposição*: há sempre dispersão e coesão, cooperação e competição, e assim por diante.

Segundo essa visão dialética, tanto a cooperação quanto a competitividade têm um valor estratégico no estímulo à criatividade e à produtividade, e o excesso de coesão e compreensão leva ao conformismo e à apatia.

Parece-me que o texto está confundindo competição com diferenças de personalidade e de visões de mundo existentes entre os profissionais de saúde, pois competição, para mim, é extremamente prejudicial, ao passo que as diferenças entre os profissionais é algo inevitável e que pode contribuir para o crescimento do grupo.

A competição é algo muito prejudicial, pois além de comprometer as relações de trabalho e a vida pessoal, influencia negativamente no atendimento aos pacientes, que necessitam da atuação conjunta e harmoniosa dos profissionais; a competição presente no grupo de trabalho impede que estes pacientes recebam a ajuda interdisciplinar de que tanto necessitam. Essa ajuda interdisciplinar se caracteriza pela interação dos diferentes profissionais com o intuito de proporcionar atendimento mais eficaz ao paciente, considerado de forma inteira, total e integrada.

Por exemplo: um médico que pedisse ao psicólogo para avaliar se um paciente com obesidade mórbida está em condições psicológicas de fazer uma cirurgia e ao assistente social se haverá apoio sociofamiliar para enfrentar o período de recuperação. Caso estes três profissionais estivessem competindo entre si, um poderia negligenciar a utilidade do serviço prestado pelo outro e comprometer assim a saúde do paciente. Dessa forma, os profissionais não discutiriam o caso e adotariam condutas divergentes, cada um tentando ser melhor e mais importante que o outro.

Acho importante cada profissional ter em mente que seu compromisso é com a saúde e o bem-estar dos pacientes, e que os conflitos surgidos no grupo de trabalho não devem comprometer o atendimento prestado a esses pacientes.

Comentário Carolina Marra Simões Coelho

Aldo,

Sua tarefa está muito boa. Você articulou pontos importantes do texto, como a interdisciplinaridade e a dialética, e também colocou observações pessoais, o que é muito importante para a compreensão do conteúdo.

Concordo com você que o nosso "compromisso é com a saúde e o bem-estar dos pacientes, e que os conflitos surgidos no grupo de trabalho não devem comprometer o atendimento prestado a esses pacientes". Devemos, no entanto, nos lembrar de que os conflitos e os consensos são inerentes às relações sociais, bem como a competição. Nós nos envolvemos emocionalmente nas relações, o que leva a disputas de poder e à competição. No grupo, no entanto, as normas, a ética e o contrato servem de mediadores, não permitindo que o trabalho "vá por água abaixo". Discuti sua questão com a Lúcia, que fez o seguinte comentário:

> As diferenças de visão de mundo que estão ligadas à práxis têm implicações sobre a vida e, portanto, estão sujeitas a disputas de poder, saber e fazer. Aí, tornam-se "eu prefiro um país assim ou assado", e não apenas "prefiro azul ou amarelo". Sobre cores, somos polidos. Sobre ideologias? Nem tanto! Tratar e negociar sobre a diferença, a diferença real, essa que "faz diferença" na vida da gente, é difícil – e necessário, claro. A competição e o conflito são "naturais", ou melhor dizendo, "intrínsecos" às relações sociais de produção e de conhecimento, pois estas trazem diferenças na maneira de organizar o mundo. Então, o texto quis mesmo dizer que o conflito é inerente e que a competição é inerente. Porém ela pode e deve ser regulada por regras sociais: valores, ética, etc. O que impede os profissionais dessa equipe de se boicotarem uns aos outros não é uma "santa" ausência de competitividade, mas **a presença de regras que regulam e direcionam a mesma para uma esfera permitida de competição (congressos, revistas científicas, etc.,) onde essa competição possa trazer resultados eticamente aceitáveis**.

Até semana que vem! Um abraço,
Carol.

Tarefa 8 – Débora Patrícia da Costa

A idéia de trabalhar em grupo sempre despertou em mim sentimentos de ambivalência, pois se por um lado terei a oportunidade de aprender coisas novas, de pode entender a realidade das questões em um ângulo diferente, poderei também ser alvo de incompreensão e divergências.

Acho que, de início, já explicitei minha inquietação. Quando estamos dentro do curso de psicologia não nos preparamos academicamente para o trabalho interdisciplinar, muito menos para o transdisciplinar, ficamos presos a um certo tipo de visão de homem, desconhecendo ou conhecendo de forma bem precária, outros tipos de abordagem, a médica, por exemplo.

Contudo, aprendemos a tomar consciência, a questionar, ser mais empáticos e de certa forma transcender as simples convenções sociais. Mas, como ficam os profissionais de outras áreas? O médico que entra na universidade e adota o discurso de mestre: eu sei o motivo de seus sintomas! Posso curar seus males!

Parece-me de certo modo contrário ao que prega um psicólogo, pois freqüentemente pensamos: em que medida o sintoma fornece a chave da essência? É esta a questão! Parece-me complicado trabalhar com outros profissionais que buscam causas ou tem explicações complemente diferentes das nossas.

Concordo que a diversidade no grupo aumenta a riqueza dos trabalhos, porém o problema não está na heterogeneidade, e sim na importância que se é atribuída aos papéis, no caso do trabalho na área de saúde, o médico, o enfermeiro voltam-se para soluções a curto prazo, com respostas imediatas, nós procuraremos, primeiramente, fazer com que os problemas, sejam antes de tudo, uma questão a ser elaborada pelo indivíduo, ele terá que se implicar, ser ativo, buscar soluções, nós o ajudaremos mas não daremos jamais as respostas, pois não as conhecemos, não estão em nós e sim nele.

Essas formas de pensar diferentes dão também *status* diferentes às profissões e isto acaba levando a hierarquizações e tolhendo a dinâmica da equipe que pretende ser um grupo de sucesso. Se temos papéis fixos, uns são mais importantes que os outros, então não existe uma democracia, alguns membros não se sentirão reconhecidos e úteis no grupo e todos os seis vetores trabalhados por Pichón estarão, desta forma, comprometidos. Ao invés de grupo, o que teremos é um conjunto de pessoas que se detestam, que se sentem pior, ou bem melhor que as outras. Não será necessário para uns ouvir o que já sabem e muitos não precisarão falar, pois não se sentirão ouvidos.

Desta forma antes mesmo de almejarmos um trabalho que seja transdisciplinar, devemos nos preocupar em respeitar as diversas áreas de conhecimento específicos e evitarmos classificá-las, quer seja em nível qualitativo ou quantitativo, em relação as demais.

Comentário – Flávia Lemos Abade

Oi, Débora!

Em primeiro lugar, gostaria de me desculpar. Já consertei a sua nota. Mas não recebi o seu e-mail. Gostei muito de suas tarefas e suas reflexões durante o curso, parabéns! Comentarei a seguir as tarefas 8 e 9.

O trabalho interdisciplinar é realmente difícil e a construção de uma prática democrática, seja na equipe de trabalho seja com o grupo de pacientes, o é igualmente. É difícil porque não é natural, exige trabalho de construção...

Podemos brincar com as palavras: "édifícil", 'edifício'", construção...

Para que haja mudança é preciso que as formas de comunicação mudem e as formas de distribuição de poder mudem. Na área da saúde as relações são muito hierarquizadas e a comunicação não circula por todos, é muitas vezes triangulada (um fala para um que fala para o outro). Participamos dessa realidade e contribuímos para sua manutenção ou transformação, daí a importância do diálogo em nossas práticas, pois é por meio dele que construímos novos valores e novos sentidos para nossas ações.

Espero que você tenha aproveitado o curso!

Um abraço,

Flávia.

TEXTO 9

Anotações para uma discussão sobre a ética do trabalho com oficinas na área da saúde

Maria Lúcia M. Afonso

Em 2001, a OMS/OPAS publicou o documento intitulado *Promoção da Saúde*, como resultado da 128a sessão de seu Comitê Executivo. O documento advoga o desenvolvimento de ações de promoção da saúde e da qualidade de vida, incluindo ações educativas que possam, através da participação da população, alcançar maior eficácia.

O princípio ético da promoção da saúde e da qualidade de vida

A promoção da saúde e da qualidade de vida afirma-se como princípio ético fundamental de uma filosofia de equidade na área da saúde, e como tal começa a ser encampado em programas de saúde.

A promoção da saúde e da qualidade de vida está estreitamente associada a uma concepção de trabalho educativo e clínico com a população, visando transformar suas atitudes tanto quanto aumentar a participação no conhecimento e nas decisões que afetam o cuidado de sua saúde.

Assim, não bastaria simplesmente buscar uma mudança de comportamentos que não estivesse alicerçada em mudança de valores. Tal mudança de valores, por sua vez, não se põe como um resultado, tecnicamente manipulado e manipulável pelos profissionais de saúde, da mentalidade e das crenças da população.

A mudança cultural não pode prescindir de métodos ativos e participativos, através dos quais, mais do que uma "obediência" a novos hábitos, produza-se a superação de um hábito, pela construção e/ou reafirmação de novos conhecimentos, pontos de vista e valores. Ou seja, mais do que transmitir conhecimentos, as ações educativas em saúde devem promover a reflexão e a apropriação desses conhecimentos pela população, ampliando a sua compreensão da saúde e potencializando sua busca por qualidade de vida.

Em outras palavras, trata-se de perguntar que tipo de educação deve estar presente na ética da promoção da saúde, se queremos promover também a participação, a reflexão, a re-significação dos contextos de vida? E, que metodologias de trabalho são coerentes com essa proposta?

Os sentidos éticos de uma intervenção

Para Maisonneuve (1977), a atuação dos profissionais diante da mudança social pode ser classificada em três diferentes "estilos". No primeiro, tecnocrático, busca-se o controle sobre a população, considerando-se que os profissionais são os detentores do saber, que tomarão as decisões independentemente da população, ainda que intencionem a melhoria da qualidade de vida desta. No segundo, de caráter mais populista, os profissionais limitam-se a responder às preocupações manifestadas pela população, de maneira espontaneísta e sem preocupação com uma direção e uma ética da mudança. No terceiro, de teor emancipatório, busca-se o desenvolvimento das pessoas ou grupos interessados, pela elucidação de suas relações, no decurso das situações com as quais se defrontam – conflitos, desejos, proibições, saídas. Nesse sentido o profissional é um agente de mudança. Esforça-se por adaptar o seu trabalho à singularidade dos casos, sem perder de vista a teoria e o contexto. Incorpora e promove a participação da população.

É interessante notar que esses três sentidos são também encontrados na pesquisa-ação, iniciada por Kurt Lewin, na década de 1940, e precursora da teoria dos pequenos grupos. A pesquisa-ação emancipatória deve se propor a desenvolver a consciência crítica dos participantes visando a sua participação também nas decisões concernentes à transformação da sua vida. O pesquisador deve conhecer o participante para incentivá-lo em seu processo de auto-reflexão, esclarecimento e ação, sustentando uma relação dinâmica entre teoria e prática (Grundy 1982:359).

Neste texto, entendemos que a promoção da saúde, em seus princípios fundamentais, coincide com uma visão de educação para a saúde que é reflexiva, participativa, crítica e emancipatória.

A ética da Oficina como pesquisa-ação emancipatória

A nossa proposta de Oficina, apresentada nesse curso, tem fundamentação teórica em 3 dimensões articuladas: uma dimensão psicossocial (Lewin e a psicossociologia), uma dimensão clínica (psicodinâmica do processo grupal) e uma dimensão educativa (pedagogia da autonomia). Busca articular essas dimensões na compreensão da realidade de saúde e do ser humano.

A Oficina em dinâmica de grupo coloca-se como: "um trabalho estruturado com grupos, independentemente do número de encontros, sendo focalizado em torno de uma questão central que o grupo se propõe a elaborar, em um contexto social[1]".

A questão que se busca elaborar é sempre tomada de forma contextualizada, em um número variável de encontros, permitindo uma flexibilidade na proposta. A elaboração que se busca engloba as formas de pensar, sentir e agir, uma vez que os problemas de saúde têm relação com valores, emoções e práticas cotidianas.

Estruturada de maneira a incluir momentos de sensibilização, de informação e de elaboração, a Oficina trabalha com a associação da informação com a experiência de cada participante. Busca combinar uma dimensão terapêutica (sem ser uma terapia) e uma

[1] Afonso, Maria Lúcia M. (org). *Oficinas em dinâmica de grupo: um método de intervenção psicossocial.* Belo Horizonte: Edições do Campo Social, 2002, 2a. ed., p. 11.

dimensão educativa (sem ser uma aula). Utiliza-se de técnicas de animação, mobilização e comunicação em grupo. O lúdico desempenha um papel importante no trabalho. Porém, não aparece de forma gratuita ou isolada da reflexão e sim de maneira contextualizada e associada às questões de saúde que estão sendo trabalhadas.

Dentro dessa visão, o grupo não é sempre um todo harmônico e nem se pauta sempre pelo consenso. Pelo contrário, é um movimento dialético que trabalha com as diferenças no sentido de construir a troca e a tolerância. É um método essencialmente dialógico e participativo, visando a elaboração das questões de saúde e, portanto, defendendo o princípio da emancipação.

Um ponto importante, no entanto, é a plasticidade da proposta, necessária para se passar da teoria à prática em diferentes contextos com diferentes limites. De fato, não temos a pretensão de esgotar as possibilidades dos pequenos grupos e muito menos de considerar a metodologia das Oficinas receita geral para todo e qualquer trabalho. Acreditamos que o modelo de Oficina pode ser útil também para desencadear a discussão sobre as formas de trabalho.

Mantendo sua fundamentação teórica, e propondo algumas regras metodológicas básicas, a proposta pode ser adaptada para vários tipos de grupos, permitindo maior autonomia do profissional que, afinal de contas, é quem é capaz de avaliar, em seu contexto, o alcance, o impacto, a motivação, a aceitação e a eficácia do trabalho com grupos.

Podendo ter mais autonomia, sem perder as referências teórico-metodológicas e éticas, os profissionais também poderão se capacitar para enfrentar os desafios envolvidos no cuidado da saúde e na elevação da qualidade de vida da população atendida.

Quando falamos que a Oficina é uma intervenção psicossocial, e interligamos processos psicossociais e subjetivos, estamos colocando em pauta a questão da mudança em esferas microssociais. Assim, a coordenação do grupo desempenha o papel de agente que mobiliza e facilita os processos participativos na mudança.

Para Lewin, a criação de uma atmosfera de informalidade e liberdade de escolha, como parte do processo educativo, não deve significar que o educador promove a participação apenas como "engodo", para, ao final, poder manipular melhor o grupo.

Lewin argumentava que esse tipo de trabalho não conseguirá seus objetivos se não for livremente escolhido pelos indivíduos. A imposição de valores e práticas que sejam lesivas à liberdade e à autonomia dos sujeitos envolvidos acarreta amplas e profundas contradições que, cedo ou tarde, se revelam em defesas psíquicas e resistências sociais. É na medida em que os sujeitos podem sentir e pensar suas relações, em novo contexto, que poderão criar acordos quanto às regras que desejam e podem assumir.

Neste sentido, a "Oficina" pretende ser um método participativo de mudança, cujos processos podem ser estimulados, mas não induzidos, e cujos resultados dependem essencialmente do grupo, como rede de relações, e não apenas da "atuação competente" de um coordenador. Como seu nome diz, a Oficina é um processo de construção – que ou se faz coletivamente... Ou não se faz.

Bibliografia

AFONSO, M. L. M. e OLIVEIRA, H. F. *"O trabalho com grupos na área da saúde"*. *Revista do Ipsemg-Família*, n. 1, 2002.

BRAIER, Eduardo Alberto. *Psicoterapia breve de orientação psicanalítica*. São Paulo: Martins Fontes, 1986.

GRUNDY,S. (1988). Three Modes Of Action Research in Kemmis,S. and McTaggert,R. (Ed). (1988). *The Action Research Reader* (3 ed) Geelong: Deakin University Press.

HUGHES, Ian. "The History of Action Research: Philosophical Foundations", via internet <i.hughes@cchs.su.edu.au> 1996, The University of Sydney.

MAISONNEUVE, J. *Introdução à Psicossociologia*. São Paulo: Ed. Nacional, EDUSP, 1977.

OPAS/OMS. *Promoción de la Salud*. 128a. Sesión Del Comité Ejecutivo. Washington DC, 25-29 junio, 2001.

Tarefas

Individual

Após ler o texto, faça um pequeno relatório de até 2 páginas, dizendo em que pontos concordou e em quais discordou. Envie para seu tutor.

Em grupo

Discutam, em equipe, as reflexões de cada um, tentando entender os pontos de encontro e desencontro da equipe, nesse assunto, e sua implicação com a questão ética.

Exemplos de tarefas do texto 9 e comentários

Tarefa 9 – Ellen Midori Ribeiro dos Santos

Uma nova concepção está atualmente sendo trabalhada no setor saúde, a fim de modificar o modelo clínico atual, tecnicista e hospitalocêntrico, de atenção à saúde, para um modelo epidemiológico mais integrado aos conceitos de prevenção e promoção à saúde visando à melhoria da qualidade de vida da população.

Trabalhar a relação educação/saúde é essencial para a construção do conceito de promoção desta última, que passa a ocupar um espaço cada vez maior nas políticas como instrumento para melhoria das condições de saúde individual e coletiva.

Um dos motivos que fundamentam a necessidade de educação em saúde são as demandas dos usuários em obter informações a respeito dos seus problemas. Neste sentido o profissional de saúde e professor tem papel fundamental, além do desafio de "educar" dentro da concepção de que este processo determina os comportamentos do indivíduo no que diz respeito ao seu autocuidado.

Entretanto, as pessoas têm o direito de decidir seu grau de comprometimento com o processo educacional; e assim um profissional tem a obrigação de motivá-las quanto à necessidade de apreensão e saber utilizar técnicas que consigam a incorporação do autocuidado na sua "alma" e assim possibilitar que novas atitudes façam parte do cotidiano do indivíduo.

Mudanças na atenção à saúde exigem uma abordagem educacional tanto dentro quanto fora do ambiente hospitalar convencional, com utilização de estratégias alternativas que complementem a prática tradicional do cuidado.

Aqui, percebe-se que uma das técnicas que representam instrumentos para conseguir esta finalidade é a utilização de grupos educativos e oficinas adequadas a cada grupo.

Fica claro que um trabalho eficaz vai além de um processo estritamente educativo que visa uma simples mudança de comportamentos. Às vezes para isso, devem-se conseguir mudanças significativas de valores, pois hábitos de vida são extremamente difíceis de modificar, já que são alicerçados durante toda a vida do indivíduo.

Assim, educação é fator determinante no prognóstico do processo saúde-doença dos indivíduos e (é importante citar um interesse visto nos setores governamentais) até na redução dos gastos com atenção à saúde por agir em sua prevenção e promoção.

Uma das metas da atuação educacional é proporcionar adesão ao tratamento terapêutico; o que nem sempre é fácil, pois depende de mudanças no estilo de vida das pessoas como também de outras variáveis. Portanto, o sucesso do profissional neste processo depende da identificação e monitoração dos fatores que influenciam nesta adesão. Diante de dificuldades, é importante que estas técnicas motivem o cliente.

O questionamento sobre o tipo de educação que deve estar presente na ética de promoção da saúde provoca reflexão quanto à metodologia que deve ser utilizada neste trabalho... É um processo de aprendizagem...

É importante esta reflexão quanto aos sentidos éticos de uma intervenção. Nem tecnocrático, nem populista, um profissional deve buscar o desenvolvimento do grupo, incentivando o relacionamento através da troca de experiências e do processo dialógico. Aqui, ele será o agente de mudança. E deve também ter em mente que o participante, ao ter uma postura crítica sobre sua atuação e ações de transformação de sua vida, uma vez que aceite esta transformação, esta estará muito mais "enraizada" na sua vida.

Qualquer procedimento que tiver como ponto de partida a percepção do indivíduo como ser integralmente "bio-psico-social" e que por isso, necessita de vários fatores para que tenha boas condições de vida, já iniciou o seu caminho ao êxito do seu trabalho.

Uma oficina na área de saúde deve ter todas as características que foram tão trabalhadas ao longo dos textos das disciplinas.

Primeiramente um trabalho estruturado para um grupo e que deve ter muito clara a questão central que gerou a demanda deste procedimento. E não se deve nunca perdê-la de vista no seu prosseguimento. Flexibilidade é o ponto chave que um bom coordenador deve ter em sua postura, porém, nunca passando a responsabilidade do grupo aos participantes. É claro que pontos já trabalhados, como promover sensibilização, informação e elaboração, sempre tendo como base a troca de experiências e identificação de valores são importantes. Existência de diferenças a serem trabalhadas positivamente, o papel apenas como instrumento do lúdico para reflexão, e não como fim...

Achar o limite certo à dimensão terapêutica, sem ser terapia; e à dimensão educativa, sem ser aula, é um processo que somente a experiência neste trabalho poderá proporcionar... Uma união idealmente transdisciplinar, e às vezes mais real, união interdisciplinar como coordenação da oficina, pode ser um passo para a resolução deste problema...

A utilização do trabalho em forma de oficinas não deve ser uma "receita de bolo" para ser disseminada em vários contextos diferentes. A oficina por si só possui peculiaridades (apesar da ampla aplicabilidade) e deve ser avaliada segundo as características e disponibilidade do grupo e instituição na qual deve ser utilizada. Muitas vezes, fatores dificultadores variados impossibilitarão a utilização destas como recurso de trabalho.

Acredito que cada grupo é único em sua essência e dentro dele cada indivíduo é diferente e tem percepções diferentes sobre o mesmo tema. Portanto, deve-se ter cuidado quando se tenta manter uma proposta básica a ser utilizada para vários tipos de grupo. Porém, um profissional experiente saberá realizar a tarefa sem esquecer das peculiaridades de seu grupo e da flexibilidade que deve ter.

Entretanto, é importante o que foi citado, sobre a autonomia do grupo ser importante e que este não deve estar centrado unicamente na pessoa do coordenador. É chamado de grupo e assim deve ser seu processo de construção.

Comentário – Juliane Rosa Paulino

Prezada Ellen,

Realmente, como você mesma disse, *"o setor de saúde atual ainda trabalha sob o modelo clínico de atenção e de fragmentação de serviços em atitudes que visam aspectos essencialmente curativos"*. Mas a tendência atual na área da saúde tem sido criar possibilidades para o trabalho interdisciplinar/transdisciplinar, e assim como apontado por você, *"o modelo epidemiológico centrado na concepção real de prevenção e promoção à saúde, está sendo construído às vezes nos currículos das universidades, e em programas de assistência promovidos pelo governo"*. Muito ainda deve ser feito no sentido de construir e sustentar essas novas dimensões práticas e teóricas. Desse ponto de vista, nossa contribuição é imprescindível, apontando que a mudança social precisa ser antes experienciada: através da articulação de formas de sentir, pensar e agir, não como "fazeção", mas como processo de implicação das ações, afetos e sentimentos envolvidos, das representações, valores e ideais que cercam as questões que estão sendo trabalhadas. Considerando que não existe sintonia contínua entre interesses individuais e os do grupo, mas acordos possíveis, o conflito está sempre presente, mesmo no âmbito do trabalho interdisciplinar. Mas é certo também que o enfoque interdisciplinar favorece maior desenvolvimento da autonomia e elaboração dos objetivos e das relações estabelecidas na equipe de trabalho.

Certamente o estilo emancipatório é o que serve de base para atuação do coordenador no processo de desenvolvimento da oficina. Acho que uma das positividades do trabalho com grupos, através da metodologia de oficina, pode ser descoberta através do desenvolvimento de relações no trabalho (como por exemplo, na equipe de saúde) que possam abarcar *"os sujeitos de maneira integral"* em um contexto sociocultural compartilhado.

Um detalhe: quando você diz *"isto deve ser 'banido' do grupo"*, acho que a expressão mais propícia é *"isto deve ser trabalhado no grupo"*, não é...

Afirmo aqui o meu empenho e esforço no compartilhar esse curso e todas essas idéias com você, como também meu prazer pelo contato virtual afetuoso, já que não chegamos a nos conhecer pessoalmente. Ao final do nosso curso, acho importante dizer-lhe que me senti privilegiada por ser sua tutora, e assim poder estabelecer trocas tão significativas com essa aluna tão dedicada da Enfermagem que você demonstra ser. A diferença que você representa e suas contribuições específicas – acredite! – marcaram positivamente e de forma muito particular esse nosso curso.

Agradeço-lhe por sua avaliação carinhosa e muito pertinente, Ellen. Desejo-lhe felicidades e realizações em sua vida profissional.

Um grande abraço,

Juliane.

Tarefa 9 – Marina Lima de Azevedo

O texto deste módulo que faz uma discussão sobre a ética do trabalho com oficina na área de saúde abordou pontos importantes levantados ao longo de todo o curso. As ações educativas na área da saúde não devem ser tomadas como mera transmissão de conhecimento, mas antes promover a reflexão, o questionamento, possibilitando a participação de todos e o desenvolvimento da consciência crítica. Nesse sentido, nos remetemos a Paulo Freire e sua concepção de uma educação libertadora , onde os alunos não são recipientes vazios no qual os mestres depositarão seus conhecimentos. Os "alunos", e aqui, podemos nos referir também aos participantes do grupo, são agentes transformadores, que trazem consigo uma história, uma bagagem cultural rica em conhecimentos. Os coordenadores devem considerar essa história, esses conhecimentos, procurando adaptar seu trabalho à singularidade dos casos, à realidade daquelas pessoas para quais estão se dirigindo. Não se trata, portanto, de uma atuação tecnocrática da qual nos fala Maisonneuve, os coordenadores não chegam com um saber prévio, não detêm o saber e nem tampouco o controle sobre os participantes. É considerando e conhecendo as histórias, as bagagens culturais, os conhecimentos de cada membro do grupo, que se pode pensar em uma intervenção que acolha e escute as verdadeiras demandas trazidas – não apenas as explícitas mas também as que se apresentam nas entrelinhas. Um ponto bem destacado no texto é a questão da ética da oficina como pesquisa-ação emancipatória, ou seja, da importância de possibilitar a construção e a apropriação de conhecimentos por parte dos participantes da oficina. Somente quando os participantes adotam uma posição crítica é que pode haver uma maior elucidação acerca das situações em que vivem. Ampliam-se, assim, nos casos das oficinas na área da saúde, a compreensão dos participantes sobre a doença da qual padecem, da importância dos cuidados que ela exige, o que leva a maior implicação em seu tratamento. A busca por melhor qualidade de vida passa a não ser imposição do médico, da equipe de profissionais, dos coordenadores da oficina, mas antes de tudo, uma escolha consciente do sujeito. Contudo, para que a intervenção tenha de fato teor emancipatório, ou seja, para que o trabalho da oficina vá além da tentativa "populista" de responder apenas às demandas explícitas, é necessário considerar e articular as dimensões psicossocial, clínica e educativa, bem como as dimensões biológicas – não apenas,mas principalmente, por se tratar de grupos na área da saúde – que estão presentes durante todo o processo do grupo.

Tarefa 9 – Cíntia Rodrigues

Gostei muito do texto e há nele muitos pontos com que concordo. Acredito que a mudança cultural é lenta e não significa somente alterar comportamentos. Alguns profissionais de saúde ainda têm a visão de que basta passar informação para que os pacientes alterem seus hábitos. O psicólogo tem papel importante aí, no sentido de incentivar as ações educativas que promovam "a reflexão e apropriação dos conhecimentos pela população". A mudança envolve reflexão dos próprios profissionais de saúde a respeito da concepção que têm a respeito dos pacientes. Quando o paciente passa a ser visto como sujeito, com capacidade de fazer escolhas, o enfoque do trabalho muda. Passa-se a respeitar esse paciente como pessoa, leva-se em consideração a sua vontade, o seu sofrimento, a sua individualidade. Acredito que a metodologia de oficina de dinâmica de grupo atende a essa nova concepção de paciente enquanto sujeito. O tratamento passa a considerar o contexto social em que sujeito se insere, o contexto da instituição de saúde que o atende, e considera o homem em suas dimensões bio-psico-social. Pelo que li, não consegui achar pontos de que discordasse. Tive algumas dúvidas e gostaria de saber como acontece a intervenção da psicossociologia, tratada no texto.

Comentário – Flávia Lemos Abade

Oi, Cíntia!

Gostei muito de suas reflexões durante o curso, principalmente, de seus questionamentos e das tentativas de articular teoria e prática. E a pergunta sobre a intervenção psicossociológica permaneceu...

A intervenção psicossociológica é um trabalho de pesquisa e intervenção proposto pelos psicossociológos franceses a partir dos anos 50. O campo da psicossociologia é o da *conduta concreta* dos indivíduos inseridos nos grupos, organizações e comunidades, pois esses conjuntos concretos mediam a vida pessoal dos sujeitos e são por esses criados, geridos e transformados. Atuando diretamente na vida dos grupos, o pesquisador-prático tem acesso aos processos conscientes e inconscientes que aí atuam e às condutas lingüísticas que as pessoas realizam. É a partir da pesquisa e da ação, da teoria e da prática, e no campo social, que os trabalhos são realizados.

"A partir da análise social instaurada com a intervenção psicossociológica, é formulada uma teoria sempre inacabada do *socius*, da organização e do funcionamento social. Paulatinamente, chega-se ao conhecimento e à explicação da natureza do vínculo que congrega os indivíduos, de onde e como surge a dinâmica social, com suas mudanças e rupturas, e do processo de criação institucional. Teoria e prática se confundem nessa tarefa, pois a teorização é fruto da reflexão que, a partir dos eventos da vida cotidiana e de intervenções psicossociológicas, torna visível a presença do sujeito social" (Machado e Roedel, 2001).

Para compreender melhor a psicossociologia e a intervenção psicossociológica, o livro que eu indicaria é: *Psicossociologia: análise social e intervenção*. Foi dele que eu tirei o trecho citado anteriormente. Tem na biblioteca!

Espero que nossas trocas contribuam para que você continue buscando construir a psicologia com compromisso social...

Bons trabalhos!!!

Um abraço,

Flávia Lemos Abade

Tarefa 9 – Sueli Rodrigues Burgarelli

Considero muito interessante o estabelecimento, como princípio ético fundamental de uma filosofia de equidade na área da saúde, da promoção da saúde e da qualidade de vida. Isso está profundamente associado a uma concepção de trabalho educativo e clínico com a população que vise transformar suas atitudes, assim como aumentar a participação no conhecimento e nas decisões que afetam o cuidado de sua saúde. Por isso, buscar simplesmente mudança de comportamentos, sem que isso se baseie em mudança de valores, é medida completamente ineficaz, fadada ao fracasso. Nesse sentido, é importante salientar que uma mudança cultural não pode nunca prescindir de métodos ativos e participativos: mais do que transmitir conhecimentos, as ações educativas em saúde devem ser capazes de promover a reflexão e a apropriação desses conhecimentos pela população. É preciso considerar que tipo de educação deve estar presente na ética da promoção da saúde, se se pretende promover a participação, a reflexão e a ressignificação dos contextos vitais. Mas é preciso também considerar quais metodologias de trabalho são coerentes com essa proposta, e se tais metodologias são viáveis. A promoção da saúde, em seus princípios fundamentais, coincide com uma visão de educação para a saúde que é reflexiva, participativa, crítica e emancipatória. Nesse sentido, pode-se dizer que a proposta de Oficina vai de encontro a esses princípios, já que sua fundamentação teórica apresenta três dimensões articuladas: psicossocial (Lewin e a psicossociologia), clínica (psicodinâmica do processo grupal) e educativa (pedagogia da autonomia). Em uma Oficina, a questão que se pretende elaborar é sempre tomada de forma contextualizada, e a elaboração almejada busca incluir formas de pensar, sentir e agir, de vez que os problemas de saúde guardam relações com valores, emoções e práticas cotidianas. A Oficina busca combinar a dimensão terapêutica (sem ser terapia) e a dimensão educativa (sem ser aula). Mantendo sua fundamentação teórica, e propondo algumas regras metodológicas básicas, a proposta pode ser adaptada para vários tipos de grupos. Os profissionais, dispondo de maior autonomia (sem, no entanto, perder as referências teórico-metodológicas e éticas), também podem se capacitar para enfrentar os desafios envolvidos no cuidado da saúde e na elevação da qualidade de vida da população atendida. Assim, o trabalho com Oficinas é capaz de beneficiar não apenas os participantes, mas também os profissionais envolvidos. A Oficina é uma intervenção psicossocial, e tem a ver com a mudança em esferas microssociais. Segundo Lewin, a criação de uma atmosfera de informalidade e liberdade de escolha, como parte do processo educativo, não significa que o educador deva promover a participação apenas como um "engodo", a fim de manipular melhor o grupo. Esse tipo de trabalho não alcançará seus objetivos se não for livremente escolhido pelos indivíduos. É na medida em que os sujeitos podem sentir e pensar suas relações, em um novo contexto, que poderão criar acordos quanto às regras que desejam e podem assumir. Assim, a Oficina se pretende um método participativo de mudança, cujos processos podem ser estimulados, mas não induzidos, e cujos resultados dependem essencialmente do grupo, como rede de relações, e não apenas da "atuação competente" de um coordenador. É interessante como, nesse sentido, a responsabilidade pelo bom andamento dos trabalhos é partilhada com o grupo, e a posição de maestria do coordenador é abalada.

Sobre as autoras

Carolina Marra Simões Coelho é psicóloga pela UFMG e mestre em psicologia social pela PUC-SP. Coordena o BEMVINDA, centro de referência para mulheres em situação de violência doméstica, da prefeitura de Belo Horizonte, e é professora de psicologia na Faculdade de Ciências da Saúde.

Deborah Akerman é socióloga pela UFMG, especialista em políticas públicas, pela Fundação João Pinheiro/MG. Gerente de políticas sociais da Secretaria Municipal de Assistência Social da Prefeitura de Belo Horizonte.

Flávia Lemos Abade é psicóloga e mestre em psicologia, área de concentração em psicologia social, pela UFMG e professora substituta de Dinâmica de Grupo na UFMG.

Juliane Rosa Paulino é psicóloga e mestranda em psicologia, área de concentração em psicologia social, pela UFMG. Integra o setor de planejamento de políticas sociais na COPASA.

Kelma Soares Medrado é psicóloga, pela UFMG. Atua no Programa Sentinela, em MG.

Maria Lúcia M. Afonso é psicóloga, mestre e doutora em Educação pela UFMG. Professora aposentada do Departamento de Psicologia da UFMG. Pesquisadora Visitante na Universidade Federal de São João Del Rei (2005-2006) e consultora para programas sociais, ênfase em grupos, famílias e comunidades. Presidente da ONG Rede de Cidadania Mateus Afonso Medeiros.

Sara Deolinda Cardoso Pimenta é psicóloga e mestre em psicologia, área de concentração em psicologia social, pela UFMG.

Sobre os colaboradores

À época do curso, os colaboradores eram alunos de graduação, exceto Heloísa Fonseca de Oliveira, psicóloga do IPSEMG-Família e Adriane Ramiro, mestranda em psicologia pela UFMG. Hoje, são:

Adriane Ramiro Azeredo Coutinho – psicóloga, mestre em psicologia pela UFMG, área de concentração em Psicologia Social, doutoranda em Psicologia Social pela Universidad Autónoma de Barcelona.

Aldo Ivan Pereira Paiva – psicólogo pela UFMG.

Alessandra Gonçalves Parreiras – psicóloga pela UFMG.

Ana Paula Soares Veloso – psicóloga pela UFMG.

Ana Paula Teixeira Goulart – psicóloga pela UFMG.

Cíntia Rodrigues - psicóloga pela UFMG.

Cristiene Vieira Fernandes – psicóloga pela UFMG.

Cristiano Santos Rodrigues – bacharel em Psicologia mestrando em Psicologia, área de concentração Psicologia Social pela UFMG.

Débora Patrícia Costa Xavier – psicóloga pela UFMG.

Dinazilda Cunha de Oliveira – psicóloga pela UFMG.

Ellen Midori Ribeiro dos Santos – enfermeira pela UFMG.

Fernanda de Oliveira Cruz - psicóloga pela UFMG.

Heloísa Maria Fonseca de Oliveira – psicóloga pela PUC-MG.

Letícia Lobato Ueymura – psicóloga pela UFMG, pós-graduanda em Psicologia Clínica.

Liliane Peixoto Amparo – psicóloga, mestranda em Treinamento Esportivo pela UFMG.

Ludmila Maia Ramos – psicóloga pela UFMG, com formação em Gestalt Terapia e Estudos Junguianos.

Marina Lima de Azevedo – psicóloga pela UFMG.

Marise Marota de Souza – psicóloga pela UFMG.

Maurício Palhano de Jesus Vasconcelos – psicólogo, pós-graduando em Teoria Psicanalítica pela UFMG.

Paulo Alexandre de S. Rivelli Medeiros – psicólogo pela UFMG.

Rafaela Assis de Souza - psicóloga, Mestranda em Psicologia pela Universidade Federal do Espírito Santo (UFES).

Renata Grossi Dias – psicóloga pela UFMG.

Sandra Mara de Araújo Rodrigues – psicóloga, bacharel em Comunicação Social pela UFMG, pós-graduanda em Psicodrama pelo Instituto Mineiro de Psicodrama, da Faculdade Metropolitana de Belo Horizonte.

Sueli Rodrigues Burgarelli – psicóloga, mestranda em Psicologia, área de concentração Estudos Psicanalíticos, pela UFMG.

Conheça também:

Oficinas em Dinâmica de Grupo - um método de intervenção psicossocial
Maria Lúcia M. Afonso (Organizadora)

ISBN: 9788570740199

Apresenta a fundamentação teórica e a metodologia de Oficinas em Dinâmica de Grupo como instrumento de intervenção psicossocial em diversas áreas. Com o objetivo de construir uma metodologia, são comentados pontos positivos e negativos, riquezas e limites. Ao final, um glossário das técnicas utilizadas.

Construindo ideias
e conectando mentes

Impressão e Acabamento | Gráfica Viena
Todo papel desta obra possui certificação FSC® do fabricante.
Produzido conforme melhores práticas de gestão ambiental (ISO 14001)
www.graficaviena.com.br